国家社科基金
GUOJIA SHEKE JIJIN HOUQI ZIZHU XIANGMU
后期资助项目

文化传统、差序关系与治理谱系

历史与现实的考察

俞俊利 著

上海交通大学出版社
SHANGHAI JIAO TONG UNIVERSITY PRESS

内容提要

　　本书从治理历史和现实考察视角，通过实证检验的方法，分析差序关系在政府、家族、企业等不同治理环境中的具体表现和影响。通过分析政府、家族、企业在治理中的目标和路径，本书可在一定程度上回应西方式治理理论在解释中国情境下的治理实践时存在难以逾越的障碍，有助于更好地指导中国的治理实践。本书的目标读者包括对中国文化、社会结构和治理实践感兴趣的学者，政策制定者，企业管理者，以及对中西文化差异有研究兴趣的读者。

图书在版编目（CIP）数据

文化传统、差序关系与治理谱系：历史与现实的考察／俞俊利著. －－ 上海 ：上海交通大学出版社，2025.8. －－ ISBN 978 - 7 - 313 - 32557 - 0

Ⅰ. D63

中国国家版本馆 CIP 数据核字第 2025Z7N439 号

文化传统、差序关系与治理谱系：历史与现实的考察
WENHUA CHUANTONG、CHAXU GUANXI YU ZHILI PUXI：LISHI YU XIANSHI DE KAOCHA

著　　者：俞俊利			
出版发行：上海交通大学出版社		地　　址：上海市番禺路 951 号
邮政编码：200030		电　　话：021 - 64071208
印　　制：苏州市越洋印刷有限公司		经　　销：全国新华书店
开　　本：710 mm×1000 mm　1 /16		印　　张：14.5
字　　数：252 千字			
版　　次：2025 年 8 月第 1 版		印　　次：2025 年 8 月第 1 次印刷
书　　号：ISBN 978 - 7 - 313 - 32557 - 0			
定　　价：89.00 元			

国家社科基金后期资助项目
出版说明

后期资助项目是国家社科基金设立的一类重要项目,旨在鼓励广大社科研究者潜心治学,支持基础研究多出优秀成果。它是经过严格评审,从接近完成的科研成果中遴选立项的。为扩大后期资助项目的影响,更好地推动学术发展,促进成果转化,全国哲学社会科学工作办公室按照"统一设计、统一标识、统一版式、形成系列"的总体要求,组织出版国家社科基金后期资助项目成果。

全国哲学社会科学工作办公室

前　言

在中国社会经济深刻变革的新历史阶段,本书尝试以儒家文化中的内圣外王、克己复礼、修齐治平、仁爱思想为理论基点,结合差序格局所衍生的血缘宗法、地缘业缘关系网络,系统探讨这些传统文化要素对中国治理模式的影响机制及价值。通过对这一核心问题的深入研究,本书旨在以文化自信为底色,构建一套根植于中国实际、彰显中国特色、诠释中国气象的治理理论体系。这一理论体系不仅试图揭示传统文化与现代治理之间的内在关联,还力求为中国治理实践的创新与优化提供支撑,同时为全球治理理论的多样性贡献中国智慧与中国方案。

长期以来,中国与西方在治理模式上存在显著差异。这种差异不仅体现在制度设计上,更深刻地影响了社会行为和组织运作。学术界对社会、家庭、个人三者之间的相互关系以及治理是基于正式制度还是非正式制度仍然存在争议,中国"非正式制度主导下:礼法+关系(差序)"与西方"正式制度主导下:法制+信仰"产生了巨大而鲜明的反差。在重德明义的社会,是否有非正式制度——差序关系影响社会治理、家族治理、企业治理呢?中国人的行为是在正式制度框架下受到非正式制度约束的结果。

面对"西方的治理工具能否适用于中国?"这一疑问,本书明确地、系统地从文化视角研究治理,立足于中国重大治理理论与实践需求,更加全面、深入地推进对中国特色治理研究的全新阐释。在中国这样一个重德明义的社会中,非正式制度尤其是差序关系不仅对社会治理产生了深远影响,还进一步渗透到家族治理和企业治理之中。中国人的行为模式正是在正式制度框架下,受到非正式制度约束的结果。除了法律观的差异外,中国上下五千年形成的深厚文化与习俗也是非正式制度形成的重要因素。鉴于"法金融学"研究范式并不完全适合中国国情,我们有必要探讨政府、家族、公司治理这一机制是否可以作为有益补充,从而推动社会经济的发展。本书聚焦于治理理论的跨文化适用性,试图回答"西方的治理工具能否直接移植到中国"这一关键问题。当前学术界对社会、家庭、个人三者之间的相互关系,以及治理是基于正式制度还是非正式制度仍存在广泛争议。

本书按内容可分为上、中、下三个篇章。

上篇——研究缘起与发展，主要介绍本研究的缘起、研究方法以及相关研究现状，探讨如何从文化传统和差序关系的视角出发，构建"政府—家族—企业"这一对象维度的分析框架，同时结合"历史—现实"的时间维度，深入解析治理模式的演变逻辑及其内在动因。

中篇——内在超越：组织决策中文化传统与治理谱系，从"文化传统与家族企业传承"和"文化异质性与企业资源配置"两个角度，探讨文化在时间长河中的治理演变过程、传播机制，以及其出现在国家、社会、家庭或其他组织环境中的可能性。

下篇——礼序伦常：隐性契约中差序关系与治理谱系，从"宗法差序关系与家族激励治理""亲缘差序关系与家族企业治理""业缘差序关系与公司外部治理""地缘差序关系与公司治理效能"四个方面，探讨差序关系和治理之间的相互作用，以及差序格局中个体的身份特征对治理决策产生的影响。

本书既注重理论探讨与规律探寻，又关注实践发展与治理启示。本书并非单纯以定性、规范为主的论述性研究，而是引入科学的定量研究方法，坚持人文主义精神与科学研究方法的融合，展现更为系统的研究形态。通过文史素材中的社会描述，引入量化文（史）学方法，借助中国文史情景来讨论文化、差序和治理效应，构建量化文（史）学的研究方向，此类跨学科交叉研究尚不多见。

作为明确地、系统地从文化、差序视角实证研究治理演化的专著，本书不仅聚焦于现实世界的治理问题，还以历史回溯的方式追踪治理梗阻的根源，实现了历史与现实的对话。本书的研究内容既涵盖政府及其下属机构的正式治理，也深入探讨家族、企业的非正式治理，最终回归到个体层面，从内在超越到礼序伦常的连贯性分析，全面揭示了治理问题的多维性与复杂性。这一系统化的研究布局，不仅增进了对问题解决出发点的认识，还在一定程度上填补了现有文献在治理研究上的部分空白，从而在研究内容的系统性与连贯性上具有显著的创新价值。

书中部分章节内容来自笔者与金鑫、王珊、袁国栋、徐巍、张萍等人合作的学术成果，在此对他们表示诚挚的感谢。同时，也感谢陈冬华、李增泉、吴文峰、夏立军等教授倾情推荐本书。

目　　录

第一章　研究背景概述

第一节　研 究 意 义

一、从文化经济学引申讲起

经济学研究的出发点在于人的基本假定,主要包括:亚当·斯密的"经济人假定"、塔克的"政治人假定"以及卡勒曼的"情绪人假定"。正如市场环境下,追求经济利益最大化,而政治环境下,则追求政治利益最大化,故晋升、级别、社会评价等也在政治考量集合之中。个人的效用函数自然也非经济效用所能等同,政治上的权、责、利自然也不是单单经济意义上的偏好所能涵盖的,情感、情怀、人性亦是如此。人的各类惯性的形成,并非孤立的,或许是文化的映射。

为此,笔者在上述三类人假定的基础上推出第四类人假定,即"文化人假定"。文化的重要性在于日用而不自觉,感受与理解不同文化的世界人,用各自的视角去感知行为的本源。文化对家庭、社会、世界具有持久的教化作用和深远影响,文化对企业也是如此。若回到弗里德曼与科斯时代,假定的真实性是否还那么重要(理论广度、一致性与精确性)? 各色人之假定适用于研究场景者,即为重要。

津盖尔斯[①]在文化经济学领域掀起了一股"革命"之风,印证了人的各类惯性的形成绝非偶然,或许是文化传统的映射。那么文化会是内生的吗?中西方文化究竟是同质的抑或异质的? 文化自信来源于五千多年文明发展中孕育的中华优秀传统文化,是实现中国梦的"加速度",是弘扬中国精神的"原动力",是凝聚中国力量的"向心力",是坚持中国道路的"稳定力"。经

---

① ZINGALES L. The "cultural revolution" in finance[J]. Journal of Financial Economics, 2015, 117(1): 1-4.

济全球化所面临或将要面临的文化限度问题，首先表现为文化资源的匮乏。这并不是说我们缺少文化资源，相反，迄今为止人类已经创造并积累了丰富多样的文化遗产。问题是，我们应当用怎样的方式将这些文化遗产转化为足以支持现代经济全球化的文化资源①。

中华文化博大精深，典籍浩如烟海，要研究其对中国公司治理的影响，遽然从整体展开研究，限于水平和人力，实在是万难之事。必须择其精要，先行入手，方才可行。文化人类学的观点认为，一种经济模式的形成必须来源于一个民族的文化特质。儒家文化是世界上为数不多的几种原生性文化之一，具有文化本源的意义。因此，本研究设定了有限的研究目标，从儒家文化切入，来构建中华文化影响公司治理的理论并展开科学的实证检验。一方面，企业从儒家思想中汲取了积极向上的正面因素，如儒家文化讲求"和"的哲学观念，重视集体主义、人际关系等；另一方面，儒家思想中也存在着只强调人的社会性而忽视人的主体性的弊端。中国人的精神世界、社会关系和日常行为，主要奠基在儒家文化与伦理之上。不同类型的企业在走向现代化的时候，都会结合自身实际情况进一步发展儒家的管理思想，并进一步完善儒家思想。这些是我们的市场赖以发展的基础。中外公司治理实践呈现的诸多迥异现象，其本质有可能源自各自的文化差异。笔者尝试将中国公司治理理论与实践嵌入儒家文化展开分析，在中国经济、社会、政治变革这一新的历史阶段，探讨儒家思想所追求的内圣外王、克己复礼、修齐治平、仁爱思想对我国公司治理的影响及价值。

二、从文化引领治理涉入

我们应当用怎样的方式将这些文化遗产转化为足以支持现代经济全球化的文化资源？

过去 40 余年，得益于詹森（Jensen）、麦克林（Meckling）、格罗斯曼（Grossman）、哈特（Hart）、法马（Fama）、施莱弗（Shleifer）、默克（Morck）、拉詹（Rajan）、津盖尔斯（Zingales）、墨菲（Murphy）等学者的贡献，基于盎格鲁-撒克逊文化土壤的西方公司治理理论得到了空前的发展。

过去 20 多年来，国内一大批学者亦辛勤探索，孜孜不倦，使公司治理研究在中国落地生根，无论在理论探索上，还是在实践运用上，均产生了丰富成果。然而，追根溯源，国内大部分现有成果的理论根源仍不自觉地深陷于西方文化的土壤之中，无论是基础理论，还是分析框架，都沿用西方的范式。

---

① 万俊人.经济全球化与文化多元论[J].中国社会科学,2001(2)：38-48.

人类社会的构成有共通之处,西方式的公司治理理论中有通用性的内容。然而,文化道统的差异也会造成最基本的社会结构、道德伦理、社会规范及关系的极大差异,从而导致西方式公司治理理论在解释中华文化下的公司治理实践时,存在难以逾越的障碍,也无法很好地指导中国公司治理实践。就公司治理研究而言,将我国公司治理的研究重返其文化土壤,以自信的态度构建符合中国实际、具有中国特色、演绎中国气象的公司治理理论,既是现有研究的突破之道,也是必由之路。中华文化虽经历了社会潮流变迁和现代思潮涤荡,但依旧呈现了悠久而勃发的生命力。差序文化正是中华文化的重要体现,将深刻地影响着中国治理实践。

不难发现,现有家族企业治理文献从家族视角出发,主要解决的是企业是否由家族成员所控制的问题。其研究重心在于揭示家族控制企业和非家族控制企业在公司治理行为中的异同之处。其分析框架依然基于西方式的委托代理框架,重点讨论家族控制之下,第一类代理问题的削弱和第二类代理问题的加重,以及随之带来的正负两方面的治理效率和信息质量问题。

显然,这类研究一方面将视角聚焦于控制人是否具有家族属性问题上,从而拓宽了公司治理研究的范围,也突出了家族企业的研究价值,对于家族问题有开创性的研究贡献。但也应该注意到,这类研究可能存在的缺陷是,往往以是不是家族企业为分界线展开,将家族企业视为一个整体,强调其共性,而忽视了家族企业内部情感渊源、结构差异、权力安排等所带来的治理行为差异。上述研究多数集中在创始人自身特质和所面对的家族关系上。这类研究打开了家族"黑箱",深入家族内部差异层面,探讨其对公司治理行为的影响,将家族企业相关研究往纵深方向进行了拓展。但这类研究也可能存在局限性:一是以创始人为出发点的相关研究过去强调个体特征的作用,既忽视了家族内部关系对个体的影响,也和一般意义上讨论企业创始人的文献差异不大。二是从亲缘关系入手的研究,大多简单地将亲缘关系线性化,讨论亲缘有无、远近对公司治理的影响。实际上,亲缘关系不仅仅包括有无、远近,而是遵从一定的社会习俗和伦理规范。单纯地强调有无、远近可能无法揭示亲缘关系背后真正起作用的力量之所在,因此从对于亲缘关系中个体行为有着较强指导性的差序关系入手,可能更好解释家族企业内部关系对公司治理行为的影响。然而其分析结果一定程度上混合了非正式制度的文化和正式制度的市场双重效应,因为单从创始人权威或家族成员入手,无法很好地区分差序格局、利他主义的文化观,同样也无法很好地解释差异。从这一角度来说,差序关系对拓展已有研究仍存在增量贡献。

在既有研究中，文化对公司治理的影响在研究中已经得到一定程度的重视，并在学界成为一个重要的研究领域。发展经济学将文化、制度和地理作为一国经济发展的三个最为重要的解释变量。在新制度经济学分析框架中，文化（或社会习俗）被视作最为基础的制度变量，决定了其他的政治、法律和治理结构等显性制度。很多学者都不约而同地将文化视为影响经济、组织、个体最为重要的特征之一。福山认为在现代经济中，文化尤其是道德文化已然成为一种社会资本，譬如作为一种社会美德的"信任"或"信任度"，就已经成为现代经济生活中一种具有重大意义或价值的社会资本。

差序关系作为一种社会价值观，不是一种工具，而文化和法治对其也不是简单的互补或替代、加强或削弱关系，是一种外部的前提条件或约束集合。差序关系在不同文化和法治环境有不同的展现方式。内部成员参与使得家族企业治理同时遵循了家族伦理和企业伦理两种规范。其中，家族伦理又体现在亲缘关系及其背后所依赖的宗法关系伦理，而企业伦理又嵌入地缘关系，更具有现代气息。因此，虽然家族企业治理及关系研究成果已经相当丰富，但未能从差序关系的视角进行突破和验证，继而寻找家族企业基业长青的关键因素。从差序关系入手研究家族企业，不仅可以进一步打开家族内部的"黑箱"，更好地展现家族中个体与个体之间差序伦理关系对公司治理结构的影响，更可以体现儒家文化传统对于现代公司治理的独特影响，这也是具有中国特色的乡土研究，也是本研究的切入点。

第二节　研究问题

一、内在超越：组织决策中文化传统与治理谱系

儒家文化注重道德完善的自我追求，面对自己的无利而行，重视自我身心的协调，极力倡导仁、义、礼、智、信。孔子曰："德之不修，学之不讲，闻义不能徙，不善不能改，是吾忧也。"儒家的"仁"，即爱人，惠民，施于民而能济众，不仅体现在处理一般的人际关系上，更重要的是以民为重、以社稷为重的社会责任意识。儒家主张"兼相爱、交相利""君子喻于义，小人喻于利"的理念，认为人无信不立。因此，诚信、仁爱与奉献始终是儒家文化的核心价值观。华人企业家大多具有自制和节俭的美德。儒家强调

以道德规范来约束自己的行为,要求"慎独"。这种自我克制、自我斗争的品格,对成就一个人非常重要。由此引出:价值观在时间的长河中如何演变? 文化传播的机制是什么? 文化传播机制是否会出现在家庭中,或出现在其他组织环境中?

孔子说"为仁由己",孟子说"尽其心者知其性,知其性则知天",阳明心学则说"致良知",牟宗三等将之称为"内在超越"。由于这种精神力量来源的不同,中国治理实践中个体决策行为也会存在极大的差异性。不同于外在超越,要求个体受到更多的监督和制衡,内在超越势必会强调对个体内心规范的构建,继而从道德伦理角度对公司治理产生内在约束。有鉴于此,笔者希望从精神力量的差异出发,展开如下研究:

(1) 文化传统与家族控制权传承之间的关系,研究家族企业传承前后的治理结构和专用性资产变化是否有利于缓解代理效应,从而实现有效的家族传承。

(2) 文化异质性与企业异质性资源配置之间的关系,研究地区文化异质性是否带来企业风险认知差异及税收规避行为变化,从而理解异质性文化群体决策行为特点。

二、礼序伦常:隐性契约中差序关系与治理谱系

面对社会,私利、公利,长利、短利,形而下利、形而上利,局部利、天下利,如何取舍与平衡? 在均衡市场中,道德人将被淘汰,理性人依旧存在。社会外部性问题如何内化? 文化社会与非文化社会差别在于文化影响国家(社会)、组织(公司)、个体(企业家、官员、大众)。多元文化的地方性或差异性之关系的基本性质,首先是遭遇性的冲突和紧张,而非想象性的共生和融合,在文化价值层面尤其如此。这种冲突和紧张首先是由各文化传统自身的根源性差异所决定的,由此引出价值观和同期激励之间的相互作用。在激励改变中,个体价值观将如何改变? 是否存在双向反馈效应? 经济激励将受到怎样的影响?

《礼记》中所载:"大夫以下成群立社,曰置社。"中国社会向来强调群体概念,社会被视为家的外延,人际关系是以自我为中心而不断外推的格局。费孝通先生将其归纳为差序格局,即由自我出发,按照亲疏远近向外层层扩散的关系安排。这和西方文化强调个人主义的观点存在根本性的差别。在差序格局下,任何个人只要进入某一群体,既被群体中的其他个体按照差序格局所对待,他们也用差序格局下的亲疏关系去衡量其他个体,这就造成了中国式公司治理契约的隐形化与非等距性特点。笔者计划从礼序伦常出

发，展开如下研究：

（1）宗法差序关系与家族治理之间的关系，研究家族成员宗法关系是否影响权力分配和奖惩激励中的差异格局，体现宗法文化的治理效果。

（2）亲缘差序关系与家族企业治理之间的关系，研究家族企业成员的亲缘关系是否影响企业所有权、控制权和激励监督的治理差异格局。

（3）业缘差序关系与公司治理之间的关系，研究企业管理层业缘关系是否影响高管监督效应和公司治理结果（如投资效率和外部审计等）。

（4）地缘差序关系与公司治理之间的关系，研究董事会与管理层地缘关系是否影响公司内部激励和治理结果（如高管薪酬业绩敏感性、股价崩盘风险等）。

第三节　研　究　贡　献

一、研究领域方向的拓展

本书是一项跨学科研究，融合了哲学、社会学、经济学与管理学的前沿理论，旨在从更基础的学科视角追溯和整合治理理论，并对涉及国家、社会、企业及个体的综合性治理问题进行系统性分析。在传统经济学研究问题的基础上嵌入社会学分析，拓宽了经济学研究范围和视角。以社会经济学和治理理论为基础，许多学者对政治学中家族、宗派和经济学中的政商关系及其影响做了深入研究，其中也不乏外国学者扎根中国情景的分析，但是深层次根本性成因却少有触及。将关系视作一种非常有用但无法转移的专用资产或"社会资本"，而探索组织内部微观层面的宗法关系及其影响的研究则少之又少。本研究拟挖掘其中的特殊维度和衡量指标，达到以古喻今的目的，弥补或解释艾伦等[①]"法律、金融与中国经济增长"以及中国家庭社会学（家族治理）领域轻视经济分析的学术盲点。

二、治理理论起源的推进

面对"西方的治理工具能否适用于中国？"这一疑问，本书明确地、系统地从文化视角研究治理，立足于中国重大治理理论与实践需求，更加全面、

---

① FRANKLIN A, QIAN J, QIAN M. Law, finance, and economic growth in China[J]. Journal of Financial Economics, 2005, 77(1): 57－116.

深入地推进对中国特色治理研究的全新阐释。学术界对社会、家庭、个人三者之间的相互关系以及治理是基于正式制度还是非正式制度仍然存在争议，中国"非正式制度主导下：礼法+关系（差序）"与西方"正式制度主导下：法制+信仰"产生了巨大而鲜明的反差。在重德明义的社会，是否有非正式制度——差序关系影响社会治理、家族治理、企业治理呢？中国人的行为是在正式制度框架下受到非正式制度约束的结果。当然，除了正式制度——法律观的差异外，中国上下五千年形成的文化、习俗等对社会生活的影响也是形成非正式制度的一个因素。事实证明，与正式制度不同，非正式制度的形成和发挥作用完全依靠主观行为，是因为人与人之间存在"关系"上的差别。东西方文化冲击下的中国社会问题受到正式制度和非正式制度的交互作用，相关研究专注于一个时期，制度背景便于聚焦，研究场景便于控制，内容和逻辑便于系统连贯。考虑到"法金融学"研究范式不完全适合中国，家族治理、宗族治理这一机制是否可以作为有益补充从而推动社会经济发展，笔者希冀提供一些经验证据，为社会经济制度安排提供学术方面的参考。

三、研究方法的开创

本书并非单纯以定性、规范为主的论述性研究，而是引入科学的定量研究方法，坚持人文主义精神与科学研究方法的融合，展现更为系统的研究形态。通过文史素材中的社会描述，引入量化文（史）学方法，借助中国文史情景来讨论文化、差序和治理效应，构建量化文（史）学的研究方向，此类跨学科交叉研究尚不多见。量化史学研究的发展已经日渐丰富，如果将现实小说视为隐喻版的历史，则量化历史的方法可以运用到量化文学，使得全书讨论的研究问题即使不在现实公司资料中，也可从历史史料和文学文献中发掘，这为本书提供了理论学派和方法论上的可行性。

四、现实社会启示和借鉴

以古鉴今，从非正式制度安排着手揭开差序关系在治理中的机理，从社会组织优化视角系统考察社会学与治理的协同作用及其效果，从社会生态和文学会计视角探寻中国社会持续发展的本源引擎，有助于增进对现有体制安排利弊的理解。从发展观视角探寻儒家文化在中国经济社会中的推动作用，有助于增进对现有治理制度安排利弊的理解。中国经济的长足发展除了有正式制度发挥重要作用外，也与关系等方面的非正式替代性制度的作用密不可分。

第四节　研究方法与结构

一、研究方法

本书既注重理论探讨与规律探寻，又关注实践发展与治理启示。基于质性访谈，理解治理问题的现实梗阻；基于案例追踪，识别治理问题的历史脉络；同时，引入文本分析、数理检验等量化分析方法，获取文化、差序与治理的经验证据。

（1）质性访谈法。通过对政府官员、大姓村居主任、企业高管等一线人员代表进行深度访谈，收集个体所感知到的信息，并结合受访者的背景经历，分析实践的发生逻辑或个体的内在动机。

（2）案例追踪法。选取典型案例进行案例追踪分析，如晋升激励方案，通过参与性观察等方式获得调查资料，深入了解最新动态和背后的制度、非制度性原因等，进而厘清不同情境下的作用路径。

（3）文本分析法。基于史料文本发现和分析问题，将文字、图像内容从零碎和定性的形式转换为系统和定量的方式，通过对《新唐书》《旧唐书》、地方志、进士录、《红楼梦》等著作进行文本分析，进而识别过程、变量与共性规律，获取有效的检验数据。

（4）数理检验法。基于现有理论模型和研究假设，借助样本数据资料，识别文化、差序关系与治理结果等的相关或因果关系，同时针对"个体—组织"维度，利用兴衰分界、特殊政策、资格调整等构建准自然政策实验、中介机制检验和异质性调节检验，展开实证检验，从而解决了因果识别内生性问题，保证研究结论的科学性。

二、全书结构

全书共分九章。

第一章研究背景概述。该章主要阐述了选题背景和动机，说明了研究对象和方法，并对研究意义与贡献做了简要介绍。

第二章文献回顾。该章基于中国古今现实与治理变迁，对文化、差序和治理理论方面的文献进行了梳理和总结，为后续研究做好铺垫。

第三章文化传统与家族企业传承。该章研究家族企业传承前后的治理结构变化是否有利于缓解代理效应，从而实现有效的家族传承。

第四章文化异质性与企业资源配置。该章研究地区文化异质性是否带来企业内外部异质性资源以及风险认知差异,其税收规避行为如何变化,并检验了其潜在的作用路径,便于理解异质性文化群体的决策行为特点。

第五章宗法差序关系与家族激励治理。该章研究家族成员宗法关系是否影响权力分配和奖惩激励的治理差异格局。

第六章亲缘差序关系与家族企业治理。该章研究家族成员亲缘关系是否影响家族企业所有权、控制权和激励监督的治理差异格局。

第七章业缘差序关系与公司外部治理。该章研究管理层业缘关系是否影响公司监督效应和治理结果(如投资效率和外部审计等)的差异格局。

第八章地缘差序关系与公司治理效能。该章研究董事会与管理层地缘关系是否影响公司内部激励和治理结果(如高管薪酬业绩敏感性、股价崩盘风险等)的差异格局。

第九章结语。该章主要对全书进行梳理和总结,并指出研究难点和重点以及可能存在的一些问题。对于未来研究方向、后续研究内容进行展望。

第二章 文献回顾

第一节 概念界定与理论基础

一、文化、关系与治理概念

文化源自识别各种影响生态或物理环境的因素,将促进社会、政治、制度、金融和企业结构等社会机体的维护与发展。儒家文化以"仁、义、礼、智、信"为核心价值观,它对中国传统商业文化的影响主要体现在信任精神、信托责任、团队精神、奉献仁爱等道德规范上。西方世界也给予了文化不同的定义。吉索等[1]认为文化是一种惯常的信念和价值标准,并经由各族群、宗教团体和社会组织将其不变地代代相传下去。文化信念是用来管控人与人的交互作用的,它不像知识需要经验发现和分析证明。另一些理论研究将文化视为关于价值标准和偏好的原始现象,进一步强调了情感在刺激人类行为方面的作用[2]。

自费孝通[3]提出"差序格局"以来,黄光国[4]呼应西方社会网络理论提出了方法论上的关系主义,"集体—个体"观点用以从理论视角来解读中国的"人情社会"。好的组织关系有利于限制机会主义行为,促进相互合作[5]。一个组织的领导者会以不同的管理方式对待圈内和圈外。而在西方,格兰诺维特的"低度社会化"与"过度社会化"理论[6],旨在研究如何超脱"集体

---

① GUISO L, SAPIENZA P, ZINGALES L. Trusting the stock market[J]. Journal of Finance, 2008, 63(6): 2557 – 2600.

② KRANTON A R E. Economics and identity[J]. Quarterly Journal of Economics, 2000, 115(3): 715 – 753.

③ 费孝通.乡土中国[M].北京: 人民出版社,2008.

④ 黄光国.儒家关系主义的理论建构及其方法论基础[J].教育与社会研究,2001(2): 1 – 34.

⑤ COLEMAN J S. Foundations of social theory[M]. Cambridge, Mass: Belknap Press, 1990.

⑥ GRANOVETTER M. Economic action and social structure: the problem of embeddedness[J]. American Journal of Sociology, 1985, 91(3): 481 – 510.

与个体""宏观与微观""结构与行动",在这些二元对立的观点间建立一座"桥"①,成为社会网络理论及分析努力的目标。关系在组织之外有助于产生信任,降低交易成本,推进交易过程②。然而,关系通常与特权交易、私下谈判以及非理性经济行为联系在一起。"关系"又被定义为信任、依赖、互惠和适应的特殊人际网络③。因此,"关系"的研究又与"社会网络"紧密相关。客观存在的社会结构是一种人与人、组织与组织间的纽带关系④。强关系维系组织内部关系,弱关系充当信息桥⑤。怀特⑥则根据社会关系网络对个体或组织行为的影响作用提出了市场是从社会网络发展而来的观点。社会关系网络是宝贵的社会资源。对个体而言,网络异质性、成员社会地位和个体与成员关系决定了个体社会资源的数量和质量。格兰诺维特⑦的进一步研究表明,当关系网络形成时,个体或组织的经济行为也会随之嵌入社会网络的信任结构中。科尔曼⑧将社会资本定义为存在于团体和关系网络之中的个人社会结构资源,通过成员资格和网络联系可以获取回报。"关系强弱"概念是一种程度量化的概念。显然,就中国人的关系概念而言,社会网络理论不如差序格局理论更符合实情。部分国内学者已经注意到上述问题,比如就差序作为一种社会秩序特征解释中国治理现象做出了有益尝试。与西方国家不同的是,中国推崇礼治社会,礼法合治,德主刑辅。所谓礼治就是对传统规则的服膺,以此维持社会秩序。后续研究基本沿袭了费孝通对差序的理解,并进行了深入分析和拓展。人际关系和社会秩序由礼规定,礼所倡导的就是国法所维护的,礼所反对的也正是国法所不容的,出乎礼则入于法⑨。费孝通笔下的宗法差序其实是一种弥散型的"非

① 罗家德,王竞,张佳音.社会网研究的架构:以组织理论与管理研究为例[J].社会,2008,28(6):15-38.
② GRANOVETTER M. Economic action and social structure:the problem of embeddedness[J]. American Journal of Sociology,1985,91(3):481-510.
③ WONG Y H,LEUNG T P. Guanxi:relationship marketing in a Chinese context[M]. New York:International Business Press,2001.
④ GRANOVETTER M. Strength of weak ties[J]. American Journal of Sociology,1973,8:1360-1380.
⑤ GRANOVETTER M. Granovetter replies to Gans[J]. American Journal of Sociology,1974,80:527-529.
⑥ WHITE H C. Where do markets come from?[J]. American Journal of Sociology,1981,87:517-547.
⑦ GRANOVETTER M. Economic action and social structure:the problem of embeddedness[J]. American Journal of Sociology,1985,91(3):481-510.
⑧ COLEMAN J S. Foundations of social theory[M]. Cambridge,Mass:Belknap Press,1990.
⑨ 陈亚平.情·理·法:礼治秩序[J].读书,2002(1):63-69.

正式制裁"①。礼的核心在于维护一种秩序，具体表现为区分地位高低与身份贵贱、排比亲疏，即明确人与人之间的差异②。差序这一概念反映了传统社会在横向上的亲疏远近和纵向上的尊卑有别，贴切地概括了中国传统社会的秩序。

治理关注的要点是在公司所有权和经营管理权相分离的情况下，委托人即股东、董事这些公司所有者对公司高管这些代理人的激励兼容问题。施莱弗和维什尼③将公司治理定义为"公司融资提供者确保自己从投资中获得回报的方式"。这种有限的公司治理定义已成为会计和财务文献中的主流观点。相比之下，吉兰和斯塔克斯④阐述了更广泛的公司治理概念，包括"控制公司的法律、规则和条例体系"，从而强调了国家在公司治理中的作用。而国家治理的概念，在治理前面加一个主语"国家"，它跟一般讲的治理有较大的区别，它避免单纯讲治理产生的去国家化、去政党化、去政府化的倾向。国家治理的概念，将国家与治理结合起来，融合了治理理论和公司治理理论的双重关切。在国家治理中，市场和企业、社会组织、公民等多元行动主体都能发挥作用。因此从这个角度来讲，国家治理既包括了政府治理、政党治理，也包括了市场治理和社会治理。

二、治理中的三类理论

治理的嵌入性结构主要关注企业所在国家，主要包括两个方面：一是政治嵌入，即外部正式制度框架（如政治法律制度）对经济行为的影响；二是文化嵌入，即经济主体的行为受到集体共享认知（如价值观和行为规范等）的影响。上述两类嵌入的不同之处在于，政治嵌入主要是正式的显性约束（行为规则），文化嵌入主要是非正式的隐性约束（行为编码）。正式制度约束对人们行为的影响是强制性的。例如，正式的法律制度（确保一个国家内部的经济交易顺畅进行）和配套的执行机制，这些都是为了识别、指控和惩罚那些超出确定界限的行为人⑤。政治嵌入只允许采用特定类型的治理机

① 费孝通.小城镇 新开拓(五)[J].瞭望周刊,1985(3)：22-23.

② 王明明,周作宇,施克灿.德治礼序与中国大学治理[J].北京师范大学学报(社会科学版),2017(1)：5-12.

③ SHLEIFER A, VISHNY R W. A survey of corporate governance[J]. The Journal of Finance, 1997, 52(2)：737-783.

④ GILLAN S L, STARKS L T. Corporate governance, corporate ownership, and the role of institutional investors：a global perspective[J]. Social Science Electronic Publishing, 2003, 13(2)：1-10.

⑤ NORTH D C. Institutions, institutional change and economic performance[M]. Cambridge：Cambridge University Press, 1990.

制,以确保签约双方当事人的利益,或保护他们免受机会主义行为的困扰。然而,部分正式的法律机制是滞后的,因此,实践中对这类制度的采用是有限的。非正式的文化约束对人们行为的影响多是潜在的或无意识的①,处在其中的人经常被打上隐性的集体知识或信念的"烙印",而这些烙印则塑造了人们的行为。不管是正式法律制度的显性约束(政治嵌入),还是非正式文化制度的隐性约束(文化嵌入),都影响着代理人的机会主义行为和委托人的有限理性程度,进而影响着一个国家的公司治理机制的差异。在英、美等国家,公司股权相对较为分散,它们的公司治理机制主要依赖于公司的控制权市场和法律对投资者的保护,资本市场从中也发挥着极为重要的作用。那么,为何不同国家的公司之间会存在着公司治理机制方面的差异呢?波特等②、斯图尔兹和威廉姆森等③将这些差异归因于各国的政治法律和文化传统方面的差异。英、美两国推崇个人主义的精神特质,更强调个人主义的社会制度,经理人在这种文化氛围下更倾向于冒险,因此,来自市场方面的客观评价非常重要,这样才能形成英美股权分散和以相应的市场为基础的治理机制④。总之,从政治法律和文化传统方面来解释公司治理的国别差异与公司治理的宏观嵌入观点不谋而合,两者都强调了政治法律和文化传统因素对公司治理机制的影响。企业所处国家层面的政治和文化因素会影响目标企业行为人的认知框架,进而影响目标企业最终选择的公司治理机制。

关系理论有三种模式,即家庭义务延伸的网络、特殊工具性纽带的交换网络和非对称性交易的社会交换网络⑤。第一种理论认为关系交往的基础是家庭和类家庭,因为家庭是社会结构的核心和社会关系的源泉。第二种理论将关系解释为一种运用性工具,这种理论转换了视角,强调了特殊工具性,拓展了社会与职业联系,认为特殊关系能推动互惠交换。第三种理论把关系置于非对称的社会交换网络的广阔背景中,强调关系感情基础和关系工具性使用都可以被纳入关系的典型特点,认为"工具性使用"和"寻求恩

---

① POWELL D M W. The iron cage revisited: institutional isomorphism and collective rationality in organizational fields[J]. American Sociological Review, 1983, 48(2): 147 - 160.

② LA-PORTA R, LOPEZ-DE-SILANES F, SHLEIFER A, et al. Law and finance[J]. Journal of Political Economy, 1998, 106(6): 1113 - 1155.

③ STULZ M R, WILLIAMSON R. Culture, openness, and finance[J]. Journal of Financial Economics, 2003(3): 173 - 179.

④ 陈仕华,郑文全.公司治理理论的最新进展:一个新的分析框架[J].管理世界,2010(2): 156 - 166.

⑤ 边燕杰.城市居民社会资本的来源及作用:网络观点与调查发现[J].中国社会科学,2004(3): 136 - 146.

惠"是关系网络的两个特征①。经济交换是对称性交换，关注资源相对的得失；社会交换是非对称性交换，关注长期关系的维持。社会网络起源于社会学领域，已发展成为一种具有专门概念体系和测量工具的研究范式，可以有效地为研究社会成员的行为尤其是社会团体的行为提供量化工具，主要以个体行动者为研究对象。关系网络研究认为，社会关系网络是为个人或组织服务的，是为了满足个体或组织需求而建立的，同时这种网络也展现了个体或组织拥有资源的能力以及彼此之间的信任程度。

国外文献对社会学领域的网络研究较为广泛，已形成了一些主流理论。布尔特②认为个体间联系的相对缺乏推动了个体流动、信息获得和资源摄取，对社会资本的拥有者（那些通过社会资本获益的人）、社会网络及其结构（提供资源的人）以及行动者在动员社会网络过程中所获取的资源三方面进行了深入细致的研究。格兰诺维特③分析了纽带对人或组织的影响，将人与人、组织与组织间的纽带关系看作是客观存在的社会结构。怀特等④支持市场网络观，市场是从社会网络发展而来的。科尔曼等⑤赞同由个人构成社会结构要素的社会资本，认为在社会团体和关系网络之中，只有成员和网络联系才能取得回报的社会资本理论。布尔特等⑥赞同个体和其他个体发生直接联系，但互相之间不发生直接联系的结构洞理论。国内有关社会关系网络的研究起步较晚，这方面的文献相对较少，但对社会关系网络的本土化研究还是涌现了一批有代表性的社会关系网络模型。边燕杰和丘海雄⑦首次在国内提出了企业社会资本概念，认为它是企业与社会的联系及通过这种联系摄取稀缺资源的能力，包含横向、纵向和社会联系。周小虎⑧将企业家社会资本定义为"建立在企业群体范式上由信任、规范引导下的企业家社会关系网络，是企业家动员内部和外部资源的能力"。此后，周小虎

① LIN N. Guanxi: a conceptual analysis[M]. Westport, CT: Greenwood, 1998.

② BURT S R. Structural holes: the social structure of competition[M]. Boston: Harvard University Press, 1992.

③ GRANOVETTER M. Strength of weak ties[J]. American Journal of Sociology, 1973(8): 1360 – 1380.

④ WHITE H C. Where do markets come from? [J]. American Journal of Sociology, 1981(87): 517 – 547.

⑤ COLEMAN J. Social capital in the creation of human capital[J]. American Journal of Sociology, 1988(94): 95 – 120.

⑥ BURT S R. Structural holes: the social structure of competition[M]. Boston: Harvard University Press, 1992.

⑦ 边燕杰,丘海雄.企业的社会资本及其功效[J].中国社会科学,2000(2): 87 – 99.

⑧ 周小虎.企业家社会资本及其对企业绩效的作用[J].安徽师范大学学报(人文社会科学版),2002,30(1): 1 – 6.

和陈传明①还将企业社会资本定义修正为那些能够被企业所控制的、有利于企业实现其目标和实现目标活动的、嵌入企业网络结构中显在的和潜在的资源集合。

治理理论在西方兴起之后引起了国内学者的高度关注。如果将治理放置在不同语境中,则其在适用范围和对应性方面将有所不同。家族治理源于家族成员之间的亲缘关系在成员之间建立起非正式的信任和契约,继而形成一种内部的治理机制和效应。家族治理是家族内部成员间的合作。在治理方式上,传统意义上的统治和管理被服务所替代,为家族整体目标服务,以社会成员的共同利益为活动原则。

家族治理的理想状态是通过内部的宗法、规则、机制相互发挥有效作用,从而实现家族的整体目标。如科举家族大多兴办家族私塾,培养和推选家族内部文化水平高的成员参加科考,"学而优则仕,不优则不仕,优亦不必仕",这些成员在获得功名后可对家族整体利益进行保护;功勋家族则通过聘请武术教头、外送家族成员参军等方式,培养和推选武功优异的成员为国家征战效力,这些成员获得战功后可对家族整体利益进行保护;经商家族则通过选拔管理能力较强的成员经营家族企业,获得利润后对整个家族进行资助和扶持;等等。这些状态都体现了家族思想的独到之处。

家族企业治理是家族选派内部人参与企业经营的手段。在家族企业中,家族和企业是一对相互作用的关系,家族声誉通过企业的行为来阐释,企业信誉也通过家族来积攒,企业是家族的延伸。但是企业行为的紊乱也会导致家族利益受损。此外,就企业内部而言,也存在一定程度的对立与冲突。企业完全被家族控制和管理,高度的控制则容易带来管理者的侵权,也容易导致一种新的代理问题,即大股东侵害小股东的利益。

家族企业为什么需要治理? 首先,家族企业所有者和管理者并非都是家族成员,二者存在利益冲突。其次,家族系统和企业系统的动力并不均衡,家庭成员和企业利益可能无法达成一致。最后,成员之间也可能存在利益冲突。

家族企业治理为什么离不开家族治理? 因为家族企业治理首先依靠的是家族对企业的高度控制,家族通过自身的制度、规模建立起家族文化,形成一定的关系网络。其次,家族企业治理依赖家族内部的资本、信任以及私人关系网络,在共同利益的驱使下,形成一个相对稳定的关系网络。家族企业作为家族成员的一个平台,可以体现家族成员的共同意志和亲密关系。范博宏②认

① 周小虎,陈传明.企业社会资本与持续竞争优势[J].中国工业经济,2004(5): 90-96.
② 范博宏.关键世代:走出华人家族企业传承之困[M].北京:东方出版社,2012.

为良好的家族治理与股权设计对于凝聚家族向心力、调和不同成员的利益十分重要。家族成员的心理状态不平衡，彼此沟通不畅，利益或价值观冲突是家族不和谐甚至同室操戈的常见原因。家族治理的主要目标是搭建家族成员间有效沟通、协调与决策的平台机制，以期化解纷争，提高决策效率。传承的挑战往往也来自企业外部环境的变化。这些变化可能来自创业者家族，来自市场行业，或者来自更上层的制度因素。例如随着家族成员的结婚生子，家族人口不断增加，若无良好的家族治理机制调和利益关系，家族斗争便可能令家族分崩、企业瓦解。

第二节　研究现状与学术展望

一、治理视角

治理源于成员之间的非正式的信任和契约，继而形成一种内部的治理机制和效应。徽州宗族通过设计族规家法等制度实现对成员社会关系的控制，对宗族繁荣及社会稳定起到了积极作用。杜赞奇[①]提出家族如何处理内部以及与外界的各种复杂关系、如何应对面前的各种问题、协调内部成员之间的关系。范博宏[②]认为家族治理是家族成员共同实践并遵守一套明文或非明文的规定。这些规定是家族成员间的关系形成与互动的依据。家族成员对彼此间有了预期，可达成共识，避免纷争。有效的家族治理是建立在家族认同并愿遵守的价值观之上，而家族价值观往往形成于家族所处的文化环境。西方成功经历多代传承的家族多有明文的家族内规。《家族宪法：治家传业的根本法》一文中详细介绍了一般家族宪法的内容，还有实践家族宪法所需要的配套措施，如家族委员会与董事会的双层规划。

家族企业中第一类委托代理问题并不严重。德姆塞茨和莱恩[③]认为，所有者具有监督经理人的能力，而且家族成员参与经营减少了其与经理人的信息不对称，因此面临的第一类委托代理冲突较少。布尔卡特等[④]也

---

① 杜赞奇.文化、权力与国家[M].王福明,译.南京：江苏人民出版社,1994.
② 范博宏.关键世代：走出华人家族企业传承之困[M].北京：东方出版社,2012.
③ DEMSETZ H, LEHN K. The structure of corporate ownership: causes and consequences[J]. Journal of Political Economy, 1985, 93(6): 1155-1177.
④ BURKART M, PANUNZI F, SHLEIFER A. Family firms[J]. Journal of Finance, 2003, 58(5): 2167-2202.

认为家族企业有动机也有能力对经营者进行有效监督,因而可以抑制CEO的机会主义行为。家族企业经理人和大股东之间的信息不对称程度较低,因此,对经理人的评价并不完全依赖于财务信息。许静静和吕长江①发现家族成员出任高管可大大缓解企业的第一层代理问题,进而提高了公司的盈余质量。陈德球等②从不同的CEO来源角度提供了经验证据,发现职业经理人担任CEO的家族企业代理问题较少。巴赫和塞拉诺维拉德③研究发现,家族企业创始人离任后,当企业采取由家族成员继任CEO的治理方式时,企业员工流失率更低且获得的薪资水平也更低,从而证明家族治理能够增强企业与员工之间的互信程度,从而降低了双方的交易成本。

与非家族企业相比,家族企业可能面临较为激烈的第二类代理冲突。而国内外学者对家族企业加深大小股东之间代理冲突的解释,主要可归结为三个方面。

第一,融资约束使个人或家族大多采用金字塔结构,以较少的投资控制较多的股份④。苏启林和朱文⑤研究发现,在股权集中度、金字塔式控股、控制权与现金流权偏离等方面,民营上市公司存在着代理冲突问题。邓建平和曾勇⑥研究发现,当控制性家族拥有的现金流量权越高时,其非理性分红的欲望越强,公司倾向于高比例发放股利。

第二,家族企业组织模式便于企业通过关联交易等方式向家族持股比例较高的公司输送利益,提高了家族控股股东侵害中小股东权益的概率⑦。家族企业治理通常伴随控制权和所有权分离,在保护投资者的法律体系不够完善时,控制性家族具有掏空上市公司,侵占其他中小股东利益的动机和条件。魏明海等⑧研究发现,家族关联大股东持股越多、在董事会或董监高

① 许静静,吕长江.家族企业高管性质与盈余质量:来自中国上市公司的证据[J].管理世界,2011(1):112-120.
② 陈德球,肖泽忠,董志勇.家族控制权结构与银行信贷合约:寻租还是效率?[J].管理世界,2013(9):130-143.
③ BACH L, SERRANO-VELARDE N. CEO identity and labor contracts: evidence from CEO transitions[J]. Journal of Corporate Finance, 2015, 33(1): 227-242.
④ 李增泉,辛显刚,于旭辉.金融发展、债务融资约束与金字塔结构:来自民营企业集团的证据[J].管理世界,2008(1):123-135.
⑤ 苏启林,朱文.上市公司家族控制与企业价值[J].经济研究,2003(8):36-45.
⑥ 邓建平,曾勇.上市公司家族控制与股利决策研究[J].管理世界,2005(7):139-147.
⑦ 邵军,刘志远.企业集团内部资本配置的经济后果:来自中国企业集团的证据[J].会计研究,2008(4):47-53.
⑧ 魏明海,黄琼宇,程敏英.家族企业关联大股东的治理角色:基于关联交易的视角[J].管理世界,2013(3):133-147.

中所占席位的比例越高，家族企业关联交易行为越严重，为家族股东侵占中小投资者利益提供了更强烈的动机和更大的操作空间。此外，申明浩①指出民营上市公司也存在隧道行为，且资本家家族企业的隧道行为动机和强度远远高于企业家家族企业。

第三，由于董事会独立性较差且为家族控制所主导②，家族企业可能降低财务报告质量、滞后披露坏消息等，形成壕沟效应和掩饰控股股东利己行为。由于家族拥有企业的绝对控制权，有动机也有能力侵占外部小股东利益③，而为了掩饰其对小股东利益的侵占行为，家族既有动机也有能力操纵会计信息从而降低其质量。安德森和里布④研究发现董事会家族成员比例越高的企业价值越低，间接证明了家族通过控制董事会侵占公司利益的观点。安德森等⑤发现，无论是创始人还是其后裔控制的家族企业都表现出更高的不透明性，且公司越不透明，公司价值越低。由于透明度越低，控股股东掏空公司被发现的概率越低，该发现可以解读为控股股东通过降低公司的透明度，实施了对公司利益的侵占行为。这些证据直接支持了家族企业中存在更为严重的第二类委托代理问题。

此外，家族企业还广泛存在利他主义倾向。舒尔茨等⑥认为利他主义是家族企业区别于其他企业的重要特征，利他主义使得家族企业的代理问题从本质上区别于其他企业的代理问题。贺小刚等⑦以利他主义为切入点，根据利他水平的不同构建了不同类型的家族成员的组合模式，发现利他水平最高的组合模式内部的冲突与代理问题最少，能够创造最优的治理效

---

① 申明浩.治理结构对家族股东隧道行为的影响分析[J].经济研究,2008(6)：135－143.

② ANDERSON R and REEB D M. Founding family ownership and firm performance：evidence from the S&P 500[J]. Journal of Finance, 2003(58)：1301－1329；ANDERSON R, REEB D M. Board composition：balancing family influence in S&P 500 firms[J]. Administrative Science Quarterly, 2004(49)：209－237.

③ FAMA E F, JENSEN M C. Agency problems and residual claims[J]. Journal of Law and Economics, 1983(26)：327－349；MORCK R, SHLEIFER A, VISHNY R W. Management ownership and market valution：an empirical analysis[J]. Journal of Financial Economics, 1988 (20)：293－315；SHLEIFER A, VISHNY R W. A survey of corporate governance[J]. The Journal of Finance, 1997, 52(2)：737－783.

④ ANDERSON R, REEB D M. Board composition：balancing family influence in S&P 500 firms [J]. Administrative Science Quarterly, 2004(49)：209－237.

⑤ ANDERSON R, DURU A, REEB D M. Founders, heirs, and corporate opacity in the United States[J]. Journal of Financial Economics, 2009, 92：205－222.

⑥ SCHULZE S W, LUBATKIN H M, DINO N R, et al. Agency relationships in family firms：theory and evidence[J]. Organization Science, 2001, 12(2)：99－116.

⑦ 贺小刚,连燕玲,李婧.家族控制中的亲缘效应分析与检验[J].中国工业经济,2010(1)：135－146.

率,而利他水平最低的组合模式治理效率最低。王明琳等[1]利用差序格局构建了家族企业中利他主义水平的衡量指标,其实证结果发现利他主义可以降低代理成本。魏春燕和陈磊[2]研究家族企业CEO更换过程中的利他主义行为,发现家族企业离任CEO在离任前通过多计提减值准备的方式为继任CEO制造"秘密储备";进一步研究表明家族成员内部权力交接时,离任CEO的利他主义行为最为明显。

福山[3]认为中国不能让专家管理制度化和遗产均分制影响了财产集中继而没有出现大型民营企业。亨廷顿[4]认为儒学家庭观严重阻碍了大型企业的成长,实质上是认为密切的家族联系导致裙带风,而裙带风与现代法人团体式经济是不相容的。这种论点受到中国学者的广泛驳斥,但提出这一论点的著述可以视作当代论述任人唯亲危害性论著的先声。古志辉[5]运用2002—2012年沪深两市上市公司的数据,研究发现儒家伦理的运用可以降低代理成本,提高代理效率,但是公司参与国际市场竞争削弱了儒家伦理的边际贡献。陈凌和王昊[6]提出当处于市场化程度较低的制度环境下,企业会选择一些替代性的机制,例如家族涉入和建立政治联系等制度安排都可以起到一定的替代和补充作用。家族涉入可以应对企业内部的代理问题,帮助企业获得稀缺的资源,以及让家族成员分享企业收益。建立政治联系则可以保护财产权、吸引资本进入等。余向前等[7]认为企业家隐性知识的代际有效转移是家族企业成功传承的关键。企业家诚信好学和社会网络要素的代际转移对家族企业成功传承具有非常显著的正向影响。当两代企业家交接班意愿同时发生作用时,在任企业家的交班意愿会极为显著地影响家族企业成功传承,同时在任企业家交班意愿对诚信好学要素转移和成功传承之间存在完全中介效应,从而推动家族企业"家业长青"。

公司是众多资源所有者之间的契约联结,传统的以股东利益最大化为中心的公司治理机制设计具有狭隘性。随着企业经营环境的变化,中小股

① 王明琳,徐萌娜,王河森.利他行为能够降低代理成本吗?:基于家族企业中亲缘利他行为的实证研究[J].经济研究,2014(3):144-157.
② 魏春燕,陈磊.家族企业CEO更换过程中的利他主义行为:基于资产减值的研究[J].管理世界,2015(3):137-150.
③ 弗朗西斯·福山.信任:社会美德与创造经济繁荣[M].彭志华,译.海口:海南出版社,2001.
④ 塞缪尔·亨廷顿,劳伦斯·哈里森.文化的重要作用[M].程克雄,译.北京:新华出版社,2010.
⑤ 古志辉.全球化情境中的儒家伦理与代理成本[J].管理世界,2015(3):113-123.
⑥ 陈凌,王昊.家族涉入、政治联系与制度环境:以中国民营企业为例[J].管理世界,2013(10):130-141.
⑦ 余向前,张正堂,张一力.企业家隐性知识、交接班意愿与家族企业代际传承[J].管理世界,2013(11):77-88.

东、债权人、雇员、消费者、供应商、政府、社区居民、自然环境权益受到企业经营者的关注。公司治理的相关研究主要集中在企业社会责任、投资者权益保护、债权人治理、其他利益相关者参与治理等方面。目前公司治理充分考虑利益相关者的权益，鼓励利益相关者适当参与公司治理已成为广为接受的观点。随着利益相关者参与方式的多样化，与早期单纯强调利益相关者的权益保护不同，相当多的研究开始关注利益相关者参与治理的方式和边界，丰富了利益相关者治理研究。郭万达[①]强调了利益相关者参与公司治理的重要性。王世权和王丽敏[②]构建了利益相关者保护指数，并通过实证研究发现，利益相关者保护有利于提升公司价值。赵晶和王明[③]提出了利益相关者参与公司治理的四种非正式方式。在政府参与治理方面，王红领[④]分析了乡镇企业所有人的"政府化"和"非政府化"特征对公司治理结构的影响。钱先航等[⑤]实证研究了地方官员晋升压力和任期对城商行贷款因素的影响。陈德球和李思飞[⑥]提出较高的地方政府治理水平会扩大公司的资本投资规模。此外，还有一些学者从其他角度对利益相关者治理进行了研究。例如高维和等[⑦]从采购商企业和供应商企业之间的协同沟通角度，考察了治理机制中关系规范对公司绩效的影响。

　　媒体治理。媒体关注作为外部监督力量，有利于规范公司治理行为，提升公司的内在价值。实务界的许多案例表明，媒体的监督职能可能为约束和防范公司败德行为发挥举足轻重的作用。部分学者的研究肯定了媒体在公司治理方面发挥的积极作用。李培功和沈艺峰[⑧]认为媒体关注可以提高公司治理水平，保护投资者权益。于忠泊等[⑨]研究发现媒体关注通过资本

①　郭万达.论利益共同体构造在公司治理结构中的作用：以深圳为案例的分析[J].南开管理评论,1999(4)：13－16.

②　王世权,王丽敏.利益相关者权益保护与公司价值：来自中国上市公司的证据[J].南开管理评论,2008,11(2)：34－41.

③　赵晶,王明.利益相关者、非正式参与和公司治理：基于雷士照明的案例研究[J].管理世界,2016(4)：138－149,167.

④　王红领.委托人"政府化"与"非政府化"对企业治理结构的影响：关于中国乡镇企业转制的实证研究[J].经济研究,2000(7)：56－62.

⑤　钱先航,曹廷求,李维安.晋升压力、官员任期与城市商业银行的贷款行为[J].经济研究,2011(12)：72－85.

⑥　陈德球,李思飞.政府治理、产权偏好与资本投资[J].南开管理评论,2012,15(1)：43－53.

⑦　高维和,陈信康,江晓东,等.协同沟通与企业绩效：承诺的中介作用与治理机制的调节作用[J].管理世界,2010(11)：76－93.

⑧　李培功,沈艺峰.媒体的公司治理作用：中国的经验证据[J].经济研究,2010,45(4)：14－27.

⑨　于忠泊,田高良,齐保垒.媒体关注的公司治理机制：基于盈余管理视角的考察[J].管理世界,2011(9)：127－140.

市场对管理者造成市场压力，从而发挥媒体的公司治理功能。他们通过案例研究的方法，分析了媒体的"双刃剑"功能：一方面，媒体的外部监督有助于完善资本市场的外部环境；另一方面，媒体出于自利动机所制造的"轰动效应"也可能会扰乱资本市场秩序。孔东民等①进一步分析了媒体对公司行为的影响，发现媒体监督具有显著的治理功能，但在某些特定情况下，也会和当地企业合谋而造成信息偏差。媒体作为信息中介，对信息的再加工受到传媒体制以及媒体机构自身治理的制约，因此，媒体参与治理的功能和机制有待进一步探讨。

　　外部监管也是公司外部治理的重要内容，尤其对于上市公司而言，学者们主要关注了外部监管的治理效应。从监管部门角度而言，对公司治理进行监管有利于协调委托—代理问题，降低信息不对称程度。从被监管企业角度而言，遵守监管规定的"合规"行为是公司权衡政府监管规定和自身得失之后的行为反应。对于违规的监管不仅可以通过揭示公司的异质性信息来降低股价同步性，还能减少市场噪声，削弱信息不透明对股价同步性的负向影响。沈洪涛和周艳坤②发现环保约谈对被约谈企业所在地区的环境绩效有显著的促进作用。陈宋生和童晓晓③研究了财政部和证监会的双重监管对公司治理效应的影响，发现双重监管并没有改善公司治理绩效，反而增加了公司的转换成本和学习成本。由于业务的特殊性，外部监管对于金融机构而言更为重要。何德旭④从制度层面分析了金融混业经营背景下中国金融监管模式的选择难题。沈坤荣和李莉⑤实证检验了不同监管措施的监管效果。此外，还有学者将外部监管的研究从机制拓展到实施监管主体层面。刘冲等⑥实证研究了监管官员的政治激励对城商行信贷投放的影响。各类监管措施的作用效果及影响因素仍需要进一步研究。

　　在激励监督方面，早期研究多为观点性的定性研究，探讨高管激励的理

① 孔东民,刘莎莎,应千伟.公司行为中的媒体角色：激浊扬清还是推波助澜？[J].管理世界,2013(7)：145-162.
② 沈洪涛,周艳坤.环境执法监督与企业环境绩效：来自环保约谈的准自然实验证据[J].南开管理评论,2017(6)：73-82.
③ 陈宋生,童晓晓.双重监管、XBRL实施与公司治理效应[J].南开管理评论,2017,20(6)：50-63.
④ 何德旭.金融监管：世界趋势与中国的选择——兼论中国银监会的设立[J].管理世界,2003(9)：52-61.
⑤ 沈坤荣,李莉.银行监管：防范危机还是促进发展？——基于跨国数据的实证研究及其对中国的启示[J].管理世界,2005(10)：6-23.
⑥ 刘冲,郭峰,傅家范,等.政治激励、资本监管与地方银行信贷投放[J].管理世界,2017(10)：36-50.

论依据①和制度设计②等内容。随着公司治理实践的发展,开始有学者采用实证研究方法关注高管激励的影响③。随着研究的深入,学者们开始关注股票期权等长期激励机制④。还有一些学者关注了国有企业这一特定类型公司的高管激励问题,例如黎文靖和胡玉明⑤研究了国企薪酬差距的影响,杨瑞龙等⑥研究了央企高管"准官员"晋升及激励问题。

一.文化视角

诸多文献表明,文化对经济发展可产生有利影响,对经济增长和城镇化率具有正向影响⑦,文化对区域发展⑧、市场制度⑨等也会产生有利影响。但文化也会产生不利影响,如在公司治理、企业研发投资和人口流动⑩等方面。在对这些研究进行总结的基础上,本书提出政策建议,同时指出该领域未来的研究方向。

1. 文化提升社会信任水平

文化是社会信任形成的重要背景。文化的差异会使得国家间的社会信任产生差异。语言或方言作为文化的重要载体,代表不同的国别(地域)文化,是理解社会信任形成和演变的重要视角和关键维度。基弗⑪从个体层面来研究信任与经济增长的关系,他利用世界价值观的调查数据,发现在一个国家里,个体间的信任水平与该国经济增长水平呈现出显著的正向关系。黄玖立和刘畅⑫基于中国综合社会调查数据库,将社会信任作为理解方言

---

① 张立海,于琳芝.委托代理制下企业家激励与监督约束机制研究[J].南开管理评论,1998(6)：46 - 52.
② 谭劲松,黎文靖.国有企业经理人行为激励的制度分析：以万家乐为例[J].管理世界,2002(10)：111 - 119.
③ 吴晓求,应展宇.激励机制与资本结构：理论与中国实证[J].管理世界,2003(6)：5 - 14.
④ 吕长江,张海平.股权激励计划对公司投资行为的影响[J].管理世界,2011(11)：118 - 126.
⑤ 黎文靖,胡玉明.国企内部薪酬差距激励了谁？[J].经济研究,2012(12)：125 - 136.
⑥ 杨瑞龙,王元,聂辉华."准官员"的晋升机制：来自中国央企的证据[J].管理世界,2012(3)：23 - 33.
⑦ 徐现祥,刘毓芸,肖泽凯.方言与经济增长[J].经济学报,2015,2(2)：1 - 32.
⑧ 李光勤,曹建华,邵帅.语言多样性与中国对外开放的地区差异[J].世界经济,2017,40(3)：144 - 168.
⑨ 刘毓芸,戴天仕,徐现祥.汉语方言、市场分割与资源错配[J].经济学(季刊),2017,16(4)：1583 - 1600.
⑩ 俞俊利,金鑫,雷光勇.管理层地缘关系与企业投资效率[J].当代财经,2015(10)：116 - 128.
⑪ KEEFER P. Does social capital have an economic payoff? A cross-country investigation [J]. Quarterly Journal of Economics, 1997, 112(4)：1251 - 1288.
⑫ 黄玖立,刘畅.方言与社会信任[J].财经研究,2017,43(7)：83 - 94.

影响经济绩效的渠道,考察方言对社会信任的影响。他在文章中指出,社会信任水平确实会受到方言的影响,因为使用同一种方言有利于陌生人之间建立信任。方言作为个体来源地的符号,具有重要的地方特征。相同的方言意味着来自相同的族群或地区,彼此陌生的个体的身份信息能够通过方言迅速被对方识别出来。不同个体若是掌握相同或相近的方言,这意味着他们传承的文化具有相似性,能更容易认识和体会到彼此的生活背景,往往能够迅速消除信任障碍。经济增长理论也注意到文化对经济的影响。阿格隆等①认为对于经济增长而言,其初始阶段更多强调的是技术创新和资本积累,之后的阶段开始强调制度和结构调整,而现阶段强调的是文化与信仰。伊斯特利和莱文②使用跨国数据研究语言和经济增长的关系,他们认为种族的多样性能很好地解释非洲难以有起色的经济增长,种族多样性导致民族语言不断分化,不利于一个国家的经济发展。阿西纳和法拉利③研究了对不同种族包容程度较高的城市中的个体,发现这些个体对各种社会活动的参与程度不高,且对邻居的信任度较低,他们认为造成这一现象的原因是在这种城市的个体间沟通成本较高。不同种族间存在语言等方面的文化差异,这无疑会影响个体间的信任水平。徐现祥等④选取地级及以上城市 2010 年经济绩效数据作为研究对象,并将其与文中构建的方言多样性指数进行匹配,研究表明方言多样性与经济增长呈现出显著的负相关关系。具体来说,若是某一城市区域内的方言一致,那么人均产出水平最多将提高30%。就目前的研究来看,语言多样性对经济发展的影响表现为负的净效应,缩小文化差异能对经济增长产生一定的正向促进作用,并且信任和沟通是文化影响经济增长的主要渠道。

2. 文化促进区域均衡发展

在阻碍区域经济均衡发展决定因素的研究领域中,学者们已经关注到文化独有的作用。阿西纳等⑤认为代际传承的文化特征会对某一区域经济的发展产生影响,这是因为这种文化特征蕴含着历史和地理的因素。斯波

① AGHION P, COMIN D, HOWITT P, et al. When does domestic saving matter for economic growth? [R]. Harvard Business School Working Papers, 2009.
② EASTERLY W, LEVINE R. Africa's growth tragedy: policies and ethnic divisions [J]. The Quarterly Journal of Economics, 1997, 112(4): 1203-1250.
③ ALESINA A, LA-FERRARA E. Who trusts others? [J]. Journal of Public Economics, 2001, 85(2): 207-234.
④ 徐现祥,刘毓芸,肖泽凯.方言与经济增长[J].经济学报,2015,2(2):1-32.
⑤ ALESINA A F, LOTTI F, MISTRULLI P E. Do women pay more for credit? Evidence from Italy [J]. Journal of the European Economic Association, 2013(11): 45-66.

劳雷和瓦克齐亚格①首次验证了基因距离与经济发展水平差距的关系，提出基因距离代表着文化特征的差异。赵子乐和林建浩②综合遗传学、历史学和民族学的证据提出，在儒家文明圈中，文化有着横向传播的特征，因此基因不再直接对应文化。然而，作为地域文化载体的方言，能较好地兼顾到文化的垂直传播和横向传播。他们的实证研究表明，语言距离比基因距离对于中国地区收入差距具有更强的解释力，文化差异对于地区收入差距同时具有阻碍效应。文化对城镇化的影响同样也是不容忽视的，城镇化进程见证了各种语言的相互融合，融合中的语言也影响着我国的城镇化进程。邵帅等③考察了文化多样性对中国城镇化进程的影响，结果表明多元的文化并不利于城镇化率的提升。换句话说，想要推进城镇化，要尽量消除城乡间文化差异的不利影响。在地方保护主义盛行的背景下，研究区域间的经济协调发展，也要考虑到行政区划对区域文化所造成的分割。高翔和龙小宁④以大类方言的分区来衡量不同区域所属的主流文化，使用 20 世纪七八十年代积累的数据，研究了区域内文化差异对被分割行政区划所造成的影响，并考虑毗邻区域的地方保护因素，发现与所在省份的主流文化距离较小的城市相比，文化距离大的城市人均 GDP 水平明显更低，区域内的经济发展水平会因文化差异的原因而被抑制。在此基础上，戴天仕和徐文贤⑤基于 1992 年至 2012 年中国县级面板数据集，以县级市与其所处地级市的市中心文化距离来衡量文化差异，研究文化差异对县级区域经济发展所产生的影响。他们研究发现，与所在地级市市中心文化差异较大的县，相对于文化差异较小的县，在撤地设市以后经济发展更容易受到抑制。资源是有限的，在经济锦标赛的背景下，地级市需要决定政治资源与经济资源在各县如何分配，以便使全地级市总体获得最优的经济发展水平，而文化上距离市中心较远的县市在争取地级市的资源时可能会面临某种劣势，即文化上的相似性可能有助于地区经济均衡发展。

① SPOLAORE E, WACZIARG R. The diffusion of development [J]. Quarterly Journal of Economics, 2009, 124(2): 469 – 529.

② 赵子乐, 林建浩. 经济发展差距的文化假说: 从基因到语言[J]. 管理世界, 2017(1): 65 – 77.

③ 邵帅, 李光勤, 曹建华. 文化多样性会阻滞城镇化进程吗?: 基于方言视角的经验考察[J]. 东南大学学报(哲学社会科学版), 2017, 19(5): 122 – 131,148.

④ 高翔, 龙小宁. 省级行政区划造成的文化分割会影响区域经济吗? [J]. 经济学(季刊), 2016, 15(2): 647 – 674.

⑤ 戴天仕, 徐文贤. 文化差异与区域协调发展: 基于撤地设市自然实验的证据[J]. 中山大学学报(社会科学版), 2018, 58(4): 162 – 173.

3. 文化促进形成一体化市场

通常在经济由高速增长转向高质量发展时,提高资源配置效率和技术扩散速度能促进经济的进一步发展。而要实现这一目标,建立要素充分自由流动的一体化市场就尤为重要。文化多样性对市场一体化的不利影响主要通过以下渠道发挥作用:一是强化群体内的身份认同①;二是降低社会信任水平②;三是影响生产要素和技术的跨区域流动③。历史原因使得方言多样性对市场分割的影响效应被低估。为了克服这一因果识别困难,丁从明等④利用中心城市及与其接壤的地级市人工合成"城市圈",实证分析了方言种类对市场一体化程度的影响,发现方言多样性是阻碍国内市场一体化形成的重要因素,城市圈内每增加一种方言,平均而言市场分割程度提高2.42%。换言之,伴随方言种类的增加,区域市场的分割程度也会加深,这意味着方言的多样性不利于一体化市场的形成。市场分割导致区域间的资源配置发生扭曲,区域之间存在生产率差距。如浙江省内同属温州市辖下文成、泰顺和苍南三县,相比较可以发现,与泰顺县使用同一种方言(吴语)的文成县,制造业的人均产出仅比泰顺县高 7.3%,然而使用另一种方言(闽语)的苍南县则比泰顺县高 66.2%,而中国行政区划边界与汉语方言边界并不是完全重合的,他们将方言与制度的影响区分开来,考察方言对区域间的资源错配产生的影响。结果表明:毗邻区域间文化上的差异会对其资源错配产生显著的正向影响;与使用相同方言的相邻两县相比,方言不同的相邻两县间生产率差距约高出 4.7%。一个地区内部方言越多样,该地区的资源错配越严重,这意味着文化的一致有助于减少由市场分割造成的资源错配。

4. 文化妨碍人员跨区域流动

劳动力在选择区域流动时除经济原因外,语言沟通和相同的文化背景也是其重要的考虑因素。李秦和孟岭生⑤把语言和地方文化纳入劳动力流动的分析范畴,探究语言沟通和地区文化对中国劳动力区域流动的影响,结

---

① 高翔,龙小宁.省级行政区划造成的文化分割会影响区域经济吗? [J].经济学(季刊),2016,15(2): 647-674.
② PENDAKUR K, PENDAKUR R. Language as both human capital and ethnicity[J]. International Migration Review, 2002, 36(1): 147-177;黄玖立,刘畅.方言与社会信任[J].财经研究,2017, 43(7): 83-94.
③ 林建浩,赵子乐.均衡发展的隐形壁垒: 方言、制度与技术扩散[J].经济研究,2017,52(9): 182-197.
④ 丁从明,吉振霖,雷雨,等.方言多样性与市场一体化: 基于城市圈的视角[J].经济研究,2018,53(11): 148-164.
⑤ 李秦,孟岭生.方言、普通话与中国劳动力区域流动[J].经济学报,2014,1(4): 68-84.

果表明,语言障碍和文化差异显著负向影响流动人口数量,语言和文化的差异不利于人口跨区域流动。流动人口更倾向于去共同方言区或是普通话水平较高的地区找寻工作机会,因为这样日常沟通障碍较小。事实上,大多数人口流动现象主要发生在同一方言大区内。刘毓芸等①考察了方言距离对劳动力流动的影响,从理论和实证层面论证方言距离与劳动力流动呈现出先促进、后抑制的"倒 U 形"关系,因为方言同时具有认同效应和互补效应。他们将方言距离与劳动力数据相匹配,构建了流动人口跨区域流动的微观数据库,实证研究结果表明:在同一方言大区内部,伴随着方言距离增加,流动人口选择跨区域的概率会显著提升;而在跨方言大区的样本间,伴随着方言距离增加,流动人口的跨区域选择的概率反而会下降。换言之,对流动人口而言的最优选择是跨方言区而不跨大区,劳动力更倾向于流动到拥有共同文化背景的地方,方言在同一大区内表现为认同效应,在不同大区内体现为互补效应,方言抑制了劳动力跨方言大区的流动,区域间的文化差异有利于劳动力跨区域流动。

5. 文化抑制企业研发创新

企业想要提高其市场竞争力,就要对技术和研发进行投资。在权力距离指数较低的社会中,社会的流动性以及中产阶层的流动性相对会强一些,而技术正是实现这种流动性的关键。作为公司最为重要投资决策之一的研发投入决策,难免会受到公司的投资决策董事与总经理间以地缘为基础的老乡关系的影响②。"缘"作为中国传统文化的重要组成部分,尤其是基于地缘联系的老乡关系,作为一种非正式制度正影响着公司治理的实践。杜兴强和熊浩③在关系契约理论的框架下,从行政区域和方言区域两个维度界定董事长与总经理的老乡关系,发现其区域关系与企业研发投资情况呈现显著的负向关系。换言之,董事长与总经理间拥有相同的文化背景,可能会抑制公司的研发投入。创新需要优秀的人才和多元的文化。钱海峰④以美国城市为研究对象,探究了文化多样性与城市创新能力两者间的关系。他在研究中指出,创新是多种因素综合作用的结果,这些因素包括企业的内部活动和其他外部条件,其中多样性的文化是美国城市中创新和企业家精

① 刘毓芸,徐现祥,肖泽凯.劳动力跨方言流动的倒 U 型模式[J].经济研究,2015,50(10)：134－146.
② 戴亦一,肖金利,潘越."乡音"能否降低公司代理成本?：基于方言视角的研究[J].经济研究,2016,51(12)：147－160,186.
③ 杜兴强,熊浩.董事长—总经理老乡关系与研发投入[J].投资研究,2017,36(9)：60－82.
④ QIAN H F. Diversity versus tolerance：the social drivers of innovation and entrepreneurship in US cities[J]. Urban Studies, 2013, 50(13)：2718－2735.

神的社会驱动器。潘越等①从方言的视角来衡量文化的多样性,利用
2007—2014 年间中国 A 股上市公司的数据来探索文化多样性与企业创新
之间的关系,研究发现,文化多样性对企业创新会产生显著的正向影响,且
这一影响对于民营企业和高科技行业企业来说更为明显。此外,他们发现
文化多样性的作用在南方会更为显著,这是因为在南方的城市内方言种类
和差异都较北方城市更大。如上所述,不同文化间的交流和碰撞,有利于创
新性想法的形成,文化的趋同则不利于企业的创新产出。

6. 文化降低企业投资效率

不同地缘关系及其引申出的语言和文化等,会对企业代理成本产生直
接影响,进而影响到包括投资效率在内的企业经营。现代企业所有权与经
营权二者分离现象较为普遍,这就不可避免地会产生代理问题。弗朗西斯
等②通过对跨数据的研究探讨代理问题的结果,他们在研究中指出,代理问
题会降低公司的治理效率,进而在影响企业投资效率的同时损害企业的价
值。徐莉萍等③认为与地方国企相比,央企所面临着的监管更为严厉,因此
投资约束较多而投资更为谨慎,地方国企这种投资约束则较弱,但地方国企
受到地方保护主义等的影响同时,要遵从地方政府的政策指令,可能做出低
效投资行为。俞俊利等④从地缘关系视角来衡量文化,研究了作为非正式
制度的地缘因素与企业投资效率间的关系,利用沪深 A 股上市公司管理层
地缘关系紧密程度与投资效率的数据进行实证检验,研究发现,董事长与总
经理地缘关系越紧密,企业投资效率越低,相比民营企业而言,国有企业(尤
其是中央国有企业)高管地缘关系对投资效率的影响更明显,当董事长与总
经理来自不同省份时,企业高管地缘关系对投资效率的影响更明显。如上
所述,基于地缘关系的文化,可能会对企业的投资效率产生不利影响。

7. 文化降低公司内部控制质量

要保证内部控制的质量就要坚决执行相关制度,但最终的执行效果不免
会受管理层意愿和动机的影响。而中国文化情境下的"关系"这一非正式制

① 潘越,肖金利,戴亦一.文化多样性与企业创新:基于方言视角的研究[J].金融研究,2017
(10):146-161.
② FRANCIS B, HASAN I, SONG L, et al. Corporate governance and investment-cash flow
sensitivity: evidence from emerging markets[J]. Emerging Markets Review, 2013, 15(15):
57-71.
③ 徐莉萍,辛宇,陈工孟.股权集中度和股权制衡及其对公司经营绩效的影响[J].经济研究,
2006(1):90-100.
④ 俞俊利,金鑫,雷光勇.管理层地缘关系与企业投资效率[J].当代财经,2015(10):116-
128.

度正影响着企业经济活动的效率。现代企业讲求所有权与经营权的分离，许多证据也表明董事长与总经理这两个重要职位分离有助于企业提升其资源配置效率。然而，受到传统文化的影响，我国企业在具体实践两权分离的过程中，往往实际上只做到人员安排分离，但两个职位的担任者之间仍然存在着或明或暗的诸多联系，同乡关系便是其中常见的一种，这种关系也可称为地缘关系①。基于这种"缘"的合作更容易实现，但这种"合作"可能会导致董事长与总经理二者间的合谋行为，这不利于管理层行使监督的职能，也会因此造成管理层管理效率低下，使得企业的内部控制质量达不到应有的水准，进而对企业的市场表现产生消极影响并最终损害企业的价值。俞俊利等②从社会关系中的同乡地缘关系视角出发研究企业内部控制，探讨董事长与总经理之间的地缘关系对企业内部控制质量的影响，研究发现，董事长与总经理之间的地缘关系越强，上市公司的内部控制质量就越不可靠。因此，在企业高管内部关系治理中，弱化董事长与总经理因地缘关系等产生的强联结，有助于提升企业内部控制质量，即相同地域（方言）所象征的文化不利于提升企业内部控制质量。

8. 文化增加公司风险水平

公司经营行为和风险是公司股东和投资人关心的重要指标，而易被忽视的管理层的人员安排等公司治理因素，亦会对公司的风险水平产生影响。董事会重要的职能之一是代表全体股东对管理层进行监督，而 CEO 与董事之间的密切关系会影响这一职能的行使。来自同一区域的个体拥有相近的文化背景，CEO 与董事会成员可能会因此更认同彼此的理念和处事方式，而这对董事会在执行对管理层的监督功能时会产生不利影响。基于地缘关系而形成的裙带关系，不仅能让管理层与董事会沟通更顺畅，而且能降低协调成本，还能使管理层向董事会提出的议案通过率更高并最终得以实施。正因如此，管理层在进行一些高风险的投资与经营行为时，会缺少必要或是足够的束缚，这一情况势必会增加公司的经营风险。陆瑶和胡江燕③使用 2000 年至 2009 年沪深两市中所有上市公司数据，对 CEO 与董事会成员间的裙带关系进行测量并探索其与公司风险水平的关联性，结果表明，CEO 与董事间的地缘关系对企

① JACOBS J, BRUCE K. The concept of Guanxi and local politics in a rural Chinese cultural setting [M]. New York: Praeger, 1982: 209 - 236.

② 俞俊利,金鑫,梁上坤.高管地缘关系的治理效应研究：基于内部控制质量的考察[J].会计研究,2018(6)：78 - 85.

③ 陆瑶,胡江燕.CEO 与董事间的"老乡"关系对我国上市公司风险水平的影响[J].管理世界,2014(3)：131 - 138.

业风险水平有显著的正向影响,即董事与 CEO 为同一地缘的比例越高,公司的风险水平会越高,且存在较强地缘关系的公司具有更高的公司综合财务风险。如上所述,CEO 与董事之间的"老乡"关系,会增加上市公司的风险水平。

9. 文化有利于金融借贷交易,推动金融市场发展

资本市场是金融市场的重要组成部分。对于金融借贷交易而言,文化因素的影响更加不容忽视。菲斯曼等[1]利用 1999—2005 年印度一家大型国有银行的贷款人员及其贷款组合的相关数据,从宗教信仰的视角切入,研究文化背景相同的人在贷款市场中的差别待遇程度,结果发现文化的归属感可以提高贷款效率,减少贷款分配的不平等现象。詹内蒂和亚费[2]利用国际银团贷款的大数据集,研究了专业决策者之间的文化差异是否会影响金融合同,发现文化距离越远的银行向借款人提供的贷款规模越小,利率越高,而且更有可能需要第三方担保。这些影响不会随着借款人和贷款人之间的反复互动而消失,而且在经济收益上是相当可观的,文化距离每增加一个标准差(大约相当于加拿大和美国之间的距离,或是日本和韩国之间的距离),贷款利息差就会上升约 6.5 个基点;如果银行与企业之间的匹配涉及文化上距离较远的国家(如日本和美国),贷款利息差将增加约 23 个基点。此外,文化差异不仅影响借款人与贷款人之间的关系,还会阻碍文化距离较远的主导银行与参与银行之间的风险分担。文化差异使谈判更加烦琐,从而增加了合同履行成本,还增加了信息收集的成本(或使信息收集的效率降低)。文化一致性能改善上述负面影响,增强资本市场的有效性,引导资本有效配置,从而推动金融市场发展。包括法律、政府监管在内的正式制度,对于民间金融活动的保障程度较低,这是因为民间金融活动大多是自发的,而没有为传统的金融体系所覆盖。汉语方言则可以通过文化认同效应影响民间金融的发展。方言不仅体现了地域文化,使用相同方言的个体更是因此而形成一种独特的社会资本。进一步地,通过群体间的声誉机制和隐性担保机制,独特的民间金融市场就此形成。张博和范辰辰[3]在从宏观层面对中国 276 个地级以上城市的数据进行研究的基础上,又从微观角度对山

① FISMAN R, PARAVISINI D, VIG V. Cultural proximity and loan outcomes[J]. American Economic Review, 2017, 107(2): 457-492.
② GIANNETTI M, YAFEH Y. Do cultural differences between contracting parties matter? Evidence from syndicated bank loans[J]. Social Science Electronic Publishing, 2012, 58(2): 365-383.
③ 张博,范辰辰.文化多样性与民间金融:基于方言视角的经验研究[J].金融研究,2018(7): 69-89.

东省438家小额贷款公司的样本数据进行验证，发现方言多样性会增加民间金融借贷的风险，不论对民间金融机构的数量还是资本额都会产生不利影响。现实中各种类型的同乡商会广泛分布于我国各地。同一商会成员间对彼此身份和文化的认同，是通过对方言的识别来进行的。方言所体现的地域文化和身份认同，有助于降低民间借贷的交易成本和违约风险，从而推动民间金融的发展。

10. 文化降低公司代理成本，提升企业并购绩效

分析公司治理问题中的文化影响，已成为公司金融与资本市场研究领域一个新的趋势。迪马吉奥[①]在其文章中提到，个体在人际交往过程中存在一种"相似吸引"偏好，拥有相同或相近文化的个体间能更好地沟通与合作。使用相同或相近方言的个体间会形成一个同乡圈层，在这一圈层内，彼此的情感依赖、约束力和凝聚力都会更强，其中蕴含着浓厚的乡土情结。何他西[②]在其研究中指出，总经理与董事会之间的社会关系可以增强彼此的信任感，缓解因组织安排产生的无效冲突，降低治理成本。重视"老乡"可以说是我国文化传统的重要特征之一。这种特征会在公司治理的过程中影响高层之间的信任与合作，尤其是董事长和总经理之间的信任与合作。

三、差序视角

中国社会向来强调群体概念，社会被视为家的外延，人际关系是以自我为中心而不断外推的格局。《礼记》记载："大夫以下成群立社，曰置社。"费孝通在《乡土中国·差序格局》中指出，"中国乡土社会以宗法群体为本位，人与人之间的关系，是以亲属关系为主轴的网络关系，是一种差序格局"。而他在《乡土中国·血缘和地缘》中提出，"地缘不过是血缘的投影，不分离的。……地域上的靠近可以说是血缘上的亲疏的一种反映……两者合一是社区的原始状态"。通过亲属、同乡、同学、同事等社会网络建立的信任关系不仅会使一些正常的交易更易发生，还会促成一些特定交易[③]。尤其在法律体系等正式制度不完善的环境下，通过关系网络建立的信任对于保证交易的成功至关重要。费孝通将此归纳为差序格局，即由自我出发，按照亲疏

①　DIMAGGIO P. Culture and cognition[J]. Metaphilosophy, 1997, 23(1-2): 263-287.

②　HOITASH U. Should independent board members with social ties to management disqualify themselves from serving on the board? [J]. Journal of Business Ethics, 2011, 99(3): 399-423.

③　COLEMAN J. Social capital in the creation of human capital[J]. American Journal of Sociology, 1988(94): 95-120.

远近向外层层扩散的关系安排,这和西方文化强调个人主义的观点存在根本性的差别。从家族结构角度来说,费孝通先生①著名的"差序格局"理论体现的是家族的横式结构。一个差序格局的社会,是由无数个人关系搭建成的网络。这个网络像张蜘蛛网,有一个中心,就是自己。以"自己"为中心,像石子投入水中,和别人的联系形成的社会关系像水的波纹一般,一圈圈推出去,愈推愈远,也愈推愈薄。也就是说,愈往外推,关系的紧密程度和信任程度是递减的。

因此,我们不妨把家庭和家族的关系理解为,围绕着主干家庭向外扩展,依据血缘、婚姻,甚至地缘关系,形成"一圈一圈"的家庭网络,这个网络就是家族。因此,虽然名义上整个大家族都是自家人,但这些自家人之间的感情浓度是随着"圆圈"与自己所在家庭的距离远近而呈现明显的亲疏差别的。也就是说,自己与主干家庭里的自家人关系更加亲密,与旁系家庭的自家人的关系就显得相对疏远。在差序文化下,任何个人只要进入某一群体,既被群体中的其他个体按照差序格局所对待,也用差序格局下的亲疏关系去衡量他人,这就造成了中国式公司治理关系契约的隐形化与非等距性(弹性)。

从齐鲁地区家族的崛起历史过程来看,耕读传家起到了不可替代的重要作用。耕是家族积累资本的过程,读是家族成员出人头地的基础。黄河三角洲因此涌现出桓台王家、惠民李家、无棣吴家、滨城杜家等一批名门望族②。社会关系网络、父亲的教育程度和政治身份以及城镇户籍也是有利于劳动者进入高收入行业的因素③。郭云南等④运用中国农村的调查数据研究了当选村民委员会主任来自最大姓对家庭平滑消费程度的影响,相比于当选村民委员会主任来自其他姓氏的村庄,来自最大姓的村庄平滑消费程度更低,原因在于来自最大姓的村民委员会主任能依赖本宗氏在宗族中的地位说服其他宗族成员支持其决策,充分发挥行政权力职能,增加公共品投资,这些发现有助于理解传统组织(如宗族)与现代制度(如选举)之间的互动关系,并为村庄治理提供参考。龙小海等⑤基于中国2009年3省9县的农村住户调查数据考察家庭社会网络对农户储蓄行为的影响,研究表明:

①　费孝通.小城镇 新开拓(五)[J].瞭望周刊,1985(3):22-23.
②　钱茂伟.明代的科举家族:以宁波杨氏为中心的考察[M].北京:中华书局,2014.
③　陈钊,陆铭,佐藤宏.谁进入了高收入行业?:关系、户籍与生产率的作用[J].经济研究,2009(10):121-132.
④　郭云南,姚洋,JEREMY FOLTZ.正式与非正式权威、问责与平滑消费:来自中国村庄的经验数据[J].管理世界,2012(1):67-78.
⑤　龙小海,黄登仕,朱庆芬,等.基于注册会计师关联关系的会计监管体系博弈分析[J].会计研究,2004(10):41-48.

① 家庭社会网络越广泛，农户储蓄率越低；② 收入越低的农户，家庭社会网络对储蓄率的影响越大；③ 随着家庭收入的增长、正规金融发展及市场化推进，社会网络对农户储蓄率的作用渐渐减弱。郭云南和姚洋①从宗族网络的角度考察了转型期间农村劳动力流动的行为，研究表明：① 宗族网络规模（以家庭姓氏的人口比例衡量）对家庭外出打工的影响不大，而真正发挥作用的是家庭的宗族网络强度；② 以血缘为纽带的宗族网络作为传统农村的典型特征，其作用随着经济发展和社会转型趋于弱化，这一研究发现有助于理解传统组织（如宗族）和现代制度（如市场化）之间的互动关系。吴晓瑜和李力行②基于中国部分地区普遍存在的对男孩的性别偏好，采用所生育小孩的性别作为妇女家庭地位和议价能力的度量指标研究其对家庭内部资源分配及其结果的影响。

　　国内外学者对关系治理效率的研究可归结为两个方面：一方面，关系治理依赖于创始人的个体特质——创始人权威和专有资产。李新春等③分析了公司治理和企业家精神的内在逻辑，激励机制对企业家精神具有显著的正向促进作用。创始人超凡的经营管理才能使得家族企业可以进行长期投资④。贺小刚和连燕玲⑤实证检验了家族权威与家族上市公司价值之间存在显著的非线性关系，过于强化或削弱家族权威不利于价值创造；家族成员股东身份权威在管理权威配置下将发挥更强的作用，这两种权威的背离不利于提高家族上市公司的价值。连燕玲等⑥考察了家族权威配置对公司治理效率的影响，他们将家族权威分解为所有权带来的权威和经营权带来的权威，家族成员在配置资产所有权时偏好"亲缘至上"的原则，而在配置资产管理权时则更偏好"能力至上"的原则。这一结果说明了家族权威配置和能力相匹配问题给公司治理带来的影响。另一方面，部分研究聚焦于关系功效——成员组合和亲缘程度。贺小刚等⑦实证检验了三类家族成员组合

① 郭云南,姚洋.宗族网络与农村劳动力流动[J].管理世界,2013(3)：69 - 81.
② 吴晓瑜,李力行.母以子贵：性别偏好与妇女的家庭地位——来自中国营养健康调查的证据[J].经济学(季刊),2011(3)：869 - 886.
③ 李新春,苏琦,董文卓.公司治理与企业家精神[J].经济研究,2006(2)：57 - 68.
④ DAVIS J H, SCHOORMAN F D, DONALDSON L. Toward a stewardship theory of management[J]. Academy of Management Review, 1997(22)：20 - 47.
⑤ 贺小刚,连燕玲.家族权威与企业价值：基于家族上市公司的实证研究[J].经济研究,2009(4)：90 - 102.
⑥ 连燕玲,贺小刚,张远飞.家族权威配置机理与功效：来自我国家族上市公司的经验证据[J].管理世界,2011(11)：105 - 117.
⑦ 贺小刚,连燕玲,李婧.家族控制中的亲缘效应分析与检验[J].中国工业经济,2010(1)：135 - 146.

模式的治理功效,研究结论表明:① 核心家庭成员之间的内部冲突与代理问题最少,远亲与复合家族成员存在显著的代理问题。② 家族成员采取的监督管理或侵占其他非家族股东利益的行为,主要体现在核心家族成员内部以及复合家族成员组合中。赵宜一和吕长江[1]实证检验了不同亲缘关系的家族成员担任 CEO 的薪酬契约差异,亲缘程度由近及远依次为:夫妻、父母子女、兄弟姐妹、女婿及其他远亲。他们的研究结论表明:亲缘程度越近,会计业绩越好,薪酬契约的需求越低,亲缘自身实现了有效激励。

各国家族企业沿革历史证据表明,正式制度与家族治理关系并非像相关文献表明的那样清晰。不少学者意识到文化在中国扮演的重要角色,并认为其可能是中国一些特殊经济现象的成因。阿伦等[2]发现,中国法律制度和金融体系虽然并不是最领先的,但在儒家文化占主导地位的中国,声誉和关系成为重要的替代治理机制。类似地,在受儒家文化影响的东亚社会里已经发展出一套不依赖于正式法律制度的社会规范,并在经济发展中起着重要作用。相关研究开始注意到宗法关系在家族中的重要性。马克斯·韦伯在《儒教与道教》中描述和界定了宗法关系,宗法关系不是一个固定的概念,而是富有伸缩性,涉及对象的大小,是根据中心"己"的势力的大小而定。钱穆[3]指出:"一个大门第,决非全赖于外在之权势与财力,而能保泰持盈达于数百年之久;更非清虚与奢汰所能使闺门雍睦,子弟循谨,维持此门户于不衰。"

陈凌和应丽芬[4]考察发现,中国当前家族企业由于受社会环境、企业成长阶段、企业背景、企业规模以及产业特点和性质等因素的多重影响而呈现出多样性的结果,其中"子承父业"模式仍然是主流继任模式。伯特兰和斯科[5]从家族文化角度认为创始人选择其后代而非职业经理人来经营企业,并非出于企业价值最大化需求,而是为了实现家族效用的最大化。家族联系裙带风的论点受到中国学者的广泛驳斥。古志辉[6]运用2002—2012 年沪深两市上市公司的数据,研究发现儒家伦理的运用可以降

① 赵宜一,吕长江.亲缘还是利益?:家族企业亲缘关系对薪酬契约的影响[J].会计研究,2015(8):32-40.
② FRANKLIN A, QIAN J, QIAN M. Law, finance, and economic growth in China[J]. Journal of Financial Economics, 2005, 77(1):57-116.
③ 钱穆.国史大纲[M].北京:商务印书馆,1996.
④ 陈凌,应丽芬.代际传承:家族企业继任管理和创新[J].管理世界,2003(6):89-97.
⑤ BERTRAND M, SCHOAR A. The role of family in family firms[J]. Journal of Economic Perspectives, 2006, 20(2):73-96.
⑥ 古志辉.全球化情境中的儒家伦理与代理成本[J].管理世界,2015(3):113-123.

低代理成本，提高代理效率，但是公司参与国际市场竞争削弱了儒家伦理的边际贡献。杨玉龙等①从差序格局视角探讨中国企业业绩评价系统，认为企业组织呈现差序格局是对外部缺乏正式制度而做出的适应性安排，业绩评价不依赖于财务信息，部分解释了中国家族企业权力设置中依赖差序关系出现的任人唯亲现象。家族治理另一直观的表现是家庭产权的分配，其背后实际隐藏着的是家族成员之间的血缘关系。血缘关系既影响家庭成员之间的亲密程度，也影响着家庭财产的分配、家族产权的安排。中国家族产权的分配倾向于遗产均分制，这一点与西方国家以及日本的继承制存在着明显的不同。家庭联系是社会资本的补充，社会联系强的家庭成员更反对福利欺诈、腐败以及一系列涉及牺牲他人利益以换取个人利益的其他活动②。缺乏家庭内部或外部关系与互动的个人可能会被社会排斥，尤其是在经济贫困的境况下恶化这种关系③。连燕玲等④探讨并实证检验了家族代理人内部的权威配置机理及其对公司治理效率的影响，研究结论表明：① 家族成员在配置资产所有权时偏好"亲缘至上"的原则，在配置家族资产管理权时则更偏好"能力至上"的原则；② 家族资产所有权与管理权配置给家族远亲能显著不利于治理效率的提升；③ 根据管理能力高低而配置相应管理权显著地促进了治理效率的提高。贺小刚和连燕玲⑤实证检验了家族权威与家族上市公司价值之间存在显著的非线性关系，过于强化或削弱家族权威不利于价值创造；家族成员股东身份权威在管理权威配置下将发挥更强的作用，这两种权威的背离不利于提高家族上市公司的价值。郑志刚和孙娟娟⑥从任人唯亲的董事会文化视角实证考察了我国上市公司中存在的经理人超额薪酬问题，研究表明经理人超额薪酬与任人唯亲的董事会文化有关，而通过由股东（控股公司）而不是上市公司发放董事（长）薪酬将有助于打破任人唯亲的董事会文化，破解经理人超额薪酬问题。朱光伟等⑦

---

① 杨玉龙，潘飞，张川.差序格局视角下的中国企业业绩评价[J].会计研究,2014(10)：66-73.

② LJUNGE M. Cultural transmission of civicness[J]. Economics Letters, 2012, 117(1)：291-294.

③ SIROVÁTKA T, MAREŠ P. Poverty, social exclusion and social policy in the Czech republic [J]. Social Policy & Administration, 2006, 40(3)：288-303.

④ 连燕玲，贺小刚，张远飞.家族权威配置机理与功效：来自我国家族上市公司的经验证据[J].管理世界,2011(11)：105-117.

⑤ 贺小刚，连燕玲.家族权威与企业价值：基于家族上市公司的实证研究[J].经济研究,2009(4)：90-102.

⑥ 郑志刚，孙娟娟.任人唯亲的董事会文化和经理人超额薪酬问题[J].经济研究,2012(12)：111-124.

⑦ 朱光伟，杜在超，张林.关系、股市参与和股市回报[J].经济研究,2014(11)：87-101.

基于中国家庭金融调查数据研究了"关系"对股票市场的参与、参与程度和回报的影响,发现关系可以显著地促进家庭参与股市,并且可以显著地提高家庭的股市参与程度。杨玉龙等[1]从差序格局的视角探讨中国企业的业绩评价系统,认为企业组织呈现差序格局是对外部缺乏正式制度而做出的适应性安排。改变任人唯亲和业绩评价亲疏有别需要构建出良好的外部契约执行制度。

---

[1]　杨玉龙,潘飞,张川.差序格局视角下的中国企业业绩评价[J].会计研究,2014(10):66-73.

第三章　文化传统与家族企业传承

第一节　父爱主义之于传承分配

一、家族企业的文化传统

家族企业代际传承的过程既是权力的传递也是家族文化的延续。深受"宗族文化"和"家文化"这些中华传统文化影响的家族企业创始人希望自己辛苦打拼下的基业能代代相传,也希望后人将其价值观与家族文化作为精神财富传承下去。这种家族传承目标下的长期导向,正是家族企业取得卓越绩效的重要原因和独特优势[①]。费孝通先生用差序格局形象地描述了中国社会的人际关系,即以自我为中心,根据血缘、亲缘、地缘差异,遵循一定的等级次序向外扩散[②]。这一理论在中国家族企业治理中也有深刻体现,家族企业创始人在进行代际传承的权力配置时往往依据这种差序格局。父母在养育子女的过程中会将自己的价值观灌输给子女[③],因此,家族内传承是中国家族企业传承的主要模式。子承父业的传承方式受到中国家族企业家的普遍认同[④]。在中国家族企业二代接班过程中,强烈的"父爱主义"促使企业创始人为其接班人搭桥铺路[⑤]。然而,为此付出的代价是二代接

---

① ANDERSON R, DURU A, REEB D M. Founders, heirs, and corporate opacity in the United States[J]. Journal of Financial Economics, 2009(92): 205 – 222.

② 费孝通,李亦园.中国文化与新世纪的社会学人类学[J].北京大学学报,1998(6): 80 – 90

③ WARNER R L, STEEL B S. Child rearing as a mechanism for social change the relationship of child gender to parents' commitment to gender equity[J]. Gender & Society, 1999, 13(4): 503 – 517.

④ 沈艺峰,陈述.中国传统家族文化与企业可持续发展:以企业家子女结构为视角[J].厦门大学学报(哲学社会科学版),2020(1): 94 – 106.

⑤ 魏春燕,陈磊.家族企业 CEO 更换过程中的利他主义行为:基于资产减值的研究[J].管理世界,2015(3): 137 – 150.

班后会计业绩和市场业绩普遍显著变差①。已有研究认为造成这一结果的主要原因是创始人管理家族企业的知识、技能、声誉、政治联系及社会关系等这些特殊资产不能有效传承。笔者认为无"可用之才"或许是另一原因。

"血浓于水"的情感认同和中国传统商业文化使家族企业创始人认为传承的关键在于由家族成员控制企业的命脉,实现建立百年老店的目标,而非西方的"家族信托+职业经理人"模式。由于中国职业经理人市场发展尚不够成熟,职业经理人"鸠占鹊巢"等现象时有发生。因此,即使嫡子不具备管理才能,强烈的"父爱主义"也促使创始人为其接班人"扶上马、送一程"。一方面,家族人丁兴旺为创始人培养接班人提供了更多选择,挑选到优秀继承人的可能性越大,越有利于家族企业的代际传承和可持续发展②。然而,中国于1982年开始实施的计划生育政策③对家族人丁兴旺产生了实质影响。在家族内部的竞争池中,若无一定数量的家族成员,很难实现充分的内部竞争和优胜劣汰,继而出现独生子女不愿继承家族产业,这也是家族企业创始人忧虑的地方。另一方面,家族人丁兴旺也容易造成争产的局面④,有损家族和谐,进而危害家族企业的持续成长⑤。因此,家族企业创始人如何有效配置子女的权力对家族企业的代际传承和实现基业长青尤为重要。

二、相关研究及创新之处

已有研究虽关注了中国家族企业中家族规模对企业可持续发展的影响,但未深入探究家族成员构成会如何影响家族企业代际传承中的权力安排。尽管计划生育政策对家族人丁兴旺产生了影响,但结合中国家族企业的数据可以发现,符合家族传承的中国传统家族企业创始人多以农村户口为主,且多为乡村干部,企业多从乡镇企业转制而来。加之,计划生育政策

---

① 朱晓文,吕长江.家族企业代际传承:海外培养还是国内培养?[J].经济研究,2019,54(1):68-84.

② 沈艺峰,陈述.中国传统家族文化与企业可持续发展:以企业家子女结构为视角[J].厦门大学学报(哲学社会科学版),2020(1):94-106.

③ 1982年9月,中国共产党第十二次全国代表大会把计划生育确定为基本国策,同年12月写入宪法。其基本内容是普遍提倡一对夫妇只生育一个孩子。

④ DAVIS P S, HARVESTON P D. The phenomenon of substantive conflict in the family firm: a cross-generational study[J]. Journal of Small Business Management, 2010, 39(1): 14-30.

⑤ 贺小刚,连燕玲,余冬兰.家族和谐与企业可持续成长:基于家族权力配置的视角[J].经济管理,2010(1):50-60.

实施期间 19 个省对农村户籍人员实行"一胎半"政策①，二胎在当时的部分地区也是比较普遍的现象。尤其对于 70 岁以上的创始人家族而言基本未受这一政策的影响。因此，一定数量的家族企业创始人仍育有多名子女。本章选取 2004—2016 年 190 家有二代继承人的家族企业样本，从中国传统"家文化"视角，探究家族人丁兴旺对权力安排的影响机制。进一步地，基于继承人和创始人的个人特征、家族企业特征以及文化差异检验不同情境下家族二代成员构成对权力安排决策的差异化影响。最后，本章考察了人丁兴旺对二代继承人薪酬的影响。

相比已有研究，本章可能的贡献在于：第一，本章丰富了关于家族企业持股的研究。以往的家族企业相关文献，多将家族视为一个整体进行研究，而忽视了家族内部个体成员的偏好差异②。家族继承包括事业继承和财产继承，本章将两者纳入考虑，亦考虑了"长子继承，诸子均分"这一传统。第二，本章丰富了关于家族企业代际传承的研究。以往文献主要讨论家族企业创始人第一个子女的性别或独生子女政策对其在家族企业中担任重要职位的影响③。第三，本章丰富了人口学领域关于生育政策的研究以及家族内部竞争池假说。已有研究讨论了子女数量对父母劳动供给和老年人福利水平的影响，本章将其扩展至子女数量对家族企业所有权和控制权的影响。

第二节　"子嗣规模"假设

一、子嗣规模与所有权安排

在家族资产所有权配置过程中，创始人更偏好"亲缘关系至上"的原则。首先，华人社会向来以家族作为社会运作的重心，以亲缘关系作为基础的社会结构，这决定了华人社会行为呈现关系主义特征。当家族企业的创始人

---

① 基本内容是夫妻双方均为农村户口，如果只生育一个女孩，经批准原则上还可再生育一胎。

② STEIER L P, CHRISMAN J J, CHUA J H. Entrepreneurial management and governance in family firms: an introduction [J]. Entrepreneurship: Theory and Practice, 2004, 28 (4): 295 – 303.

③ BENNEDSEN M, NIELSEN M K, WOLFENZON D. Inside the family firm: the role of families in succession decisions and performance [J]. Quarterly Journal of Economics, 2007 (122): 647 – 691.

在配置资产所有权时,首先要做的是进行"关系判定",要思考的问题是"对方与自己有多亲近"。以亲缘关系为基础的社会结构强调"亲亲(亲缘关系)法则",主张在人际互动的场合应当根据亲亲原则,决定资源分配或交易的方式①。其次,家族企业以业主为核心按照亲缘关系组成一个由近及远、由亲及疏的同心圆②。在家族成员中,继承人与创始人之间属于同心圆的核心血缘关系。在家族财富有限的条件下,创始人会更多地惠及与其关系最亲近的子女,而其他家族成员得到所有权配置的可能性相对较小。最后,在家族所有权配置中,相比亲缘关系,家族成员的经营能力显得不那么重要。这是因为,所有权配置涉及家族财富在家族成员之间的分配,创始人将财富分配给至亲的子女,一定程度上有利于创始人家族对企业经营决策产生实质影响。因此,创始人在家族成员之间分配资产所有权时,会按亲缘关系先把所有权在子女中分配之后,再向其他家族成员分配。而子女数量越多,子女能够获得更多的资产所有权③。基于以上分析,提出以下假设:

假设 1：其他条件不变,家族企业创始人的子女数量越多,为保证其子女的均分和充分受益,因此需要安排越多的资产所有权。

二、子嗣规模与控制权决策

在家族企业中,创始人子女数量越多,其子女越可能获得公司的资产控制权,即在家族企业中担任董事长或总经理④。首先,家族资产控制权的安排关系到创始人家族对企业的控制以及家族财富的增加,在选择谁来担任公司董事长或总经理这件事情上,创始人仍会倾向于选择与自己亲缘关系较近的家族成员。此外,有研究发现,家族企业的董事长由非家族成员担任可能加剧控股股东与中小股东的利益冲突,公司的资本支出更少、创新水平更低⑤。其次,人口学领域研究发现,子女数量多,提高了老年人的代际支

①　黄光国.人情与面子[J].经济社会体制比较,1985(3)：55-62.
②　费孝通.小城镇 新开拓(五)[J].瞭望周刊,1985(3)：22-23.
③　BERTRAND M, JOHNSON S, SAMPHANTHARAK K, et al. Mixing family with business: a study of Thai business groups and the families behind them[J]. Journal of Financial Economics, 2008(88)：466-498.
④　BERTRAND M, JOHNSON S, SAMPHANTHARAK K, et al. Mixing family with business: a study of Thai business groups and the families behind them[J]. Journal of Financial Economics, 2008(88)：466-498.
⑤　姜付秀,郑晓佳,蔡文婧.控股家族的"垂帘听政"与公司财务决策[J].管理世界,2017(3)：125-145.

持和福利水平①。在资产管理权的配置上，创始人更关注家族成员的经营管理和创造价值的能力②。但是，多名潜在继承人能够一定程度上弥补家族人力资源约束。如果创始人的子女数量较多，即使有子女没有继承意愿，或者有继承意愿但缺乏管理能力，创始人依然有机会从多个子女中挑选出具备经营管理才能的人来担任公司的董事长或总经理。最后，相比家族以外的人员，具有血缘关系的家族成员之间相互更信任。创始人在选拔管理人才时存在家族主义特殊信任③，并且这种天然的信任可以有效缓解代理冲突。因此，创始人在家族成员之间分配资产控制权时，在亲缘关系的基础上，会更多地考虑职位所要求的管理能力。子女数量越多，子女中有人具备管理能力的可能性就越大，就越有可能获得公司的董事长或总经理职位。基于以上分析，提出以下假设：

假设 2：其他条件不变，家族企业创始人的子女数量越多，其子女获得了越多的资产控制权的可能。

第三节　研究设计与实证检验

一、样本选择与数据来源

借鉴安德森和里布④对家族企业的界定，本章以 2004—2016 年 190 家实际控制人可追溯至创始人家族且创始人有二代继承人的家族企业作为研究样本。根据研究需要，按以下原则对样本进行筛选：① 剔除金融行业的公司样本；② 剔除数据缺失的公司样本；③ 剔除实际控制人有多个自然人的样本；④ 对主要的连续型变量，进行上下 1% 的缩尾处理，以减少异常值的影响。通过上述筛选，最终获得 1 170 个观测样本。本章基于 CSMAR 数据库的家族企业数据，结合年度报告、招股说明书和上市公告中披露的关联关系、高管任职信息和持股信息以及其他信息披露渠道手工整理出继承人数据。家族企业财务数据、创始人特征数据和企业特征数据均来自 CSMAR 数据库。

① 郭志刚，张恺悌.对子女数在老年人家庭供养中作用的再检验：兼评老年经济供给"填补"理论[J].人口研究,1996(2)：7-15.
② 连燕玲，贺小刚，张远飞.家族权威配置机理与功效：来自我国家族上市公司的经验证据[J].管理世界,2011(11)：105-117.
③ 李新春.经理人市场失灵与家族企业治理[J].管理世界,2003(4)：87-95.
④ ANDERSON R，REEB D M. Founding family ownership and firm performance：evidence from the S&P 500[J]. Journal of Finance, 2003(58)：1301-1329.

二、模型设计与变量设定

1. 被解释变量

1）所有权安排

本章构建继承人在家族中的持股比例这一指标来反映家族企业代际传承的所有权安排,对其定义如下:① Proright1,继承人持股比例除以继承人持股比例和创始人夫妻持股比例之和;② Proright2,继承人持股比例除以继承人持股比例与创始人持股比例之和。

2）控制权安排

本章采用继承人职位来反映家族企业的控制权安排,对其定义如下:① Heir_pos1,若创始人的子女中有人担任董事长,则取值为 1,否则取 0;② Heir_pos2,若创始人子女中有人担任总经理,则取值为 1,否则取 0;③ Heir_pos3,若创始人子女中有人担任董事长或总经理,则取值为 1,否则取 0。

2. 解释变量

本章采用 2 种方法衡量子嗣规模(Heir):① Heir_No,即创始人子嗣人数;② Heir_NoD,若创始人有多于 1 名的子嗣,则取值为 1,否则取 0。

3. 控制变量

借鉴已有文献,本章选择企业规模、偿债能力、盈利能力、成长能力、管理层持股比例、机构投资者持股比例、上市年限、独立董事比例和两职合一作为控制变量。本章还设置了虚拟变量控制年份和行业固定效应。具体的变量定义如表 3-1 所示。

表 3-1 主要变量定义

类 别	符 号	定 义
被解释变量	Proright1	继承人持股比例/(继承人持股比例+创始人夫妻持股比例)
	Proright2	继承人持股比例/(继承人持股比例+创始人持股比例)
	Heir_pos1	若创始人的子女中有人担任董事长,则取值 1,否则取 0
	Heir_pos2	若创始人的子女中有人担任总经理,则取值 1,否则取 0
	Heir_pos3	若创始人的子女中有人担任董事长或总经理,则取值 1,否则取 0
解释变量	Heir_No	继承人人数
	Heir_NoD	若继承人人数大于 1,则取值 1,否则取 0

续表

类　别	符　号	定　　义
控制变量	Size	期末资产总额的自然对数
	LEV	期末总负债/期末总资产
	ROA	（利润总额+利息支出）/平均总资产
	Grow	销售增长率
	MNGS	管理层持股比例
	IIS	机构投资者持股比例
	Lage	上市年限
	Indpd	董事会成员中独立董事比例
	Dual	董事长和总经理是否两职合一
	Year	年度虚拟变量
	Industry	行业虚拟变量

根据以上变量定义，为检验继承人特征对公司所有权和控制权安排的影响，本章构建如下基本回归模型，其中 Controls 是控制变量，模型在公司层面进行聚类调整：

$$\text{Proright}_{it} = \alpha + \beta_1 \text{Heirvars}_{it} + \beta_j \text{Controls}_{it} + \varepsilon_{it} \qquad (3-1)$$

$$\text{Heir\_pos}_{it} = \alpha + \beta_1 \text{Heirvars}_{it} + \beta_j \text{Controls}_{it} + \varepsilon_{it} \qquad (3-2)$$

根据被解释变量的数据特征，模型（3－1）为 OLS 模型，模型（3－2）为 Logit 模型。

三、实证检验

1. 描述性统计

表 3－2 列出了主要变量的描述性统计分析结果。从表 3－2 中可知，在有继承人的家族企业中，平均而言，创始人子女持股比例是创始人（夫妻）持股比例的 1.233 倍，而创始人子女中有人担任公司董事长的比例是 18.7%，担任总经理的比例是 37.4%。有继承人的家族企业中，继承人最少的有 1 人，最多的有 5 人。样本中仅有 29.1% 的家族企业创始人育有多名子女，这也印证了计划生育政策对家族规模和代际传承确实产生了较大影响。

本章基于 2016 年的数据对继承人数量和创始人年龄进行统计，如表 3－3 所示，相比育有 1 名子女的创始人，育有多名子女的创始人年龄较大。

这也说明,计划生育政策对家族人丁兴旺有影响的主要是在计划生育政策实施时恰逢生育年龄的创始人。

表3-2　变量的描述性统计

变量名称	观测值	均值	标准差	最小值	中位数	最大值
Proright1	1 170	0.262 832 2	0.265 027 9	0	1	1 170
Proright2	1 164	0.283	0.274 2	0	1	1.164
Heir_pos1	1 170	0.187	0.390	0	0	1
Heir_pos2	1 170	0.374	0.484	0	0	1
Heir_pos3	1 170	0.445	0.497	0	0	1
Heir_No	1 170	1.324	0.547	1	1	5
Heir_NoD	1 170	0.291	0.455	0	0	1
Size	1 170	21.435	0.799	19.980	21.361	23.611
LEV	1 170	0.320	0.185	0.028	0.301	0.793
ROA	1 170	0.052	0.043	−0.070	0.047	0.185
Grow	1 170	0.167	0.311	−0.407	0.122	1.659
MNGS	1 170	0.128	0.168	0	0.049	0.670
IIS	1 170	0.042	0.044	0	0.028	0.187
Lage	1 170	4.350	2.616	1	4	13
Indpd	1 170	0.371	0.054	0.25	0.333	0.6
Dual	1 170	0.303	0.460	0	0	1

注:因精准信息(300099)创始人黄自伟先生和继承人2010—2015年均未持有公司股份,故这一指标存在6个公司年度缺失值。

表3-3　继承人数量与创始人年龄统计

Panel A:家族企业数量与创始人平均年龄

	1名继承人	2名继承人	3名及以上继承人
家族企业数量(共189家)	138	48	3
创始人平均年龄(岁)	63.877	67.708	72

Panel B:创始人平均年龄T检验

有1名与多名继承人的创始人平均年龄差异(岁)	−4.084	T值	3.477

注:因盛通股份(002599)创始人贾冬临先生已于2007年逝世,故未做统计。

2. 回归结果

（1）子嗣规模与所有权安排。

根据表 3 - 4，衡量子嗣规模的变量（Heir_No、Heir_NoD）系数均在 1% 的水平上显著为正，这表明创始人家族人丁兴旺，为了家族和谐和可持续发展，创始人在公司股权安排中会分配更多的所有权给继承人。

表 3 - 4　子嗣规模与所有权安排

	Proright1	Proright1	Proright2	Proright2
Heir_No	0.160***		0.158***	
	(4.660)		(4.499)	
Heir_NoD		0.209***		0.207***
		(5.054)		(4.992)
Size	0.004	0.003	−0.013	−0.014
	(0.135)	(0.109)	(−0.426)	(−0.453)
LEV	−0.036	−0.019	0.012	0.029
	(−0.328)	(−0.179)	(0.105)	(0.251)
ROA	−0.814**	−0.891***	−0.767**	−0.845**
	(−2.354)	(−2.582)	(−2.133)	(−2.346)
Grow	0.025	0.020	0.017	0.013
	(0.818)	(0.705)	(0.560)	(0.433)
MNGS	0.090	0.095	0.149	0.155
	(0.794)	(0.870)	(1.232)	(1.313)
IIS	0.311	0.252	0.417	0.359
	(1.106)	(0.902)	(1.457)	(1.261)
Lage	−0.004	−0.003	−0.003	−0.003
	(−0.379)	(−0.363)	(−0.351)	(−0.338)
Indpd	0.020	−0.048	−0.086	−0.154
	(0.078)	(−0.186)	(−0.316)	(−0.567)
Dual	−0.031	−0.032	−0.044	−0.046
	(−0.892)	(−0.963)	(−1.269)	(−1.344)
Constant	0.066	0.259	0.438	0.628
	(0.110)	(0.436)	(0.674)	(0.978)

续表

	Proright1	Proright1	Proright2	Proright2
Year and Industry	Yes	Yes	Yes	Yes
Adj_R^2	0.164	0.179	0.159	0.175
N	1 170	1 170	1 164	1 164

注：括号内表示调整后的 t/z 值，***、**、* 分别表示在1%、5%和10%的显著性水平下显著。

（2）子嗣规模与控制权安排。

根据表3－5，衡量子嗣规模的变量（Heir_No、Heir_NoD）均在1%的水平上显著为正，这表明创始人家族人丁兴旺，创始人能在家族成员中挑选到更合适的接班人，进而更倾向于将控制权交接给家族继承人。

表3－5　子嗣规模与控制权安排

	Heir_pos1	Heir_pos1	Heir_pos2	Heir_pos2	Heir_pos3	Heir_pos3
Heir_No	0.920***		1.175***		1.137***	
	(3.046)		(4.155)		(3.742)	
Heir_NoD		1.296***		1.255***		1.230***
		(2.988)		(3.790)		(3.411)
Size	−0.612**	−0.612**	−0.108	−0.106	−0.317	−0.317
	(−2.266)	(−2.228)	(−0.443)	(−0.436)	(−1.322)	(−1.317)
LEV	1.942	2.068	0.854	0.822	1.600*	1.588*
	(1.532)	(1.604)	(0.933)	(0.897)	(1.789)	(1.762)
ROA	2.283	1.858	−2.741	−3.090	−1.535	−1.801
	(0.612)	(0.493)	(−0.779)	(−0.881)	(−0.447)	(−0.526)
Grow	0.283	0.236	−0.028	−0.051	0.016	−0.009
	(0.968)	(0.815)	(−0.117)	(−0.217)	(0.066)	(−0.038)
MNGS	−3.061**	−3.057**	−0.582	−0.542	−0.944	−0.913
	(−2.494)	(−2.430)	(−0.675)	(−0.636)	(−1.079)	(−1.057)
IIS	4.881**	4.570*	0.985	0.648	4.432*	4.158*
	(1.960)	(1.819)	(0.445)	(0.292)	(1.922)	(1.804)

续表

	Heir_pos1	Heir_pos1	Heir_pos2	Heir_pos2	Heir_pos3	Heir_pos3
Lage	0.335***	0.338***	0.042	0.045	0.142*	0.142*
	(3.883)	(3.793)	(0.545)	(0.593)	(1.890)	(1.923)
Indpd	4.149	3.741	3.747	3.389	3.392	3.051
	(1.364)	(1.223)	(1.336)	(1.397)	(1.470)	(1.319)
Dual	1.219***	1.218***	−0.741**	−0.777**	−1.122***	−1.151***
	(3.072)	(3.030)	(−1.994)	(−2.087)	(−3.251)	(−3.333)
Constant	7.247	8.243	−1.780	−0.457	3.212	4.500
	(1.238)	(1.390)	(−0.348)	(−0.089)	(0.653)	(0.905)
Year and Industry	Yes	Yes	Yes	Yes	Yes	Yes
Adj_R²	0.223	0.233	0.138	0.131	0.174	0.168
N	1 170	1 170	1 170	1 170	1 170	1 170

注：括号内表示调整后的 t/z 值，***、**、*分别表示在1%、5%和10%的显著性水平下显著。

3. 稳健性检验

（1）内生性问题。

为缓解继承人人数对家族企业传承权力安排可能产生的内生性问题，本章以公司所在城市的出生人口性别比（birthrt_s）作为工具变量进行检验。具体检验步骤和结果如下。

① 相关性检验。

城市的出生人口性别比与继承人人数（Heir_No、Heir_NoD）呈显著正相关（见表3-6）。即若公司所在城市的出生人口性别比越高（男性相对女性的出生比例），则继承人人数越多。

表3-6 工具变量的相关性检验

	Heir_No	Heir_NoD	Heir_No	Heir_NoD
birthrt_s	0.017***	0.057***	0.019***	0.072***
	(5.379)	(5.254)	(6.342)	(5.896)
Size			0.008	0.055
			(0.356)	(0.459)
LEV			−0.341***	−1.981***
			(−3.031)	(−3.650)

续表

	Heir_No	Heir_NoD	Heir_No	Heir_NoD
ROA			0.371	3.529*
			(1.000)	(1.892)
Grow			−0.023	0.050
			(−0.444)	(0.199)
MNGS			−0.029	−0.398
			(−0.311)	(−0.823)
IIS			−0.561	−1.152
			(−1.609)	(−0.656)
Lage			0.019*	0.084**
			(1.892)	(2.087)
Indpd			0.233	3.021**
			(0.896)	(2.225)
Dual			−0.144***	−0.569***
			(−4.471)	(−3.130)
Constant	−0.645*	−7.420***	−0.928*	−10.754***
	(−1.774)	(−5.944)	(−1.653)	(−3.716)
Year and Industry	Yes	Yes	Yes	Yes
Adj_R^2	0.030	0.019	0.111	0.128
N	1 170	1 170	1 170	1 170

注：括号内表示调整后的 t/z 值，***、**、*分别表示在1%、5%和10%的显著性水平下显著。

② 外生性检验。

在外生性检验中，出生人口性别比变量(birthrt_s)和子女持股集中度呈显著正相关；在分别加入了继承人人数(Heir_No、Heir_NoD)变量后，工具变量 birthrt_s 变得不再显著(见表3－7)。这说明工具变量对被解释变量所有权安排(Proright1)的影响是通过继承人人数来产生影响的，满足工具变量的外生性。

表3－7 工具变量的外生性检验

	Proright1	Proright1	Proright1	Heir_pos3	Heir_pos3	Heir_pos3
birthrt_s	0.008***	0.005	0.005	0.042***	0.021	0.025
	(4.779)	(1.211)	(1.260)	(3.514)	(0.843)	(1.003)

续表

	Proright1	Proright1	Proright1	Heir_pos3	Heir_pos3	Heir_pos3
Heir_No		0.150***			1.088***	
		(4.457)			(3.505)	
Heir_NoD			0.198***			1.171***
			(4.889)			(3.206)
Controls	Yes	Yes	Yes	Yes	Yes	Yes
Adj_R²	0.088	0.173	0.188	0.136	0.176	0.171
N	1 170	1 170	1 170	1 170	1 170	1 170

注：括号内表示调整后的 t/z 值，*** 、** 、* 分别表示在1%、5%和10%的显著性水平下显著。

同样地，工具变量对被解释变量控制权安排（Heir_pos3）的影响也满足外生性的要求。

③ 2SLS 回归分析。

在 2SLS 的工具变量回归分析中，继承人人数（Heir_No、Heir_NoD）与所有权安排（子女持股/父母持股比例）呈显著正相关（见表 3-8）。

表 3-8　子嗣规模与权力安排的 2SLS 检验

	Proright1	Proright1	Heir_pos3	Heir_pos3
Heir_No	0.404***		1.333***	
	(5.138)		(5.627)	
Heir_NoD		0.547***		1.396***
		(5.014)		(4.742)
Controls	Yes	Yes	Yes	Yes
N	1 170	1 170	1 170	1 170

注：括号内表示调整后的 t/z 值，*** 、** 、* 分别表示在1%、5%和10%的显著性水平下显著。

（2）继承人样本。

继承人除创始人子女外，还包括其女婿和儿媳。本章将女婿和儿媳亦作为继承人进行统计，并将其持股比例和家族企业任职作为家族企业代际传承的所有权安排和控制权安排。回归结果依然稳健，具体结果如表3-9所示。

表 3 - 9 继承人(包括女婿、儿媳)规模与所有权安排

	Pro2right1	Pro2right1	Pro2right2	Pro2right2
Heir2_no	0.154***		0.151***	
	(5.713)		(5.415)	
Heir2_no2		0.202***		0.201***
		(5.225)		(5.052)
Size	0.000	0.005	−0.015	−0.010
	(0.003)	(0.193)	(−0.538)	(−0.351)
LEV	−0.046	−0.053	−0.002	−0.008
	(−0.438)	(−0.501)	(−0.017)	(−0.073)
ROA	−0.801**	−0.833**	−0.767**	−0.800**
	(−2.431)	(−2.491)	(−2.206)	(−2.264)
Grow	0.025	0.018	0.019	0.012
	(0.879)	(0.644)	(0.661)	(0.422)
MNGS	0.073	0.084	0.131	0.142
	(0.705)	(0.830)	(1.167)	(1.307)
IIS	0.351	0.266	0.442	0.359
	(1.285)	(0.975)	(1.565)	(1.274)
Lage	−0.006	−0.008	−0.005	−0.007
	(−0.661)	(−0.831)	(−0.604)	(−0.777)
Indpd	−0.005	−0.081	−0.118	−0.192
	(−0.020)	(−0.297)	(−0.428)	(−0.686)
Dual	−0.018	−0.019	−0.030	−0.031
	(−0.554)	(−0.587)	(−0.906)	(−0.936)
Constant	0.157	0.231	0.491	0.564
	(0.280)	(0.399)	(0.811)	(0.906)
Year and Industry	Yes	Yes	Yes	Yes
Adj_R^2	0.183	0.171	0.170	0.162
N	1 215	1 215	1 209	1 209

注:括号内表示调整后的 t/z 值,***、**、*分别表示在 1%、5%和 10%的显著性水平下显著。

表 3 - 10　继承人（包括女婿、儿媳）规模与控制权安排

	Heir2_pos1	Heir2_pos1	Heir2_pos2	Heir2_pos2	Heir2_pos3	Heir2_pos3
Heir2_no	0.837***		1.068***		1.050***	
	(3.129)		(4.320)		(3.831)	
Heir2_no2		1.415***		1.394***		1.399***
		(3.236)		(4.491)		(4.162)
Size	−0.523**	−0.523**	−0.129	−0.087	−0.304	−0.264
	(−2.172)	(−2.139)	(−0.541)	(−0.358)	(−1.282)	(−1.092)
LEV	1.513	1.758	0.956	0.847	1.470	1.385
	(1.342)	(1.564)	(1.035)	(0.936)	(1.552)	(1.492)
ROA	0.602	0.848	−1.930	−2.192	−1.650	−1.875
	(0.176)	(0.250)	(−0.605)	(−0.683)	(−0.529)	(−0.594)
Grow	0.233	0.177	0.191	0.134	0.186	0.128
	(0.839)	(0.613)	(0.757)	(0.533)	(0.766)	(0.530)
MNGS	−3.017**	−2.976***	−0.484	−0.407	−0.914	−0.851
	(−2.558)	(−2.586)	(−0.584)	(−0.507)	(−1.101)	(−1.053)
IIS	6.751***	6.737***	1.799	1.314	5.736**	5.399**
	(2.921)	(2.856)	(0.802)	(0.575)	(2.477)	(2.287)
Lage	0.314***	0.305***	0.012	0.002	0.090	0.079
	(3.688)	(3.483)	(0.156)	(0.021)	(1.243)	(1.097)
Indpd	4.806	4.526	3.485	3.004	3.166	2.709
	(1.593)	(1.471)	(1.470)	(1.245)	(1.362)	(1.141)
Dual	1.266***	1.316***	−0.701**	−0.703**	−1.071***	−1.077***
	(3.321)	(3.392)	(−2.062)	(−2.104)	(−3.435)	(−3.506)
Constant	4.789	5.349	−1.420	−1.068	2.662	3.021
	(0.882)	(0.968)	(−0.282)	(−0.208)	(0.544)	(0.606)
Year and Industry	Yes	Yes	Yes	Yes	Yes	Yes
Adj_R^2	0.229	0.245	0.122	0.123	0.154	0.158
N	1 215	1 215	1 215	1 215	1 215	1 215

注：括号内表示调整后的 t/z 值，***、**、*分别表示在 1%、5%和 10%的显著性水平下显著。

4.拓展性研究

（1）继承人特征的截面检验。

① 第一继承人是否为男性（Male1）。

在 m1 和 m2 中，被解释变量是所有权安排，交互项系数显著为正（见表
3-11）。即第一继承人的性别为男性时，其继承人数量越多，子女持股相对
父母持股的比例更高。

在 m3 和 m4 中，被解释变量是控制权安排，交互项系数显著为负（见表
3-11）。即第一继承人的性别为男性时，其继承人数量越多，继承人担任董
事长或总经理的可能性显著更低。

表 3-11　第一继承人性别的截面检验

	Proright1	Proright1	Heir_pos3	Heir_pos3
Heir_No	0.113 ***		1.770 ***	
	（5.896）		（6.424）	
Heir_No *	0.071 ***		−0.810 **	
Male1	（2.599）		（−2.481）	
Heir_NoD		0.117 ***		1.871 ***
		（3.991）		（6.470）
Heir_NoD *		0.133 ***		−0.816 **
Male1		（3.706）		（−2.341）
Male1	−0.091 **	−0.037 **	2.337 ***	1.518 ***
	（−2.485）	（−2.110）	（5.128）	（8.022）
Controls	Yes	Yes	Yes	Yes
Adj_R^2	0.167	0.188	0.221	0.215
N	1 170	1 170	1 170	1 170

注：括号内表示调整后的 t/z 值，*** 、** 、* 分别表示在1%、5%和10%的显著性水平下显著。

② 继承人中是否有人有管理职业背景（Heir_fun）。

在 m1 和 m2 中，交互项系数为正（见表3-12），说明在继承人有管理职
业背景下，继承人的持股比例相对父母的持股比例更高。

（2）创始人特征的截面检验。

① 创始人的性别是否男性（Male）。

在考察创始人性别是否为男性后，在 m1 和 m2 中，交互项系数为负（见
表3-13），说明男性创始人的继承人数量对公司所有权安排的促进作用受
到弱化。

表 3 - 12　继承人管理职业背景的截面检验

	m1	m2	m3	m4
	Proright1	Proright1	Heir_pos3	Heir_pos3
Heir_No	0.018		0.061	
	(0.622)		(0.173)	
Heir_No * Heir_fun	0.171***		1.200***	
	(5.322)		(2.957)	
Heir_NoD		0.018		−0.001
		(0.565)		(−0.003)
Heir_No * Heir_fun		0.242***		1.378***
		(6.364)		(3.088)
Heir_fun	−0.221***	−0.062***	2.056***	3.248***
	(−5.078)	(−3.356)	(3.541)	(11.451)
Controls	Yes	Yes	Yes	Yes
Adj_R^2	0.180	0.204	0.356	0.353
N	1 170	1 170	1 170	1 170

注：括号内表示调整后的 t/z 值，***、**、*分别表示在 1%、5%和 10%的显著性水平下显著。

表 3 - 13　创始人性别的截面检验

	m1	m2	m3	m4
	Proright1	Proright1	Heir_pos3	Heir_pos3
Heir_No	0.788***		1.349	
	(20.301)		(1.550)	
Heir_No * Male	−0.643***		−0.267	
	(−15.377)		(−0.303)	
Heir_NoD		0.784***		1.311
		(20.265)		(1.500)
Heir_NoD * Male		−0.595***		−0.141
		(−13.611)		(−0.158)
Male	0.733***	0.078**	1.010	0.727**
	(10.462)	(2.519)	(0.983)	(2.367)
Controls	Yes	Yes	Yes	Yes
Adj_R^2	0.195	0.204	0.178	0.172
N	1 147	1 147	1 159	1 159

注：括号内表示调整后的 t/z 值，***、**、*分别表示在 1%、5%和 10%的显著性水平下显著。

② 创始人学术背景(Acad)。

在考察创始人是否具有研究生学历后,在 m1 和 m2 中,创始人学术背景弱化了继承人人数与公司所有权安排之间的正相关关系(见表 3 - 14)。

表 3 - 14　创始人学术背景的截面检验

	m1	m2	m3	m4
	Proright1	Proright1	Heir_pos3	Heir_pos3
Heir_No	0.183***		1.492***	
	(10.090)		(7.459)	
Heir_No *	−0.073***		−0.662**	
Acad	(−2.652)		(−2.090)	
Heir_NoD		0.245***		1.621***
		(12.009)		(7.977)
Heir_NoD *		−0.113***		−0.881**
Acad		(−3.147)		(−2.440)
Acad	0.070*	0.004	−0.607	−1.204***
	(1.783)	(0.206)	(−1.390)	(−6.498)
Controls	Yes	Yes	Yes	Yes
Adj_R²	0.169	0.188	0.230	0.226
N	1 170	1 170	1 170	1 170

注: 括号内表示调整后的 t/z 值,***、**、* 分别表示在 1%、5% 和 10% 的显著性水平下显著。

(3) 公司特征的调节作用——两权分离度(Separation)。

在 m1 和 m2 中,上市公司的两权分离度弱化了继承人人数与公司所有权安排(控制权安排)之间的正相关关系(见表 3 - 15)。

表 3 - 15　两权分离度的调节作用

	m1	m2	m3	m4
	Proright1	Proright1	Heir_pos3	Heir_pos3
Heir_No	0.189***		1.381***	
	(9.787)		(7.284)	
Heir_No *	−0.004***		−0.031*	
Seperation	(−2.646)		(−1.920)	

续表

	m1	m2	m3	m4
Heir_NoD		0.252***		1.487***
		(11.635)		(7.108)
Heir_NoD * Seperation		−0.006***		−0.031*
		(−3.515)		(−1.863)
Seperation	0.010***	0.006	0.018	−0.015
	(4.102)	(5.223)	(0.697)	(−1.434)
Controls	Yes	Yes	Yes	Yes
Adj_R^2	0.182	0.200	0.181	0.176
N	1 170	1 170	1 170	1 170

注：括号内表示调整后的 t/z 值，***、**、*分别表示在1%、5%和10%的显著性水平下显著。

（4）儒家文化的调节作用。

中国家族企业的代际传承深受儒家文化的影响，本章也考虑检验儒家文化变量（Conf）的截面差异，具体选取了3个变量：上市公司创始人家族是否有族谱（clu_xian）、上市公司所在地的祠堂数量（citang_c）和上市公司所在地历史上孝义人数（xiaoyi_c），结果显示依然存在差异（见表3-16）。

表3-16　儒家文化的调节作用

	clu_xian		citang_c		xiaoyi_c	
	Proright1	Heir_pos3	Proright1	Heir_pos3	Proright1	Heir_pos3
Heir_No	0.163***	1.205***	0.102***	1.656***	0.130***	0.904***
	(11.812)	(8.176)	(3.274)	(5.931)	(5.498)	(4.356)
Conf	0.242***	−11.576***	−0.067**	0.743***	0.009	0.034
	(4.648)	(−13.631)	(−2.091)	(2.589)	(0.385)	(0.128)
Heir_No * Conf	−0.208***	12.969***	0.048**	−0.419**	0.033*	0.462**
	(−5.308)	(19.969)	(2.233)	(−2.135)	(1.890)	(2.403)
Controls	Yes	Yes	Yes	Yes	Yes	Yes
Adj_R^2	0.165	0.187	0.167	0.178	0.187	0.205
N	1 170	1 170	1 170	1 170	1 170	1 170

注：括号内表示调整后的 t/z 值，***、**、*分别表示在1%、5%和10%的显著性水平下显著。

本 章 小 结

本章基于 2004—2016 年 190 家有二代继承人的家族企业样本,从中国传统"家文化"视角,探究家族人丁兴旺对家族企业权力安排决策的影响机制。因计划生育政策施行期间 19 个省推行"一胎半"政策,且部分创始人早期的企业多从乡镇企业转制而来,计划生育政策对这部分创始人的影响比较小。家族企业代际传承的过程既是权力的传递也是家族文化的延续,形成了不同规模的继承人结构。研究发现:从所有权角度来看,家族企业创始人的子女数量越多,为保证其子女的均分和充分受益,因此需要安排越多的资产所有权;从控制权角度来看,家族企业创始人的子女数量越多,其子女获得了越多的资产控制权的可能。进一步地,基于继承人和创始人的个人特征、家族企业特征以及文化差异检验不同情境下家族二代成员构成对权力安排决策的差异化影响。最后考察了家族人丁兴旺对二代继承人薪酬的影响。

家族企业的顺利传承是家族企业面临的重大问题,在深受"家文化"影响的中国,传承而不是聘请外部经理人是家族更为常见的选择。但传承面临诸多挑战,需要一系列治理机制来保障传承的成功实现。这些治理机制的选择,可能内生于家族的内部结构,这一点尚未被现有文献所重视。从家族内部子女数量这一家族内部结构出发,本章实证检验了子女数量对家族企业为了传承而进行的股权和控制权安排。本章的发现既有助于理解在传承压力下,家族内部结构对家族企业治理结构的影响,也有助于理解家族企业股权安排和控制权安排背后的内生逻辑。

第四章　文化异质性与企业资源配置

第一节　文化异质性之于避税、融资及风险

一、税收规避之发展

税收规避是各国企业普遍采用的经营管理行为,也是企业管理层的重要决策之一①。企业通过税收规避活动将更多本应上缴国家的资金留在企业内部。有学者认为,因税收规避节省的资金能缓解企业的融资约束,提高企业价值②。也有学者认为,税收规避具有较高的风险性③,因其不利于国家的税收征管,将加大被税务机关稽查和处罚的风险。因此,企业税收规避一方面具有融资功能,另一方面也可能给企业带来较大的风险。

目前对税收规避的影响因素研究主要集中在两个方面:一是宏观方面,主要包括经济周期④、金融发展⑤以及政治不确定性⑥;二是正式制度方

① KLASSEN K J, ISOWSKY P, MESCALL D. The role of auditors, non-auditors, and internal tax departments in corporate tax aggressiveness[J]. The Accounting Review, 2016, 91(1): 179 - 205.

② HANLON M, HEITZMAN S. A review of tax research[J]. Journal of Accounting and Economics, 2010, 50(2 - 3): 127 - 178.

③ CHENG C H, HUANG Y, LI Y, et al. The effect of hedge fund activism on corporate tax avoidance[J]. The Accounting Review, 2013, 87(5): 1493 - 1526.

④ 陈冬,孔墨奇,王红建.投我以桃,报之以李:经济周期与国企避税[J].管理世界,2016(5): 46 - 63.

⑤ 刘行,叶康涛.金融发展、产权与企业税负[J].管理世界,2014(3): 41 - 52.

⑥ KATZ B G, OWEN J. Exploring tax evasion in the context of political uncertainty[J]. Economic Systems, 2013, 37(2): 141 - 154;陈德球,陈运森,董志勇.政策不确定性、税收征管强度与企业税收规避[J].管理世界,2016(5): 151 - 163.

面,主要包括政府税收监管①、董事会结构②以及各种内外部公司治理③。这些研究忽略了非正式制度对税收规避的影响,本章试图从文化异质性视角来考察企业的税收规避行为。

地区文化异质性对企业税收规避的影响主要有两种途径。一是融资功能。传统避税观认为企业避税是为了缓解融资约束,而地区文化异质性丰富了企业内外部的异质性资源,有利于企业低成本获得人力资本以及拥有更丰富的社会网络,企业通过内部节约成本和外部拓展社交网络来缓解企业面临的融资约束,进而替代税收规避行为。二是风险认知差异。个体的风险认知取决于其文化信仰,不同文化群体对待风险的态度千差万别。税收规避行为作为风险决策内容将受到管理层风险认知的影响,因此文化异质性群体具有差异化的风险认知,导致企业难以形成较高的风险决策。此外,不同文化群体全方位感知风险,往往会高估风险,进而实施较为保守的税收规避行为。

二、研究发现与贡献

基于此,本章以 2007—2017 年的上市公司为样本,探讨了地区文化异质性对企业税收规避行为的影响及其传导路径,揭示了非正式制度对税收规避行为的作用。结果表明,地区文化异质性显著减少了企业的税收规避行为,采用多种稳健性检验,结果依然不变。这一现象在非国有、管理层激励较强、文化异质性程度较高的企业中更为显著。进一步分析表明,对于融资路径,地区文化异质性对企业税收规避的负向影响在融资约束更强的企业中更为显著,体现了融资替代的功能,并且验证了地区文化异质性为企业带来了更多的融资,表现为更多的筹资活动现金流、银行贷款以及商业信用;对于风险认知路径,实证发现地区文化异质性减少企业税收规避行为在外部监管环境更严格的企业中较为显著,以及地区文化异质性显著降低了企业的风险承担水平,体现了地区文化异质性的企业难以形成高风险决策,

---

① WANG L. Tax enforcement, corporate tax aggressiveness, and cash holdings[J]. China Finance Review International, 2015, 5(4): 339 - 370.

② 李成,吴育辉,胡文骏.董事会内部联结、税收规避与企业价值[J].会计研究,2016(7): 50 - 57.

③ DESAI M A, DHARMAPALA D. Corporate tax avoidance and highpowered incentives[J]. Journal of Financial Economics, 2006, 79(1): 145 - 179; CHENG C H, HUANG Y, LI Y, et al. The effect of hedge fund activism on corporate tax avoidance[J]. The Accounting Review, 2013, 87(5): 1493 - 1526; LAW K, MILLS L F. CEO characteristics and corporate taxes[J]. Review of Accounting Studies, 2015, 22(1): 1 - 44.

导致较为保守的税收规避行为。

　　本章的贡献和意义在于：① 要重视文化对企业行为的影响，尤其当多种子文化交汇时，需要重视多种文化共存的优势，通过社会网络获取更多的异质性资源，以实现企业的核心竞争力的提升，实现未来的发展和进步的目标。② 现有的对税收规避影响因素的研究主要集中在正式制度安排的领域内，而忽略了文化的作用，结合税收规避的融资和风险特征，从文化异质性的视角来阐述税收规避行为更为深层次的原因，有利于人们更全面深刻地认识税收规避行为，补充了税收规避影响因素的研究。③ 目前对文化的研究愈发丰富，学者们主要抓住了儒家文化等传统文化的整体特征，很少考虑文化异质性对企业的影响，即使整个国家的文化具有统一性，但仍存在地区间的文化差异。随着人口流动，各种子文化之间的交流，将会对企业行为产生影响，本章主要研究了不同子文化相遇后将会对企业行为产生何种影响，丰富了与文化治理相关的研究。

第二节　"地区文化异质"假设

一、文化异质性

　　文化是一个民族、宗教和社会群体代代相传的传统信仰和价值观[①]。这一定义具有世界性。而从文化演变路程看，它更是人类寻求生存的工具[②]。生存作为人类的第一任务，需要利用周边环境资源。我国地域广阔，不同地区具有不同的自然和地理条件，也有不同的社会发展轨迹及历史传统，这就形成了不同群体的生活习惯，演化为各地区的独特文化。由于地区间资源差异的存在，迁徙成为人类解决生存难题的一条路径。这导致地区间的子文化实现了交流与碰撞，即地区文化异质性的形成。

　　发展经济学认为经济发展最终依赖人的要素禀赋，因此特别重视人力资本投资。文化存在于人力资本与技术之中，作为文化载体的个体则成为经济发展的第一要素[③]。地区文化异质性是由具有异质文化背景的个体

---

①　GUISO L, SAPIENZA P, ZINGALES L. Does culture affect economic outcomes？[J]. Jounal of Economic Perspectives, 2006, 20(2)：23 - 48.

②　吕思勉.中国文化史[M].北京：北京大学出版社,2009.

③　潘锦云,范敏.优秀传统文化促进区域经济发展的内在逻辑及实现路径：基于全球文化产业价值链的视角[J].经济问题,2017(10)：82 - 88.

组成。这些个体具有不同的语言、风俗习惯以及行为规范等。事实上,文化异质性是指因文化背景差异而反映出的人类生活方式和在不同环境中人类所采取的生存策略的差异①。从功能效果来看,地区文化异质性的作用主要表现在两方面:一方面,文化异质性更高的地区集聚了较为丰富的异质性资源,尤其人力资本对企业获取资源、战略决策和管理运营具有重要作用②;另一方面,不同文化背景孕育出差异化的思维模式和认知模式,进而衍生出差异化的行为方式,从而导致不同文化群体之间的隔阂、偏见、信任缺失和沟通障碍,难以达成一致意见,妨碍了群体间的交流,间接影响组织决策。

在我国文化演变的历史长河中,文化的内涵较广。梁漱溟③提出:"文化,就是吾人生活所依靠之一切。"这一定义是抽象的,具体表现在语言、文字等方面。当代语言学认为,方言是语言的变体,地域方言是语言的地域变体④。在区域文化心理学视域中,方言是研究区域文化的核心,其背后负载的是区域文化心理⑤,即每种方言背后都蕴含着特定的文化模式和思维方式⑥,说不同方言的人同时也有着不同的行为模式⑦。在特定方言环境中成长的个体,被潜移默化地烙上了地域文化的印记,这种文化印记一旦形成,便会终身存在,成为个体人力资本的一部分。总之,方言不仅与各具特色的地域文化紧密相关,更是区分不同群体的身份标签⑧。因此,语言可作为文化的代理变量。

二、文化异质性与税收规避:基于融资的分析

资源是约束企业可持续发展的关键因素,企业发展势必要协调与整合内外部资源。企业获取和控制内外部资源的能力,对其能否在激烈的市场

---

① 渠爱雪,孟召宜.我国文化多样性时空格局及其成因研究[J].人文地理,2014,29(6): 53 - 59.

② DREES J M, HEUGENS P P. Synthesizing and extending resource dependence theory: a meta-analysis[J]. Journal of Management, 2013, 39(6): 1666 - 1698.

③ 梁漱溟.中国文化要义[M].上海:上海人民出版社,2005:6 - 24.

④ 周振鹤,游汝杰.方言与中国文化[M].上海:上海人民出版社,1984:1 - 10.

⑤ 张海钟,姜永志.中国人老乡观念跨区域文化心理学解析[J].教育文化论坛,2010(3): 8 - 12.

⑥ 李锡江,刘永兵.语言类型学视野下语言、思维与文化关系新探[J].东北师大学报(哲学社会科学版),2014(4):148 - 152.

⑦ CHEN J Q, ZHANG R D, LEE J. A cross-culture empirical study of m-commerce privacy concerns[J]. Journal of Internet Commerce, 2013, 12(4): 348 - 364.

⑧ 林建浩,徐现祥,才国伟.基于中国传统文化视角的文化与经济研究:第四届文化与经济论坛综述[J].经济研究,2018,53(11): 199 - 203.

竞争中立于不败之地具有重要影响①。资源基础论认为,企业竞争优势源于其拥有的异质性资源②。所谓异质性资源,表现为有价值性、稀缺性、难以模仿性和难以替代性③,构成了企业竞争优势的来源④。异质性资源是企业市场竞争优势得以建立的基础,拥有差异化的资源形成了行业内企业之间的利润差异,因此地区的文化异质性构成了企业的外部异质性资源。人力资本作为重要的资源,当企业所处地区拥有异质性的人力资本时,企业可在市场上招聘具有异质性经验、知识和技能的人才,还可以通过收购、兼并和建立战略联盟的方式,从其他企业吸引具有异质性经验、知识和技能的人才,这使得企业可以直接获取高质量的人力资本,降低了重新培训员工的成本。此外,在具有文化异质性的地区,企业更可能通过资源外溢效应低成本地获取知识和技术。总之,企业所在的文化异质性地区,可以为企业降低生产运营成本,增加企业利润,增加企业的自有资金,缓解企业的融资约束。

从资源依赖理论来看,企业的发展离不开内外部的信息和资源的互换。企业社会资本所有者与其所处社会关系网络中的其他关系主体进行资源和信息的互换,可以为企业带来内在性报酬(信任、认同和有价值的信息等隐性资本)、外在性报酬(物质资本和人力资本等显性资本)以及混合性报酬。当企业与内外部进行资源和信息互换时,企业社会资本的资源通道机制就发挥了一定的治理作用⑤。相比于同质性团队,异质性团队拥有更广泛的社会网络,筹资成功的可能性更大。对于外部投资者而言,企业团队成员是其最关心的因素之一。异质性团队能够增强外部投资者对创业企业的信心,更容易获得融资⑥。随着众筹、互联网金融等新融资方式的出现,团队成员的社会网络关系成为融资的重要考虑因素。

现有研究表明,税收规避将作为企业缓解融资约束、支持企业长远发展的方式。即税收作为企业的一项重要支出,当企业可将部分税收支出留在企业内部而非缴纳给税务部门时,企业可利用的资金自然会增多。现有研

① 买生,杨英英,李俊亭.公司社会责任治埋：多埋论融合的理论模型[J].管理评论,2015,27(6)：100－110.

② ZAHRA S A, SAPIENZA H J, DAVIDSSON P. Entrepreneurship and dynamic capabilities：a review, model and research agenda[J]. Journal of Management Studies, 2006, 43(4)：917－955.

③ WERNERFELT B A. Resource-based view of the firm[J]. Strategic Management Journal, 1984(5)：171－180.

④ BARNEY J B. Firm resources and sustained competitive advantage[J]. Journal of Management, 1991, 17(1)：99－121.

⑤ 康丽群,刘汉民.企业社会资本参与公司治理的机制与效能：理论分析与实证检验[J].南开管理评论,2015,18(4)：72－81.

⑥ 程江.创业团队异质性对创业绩效的影响研究综述[J].外国经济与管理,2017,39(10)：3－17.

究也支持了这一观点。蔡和刘①基于对中国工业企业数据的实证研究发现,当企业处于竞争非常激烈的行业时,为了有更多的资金进行投资,从而确保其在行业中的竞争优势,部分企业会较大规模地施行税收规避行为。爱德华等②采用美国上市公司的数据,直接考察了融资约束对企业税收规避的影响。他们分别构建了融资约束的指标,均发现企业面临的融资约束越多,企业税收规避的动机就越强。既然税收规避是公司面临融资约束时,对其他融资方式的一种替代,那么如果存在其他融资约束的途径,企业的税收规避程度应该会显著降低。因此,根据上述分析,地区文化异质性能够通过缓解融资约束来减少企业的税收规避行为。

三、文化异质性与税收规避:基于风险认知的分析

传统的风险理论主要通过财务指标分析和制度约束来评价和管理风险,完全忽视了伦理、文化等方面因素的影响。人类学家认为,人们对风险的反应取决于其文化信仰。个人和社会组织的思想倾向往往受文化信仰与文化形式的先天影响,从而使他们接受某种价值观,这些价值观决定了人们不同的风险态度③。道格拉斯认为,文化是价值、规范与信仰的总称,风险是文化认知的结果,是某一具有共同价值观念、制度规范、行为方式和生活习俗的社会群体对风险现象的文化体认。一个社会有众多不同的群体,每类群体的文化规范各不相同。对同一危险,有些群体视为风险,有些群体则视为机会。因此,风险文化具有相对性,在不同文化背景下,人们会有不同的风险感知结果以及不同的风险应对策略。

风险感知是企业决策者对所处环境潜在风险的评估,具有主观性④。同一种文化中的个体的风险感知存在趋同性。处于不同文化的个体,对风险感知存在群体性差异⑤。同质性团队在风险感知方面表现得更为极端,同质性的团队将会放大乐观或者悲观情绪,并且互相传染,最终演变为过度

①　CAI H, LIU Q. Competition and corporate tax avoidance evidence from Chinese industrial firms [J]. Economic Journal, 2009, 119(537): 764-795.

②　EDWARDS A C, SCHWAB T S. Financial constraints and the incentive for tax planning [R]. Working Paper, 2013.

③　张宁.风险文化理论研究及其启示:文化视角下的风险分析[J].中央财经大学学报,2012 (12): 91-96.

④　SITKIN S G, PABLO A L. Reconceptualizing the determinants of risk behavior[J]. Academy of Management Review, 1992, 17(1): 9-38.

⑤　CHEN J Q, ZHANG R D, LEE J. A cross-culture empirical study of m-commerce privacy concerns[J]. Journal of Internet Commerce, 2013, 12(4): 348-364.

自信或过度悲观①。异质性团队的成员具有不同的文化背景，拥有更全面的知识、更丰富的视角以及更多元的价值观②，这种多元化特征使其能够感知周围环境中的更多风险。在具有文化异质性的企业中，团队成员对企业专有能力的认知差异性较大，对于是否能够应对外部环境带来的风险具有不同的认知，这种对自身能力认知的差异性将会增强团队对外部风险的感知力，从而减少企业的风险行为；从企业外部视角来看，文化异质性程度高的地区，拥有不同文化背景的个体因自身具有的风险偏好，对企业的风险行为具有全方位的监督作用，进而减少了企业的风险行为。

企业合理避税属于企业的正常行为，但合理避税与偷税漏税的界限往往难以清晰界定。避税行为可能会增加企业被税务稽查或处罚的风险，特别是激进的税收具有风险效应③。如果企业受到税务监管部门的怀疑，这将给企业带来一系列的现实成本和隐性成本。其中，现实成本可能包括企业当期接受税务稽查的成本、未来较长时期内税务审查严格程度的提高所带来的附加成本、涉及行政复议或者法律诉讼时的律师费用、税收优惠资格的丧失以及高额的罚款和滞纳金等；隐性成本包括企业声誉的下降和政治成本。如果避税行为被揭发和查处后，除了补缴税款外，还伴随着高额罚金和利息费用支出，企业将面临大笔资金流出，而且企业的形象和声誉将大打折扣④。

综上所述，本章从融资和风险认知的角度，分别阐述了地区文化异质性对企业税收规避行为的影响，如图4-1所示，因而提出假设，地区文化异质性会减少企业的税收规避行为。

图4-1 文化异质性与企业税收规避的路径分析

① SITKIN S G, PABLO A L. Reconceptualizing the determinants of risk behavior[J]. Academy of Management Review, 1992, 17(1): 9-38.
② HAMBRICK D C, MASON P A. Upper echelons: the organization as a reflection of its top managers[J]. The Academy of Management Review, 1984, 9(2): 193-206.
③ CHEN K P, CHU C C. Internal control versus external manipulation: a model of corporate income tax evasion[J]. Rand Journal of Economics, 2005, 36(1): 151-164.
④ 吕伟, 陈丽花, 佘名元. 商业战略、声誉风险与企业避税行为[J]. 经济管理, 2011, 33(11): 121-129.

第三节 研究设计与实证检验

一、样本选择与数据来源

本章选择2007—2017年中国A股上市公司作为初始样本。本章对初始样本做了如下处理:① 考虑到不正常财务状况对统计结果可能产生不利影响,剔除了ST、*ST、PT等类型的公司;② 考虑到金融行业会计准则与一般行业会计准则存在较大差异,剔除了金融行业上市公司;③ 剔除了样本变量数据不全的上市公司。考虑到极端值的不利影响,本章对连续变量中处于0~1%和99%~100%之间的极端值进行缩尾处理,最终得到18 346个有效观测值。公司特征数据来源于国泰安数据库,公司名义利率的数据来自万德数据库,文化异质性数据来源于《汉语方言大词典》以及《中国汉语方言地图集》,城市特征数据来源于《中国城市统计年鉴》。

二、模型设计与变量设定

为检验文化异质性与企业税收规避行为的关系,本章设定以下模型:

$$BTD = \gamma_0 + \gamma_1 div + Controls + \varepsilon \tag{4-1}$$

其中,BTD代表因变量,本章使用会计—税收差异来衡量企业的税收规避程度。一般而言,会计—税收差异越大,企业进行税收规避的动机越强。具体地,BTD=(税前会计利润-应纳税所得额)/总资产,其中应纳税所得额=(所得税费用-递延所得税费用)/名义所得税率。

div代表自变量,指文化异质性,采用了徐现祥等[1]所统计的中国地级市以及以上城市的方言多样性数据。该数据以地域为观测单元,根据《汉语方言大词典》所报告的县或县级以上观测单元使用的汉语方言,直接计算某片地域中所使用的汉语方言种类,并得到277个地级及以上城市中所使用的汉语次方言数量(diversity1)。考虑到方言使用人群的差异,徐现祥等[2]同时根据使用每种方言的确切人口数量计算出城市的方言分化指数(diversity2),取值在0到1之间,值越大则表示方言越多样。

Controls代表一组控制变量,包括盈利能力(ROA),等于净利润除以总

---

① 徐现祥,刘毓芸,肖泽凯.方言与经济增长[J].经济学报,2015,2(2):1-32.

② 徐现祥,刘毓芸,肖泽凯.方言与经济增长[J].经济学报,2015,2(2):1-32.

资产；公司规模（Size）为公司的总资产取对数；资产负债率（LEV）为总负债除以总资产；成长性（Growth）即主营业务收入增长率；固定资产比例（Tangible）为固定资产净额占总资产的比例；第一大股东持股比例（Top）为第一大股东的持股数量除以总股数；成立时间（Age）为公司成立年限加 1 的自然对数；两职合一（Dual），即董事长与总经理是一个人则取 1，否则为 0；产权性质（State），其中国有企业取 1，民营企业取 0；投资收益（Eqinc）为投资收益除以总资产；无形资产比例（Intang）为无形资产净额除以总资产；亏损（Loss），即上年的净利润小于 0 则取 1，否则为 0；γ_0 为常数项，ε 为残差项，此外，还控制了年度、行业和省份的固定效应。具体变量定义如表 4 - 1 所示。

表 4 - 1　变量定义表

变　量	名　称	变　量　说　明
BTD	税收规避	（税前会计利润-应纳税所得额）/总资产，其中应纳税所得额=（所得税费用-递延所得税费用）/名义所得税率
diversity1	方言数量	地级及以上城市中所使用的汉语次方言数量
diversity2	方言分化指数	根据使用每种方言的确切人口数量计算所得
ROA	盈利能力	净利润除以总资产
Size	公司规模	总资产的自然对数
LEV	资产负债率	总负债除以总资产
Growth	成长性	主营业务收入的增长率
Tangible	固定资产比例	固定资产净额占总资产的比例
Top	第一大股东持股比例	第一大股东的持股数量除以总股数
Age	成立时间	公司成立年限加 1 的自然对数
Dual	两职合一	董事长与总经理是一个人则取 1，否则为 0
State	产权性质	国有企业取 1，否则为 0
Eqinc	投资收益	投资收益除以总资产
Intang	无形资产比例	无形资产净额除以总资产
Loss	亏损	上年的净利润小于 0 则取 1，否则为 0

三、实证检验

1. 描述性统计

表 4 - 2 呈现了主要变量的描述性统计结果，可以发现，会计—税收差

异(BTD)的均值为-0.009,中位数为-0.004。这与刘行和叶康涛①、陈德球等②以及刘继红③的研究结果较为接近。此外,本章将在稳健性检验中使用实际税率等指标来衡量税收规避程度。方言数量的均值为1.723,表示一半的城市都有2种以上的方言。方言分化指数的均值为0.222,中值为0.393。

表4-2 描述性统计

变量	样本量	均值	标准差	最小值	p25	中值	p75	最大值
BTD	18 346	-0.009	0.050	-0.289	-0.020	-0.004	0.009	0.158
diversity1	18 346	1.723	0.733	1.000	1.000	2.000	2.000	4.000
diversity2	18 346	0.222	0.197	0.002	0.017	0.228	0.393	0.657
ROA	18 346	0.035	0.056	-0.248	0.012	0.032	0.060	0.195
Size	18 346	22.083	1.294	19.219	21.179	21.925	22.828	25.823
LEV	18 346	0.460	0.210	0.060	0.296	0.459	0.621	0.999
Growth	18 346	0.215	0.586	-0.640	-0.032	0.110	0.286	4.073
Tangible	18 346	0.233	0.174	0.002	0.096	0.199	0.336	0.756
Top	18 346	0.348	0.150	0.088	0.228	0.328	0.451	0.743
Age	18 346	2.804	0.326	1.792	2.639	2.833	3.045	3.497
Dual	18 346	0.221	0.415	0.000	0.000	0.000	0.000	1.000
State	18 346	0.360	0.480	0.000	0.000	1.000	1.000	1.000
Eqinc	18 346	0.008	0.018	-0.016	0.000	0.001	0.008	0.113
Intang	18 346	0.048	0.054	0.000	0.015	0.034	0.060	0.321
Loss	18 346	0.162	0.369	0.000	0.000	0.000	0.000	1.000

2. 回归结果

表4-3呈现了文化异质性与企业税收规避的基本回归结果。列(1)是方言数量对企业税收规避的回归结果,方言数量的回归系数为-0.001,且在5%的水平下显著为负,说明文化异质性显著降低了企业的税收规避行为。列(2)为方言分化指数对企业税收规避的回归结果,系数为-0.004,且在5%的水平下显著为负,再次说明文化异质性对企业税收规避行为的抑制作用,回归结果支持了本章的理论假设。

① 刘行,叶康涛.金融发展、产权与企业税负[J].管理世界,2014(3):41-52.
② 陈德球、陈运森、董志勇.政策不确定性、税收征管强度与企业税收规避[J].管理世界,2016(5):151-163.
③ 刘继红.关联审计师高管能做更多税收规避吗?[J].会计研究,2018(10):88-94.

表4-3　文化异质性与企业税收规避

	（1）	（2）
diversity1	−0.001 **	
	（−1.989）	
diversity2		−0.004 **
		（−1.986）
ROA	0.564 ***	0.564 ***
	（50.643）	（50.659）
Size	0.001 **	0.001 **
	（1.979）	（1.968）
LEV	0.010 ***	0.010 ***
	（4.663）	（4.689）
Growth	−0.001 *	−0.001 *
	（−1.725）	（−1.723）
Tangible	0.013 ***	0.013 ***
	（5.798）	（5.837）
Top	−0.009 ***	−0.009 ***
	（−4.263）	（−4.281）
Age	0.003 ***	0.003 ***
	（3.317）	（3.300）
Dual	0.000	0.000
	（0.120）	（0.147）
State	0.002 **	0.002 **
	（2.571）	（2.558）
Eqinc	0.161 ***	0.161 ***
	（5.477）	（5.469）
Intang	0.007	0.008
	（1.116）	（1.154）
Loss	0.006 ***	0.006 ***
	（6.682）	（6.682）
Year	Yes	Yes
IND	Yes	Yes
Prov	Yes	Yes

	(1)	(2)
Constant	−0.078***	−0.079***
	(−7.735)	(−7.847)
N	18 346	18 346
Adj_R^2	0.372	0.372
F value	54.834	54.836

注：括号内表示调整后的 t/z 值，***、**、* 分别表示在 1%、5% 和 10% 的显著性水平下显著。

3. 稳健性检验

（1）更换变量的衡量方式。

借鉴刘行和叶康涛①的研究结果，使用企业名义税率与实际税率的差额反映企业的税收规避程度（Rate）。企业名义税率与实际税率之差越大，表示企业的税收规避程度越高。实际税率采用当期所得税费用除以税前总利润，当期所得税费用等于总的所得税费用减去递延所得税费用。使用这一衡量方法重新回归，如表 4-3 中列（1）和列（2）所示，diversity1 和 diversity2 的系数均显著为负，与主回归结果一致，表示文化异质性显著减少了企业的税收规避行为。

由于利用会计—税收差异衡量公司避税程度未考虑盈余管理产生的影响②，因而使用扣除应计利润之后的会计与税收的差异（Ddbtd）来度量税收规避程度，Ddbtd 通过下列模型来估计：

$$BTD = \alpha TACC + \mu + \varepsilon \qquad (4-2)$$

式（4-2）中，BTD 计算与前文一致，TACC 代表总应计，等于净利润减去经营性现金流净额再除以期末资产总额，而回归上述模型可得 Ddbtd $= \mu + \varepsilon$，即为扣除应计利润影响之后的会计—税收差异。更换衡量方式重新回归结果，如表 4-4 的列（3）和列（4）所示，仅有 diversity1 的系数显著为负，diversity2 的系数为正但不显著，一定程度上说明文化异质性减少了企业的税收规避行为，基本与主回归结果一致。

此外，文化异质性的衡量除现有研究普遍涉及的方言这一衡量外，另有研究采用了地方戏曲的种类以及上市公司董事长和总经理的籍贯所在地是否一致

①　刘行,叶康涛.金融发展、产权与企业税负[J].管理世界,2014(3)：41-52.
②　HANLON, M, HEITZMAN S. A review of tax research [J]. Journal of Accounting and Economics, 2010, 50(2-3)：127-178.

等指标。笔者在百度搜索上手工搜集了各地区的戏曲种类以及从上市公司的高管简历上查询了董事长和总经理的籍贯地。地方戏曲种类越多（xq）代表文化异质性越强，董事长和总经理的籍贯地不一致（diff）代表具有文化异质性。按照这两种衡量重新回归，结果如表 4-4 的列（5）和列（6）所示，它们的系数均显著为负，这与主检验结果一致，以上结果均表示本研究的结论较为稳健。

表 4-4 更换变量指标

| | 因变量的衡量 | | | | 自变量的衡量 | |
| | Rate | | Ddbtd | | CEO - 董事长 | 戏曲 |
	(1)	(2)	(3)	(4)	(5)	(6)
diversity1	-0.006 *		-0.000 **			
	(-1.753)		(-2.327)			
diversity2		-0.025 **		0.000		
		(-2.090)		(0.530)		
diff					-0.002 *	
					(-1.884)	
xq						-0.000 **
						(-2.009)
ROA	-0.459 ***	-0.458 ***	0.004 ***	0.004 ***	0.472 ***	0.473 ***
	(-12.614)	(-12.585)	(14.234)	(14.193)	(32.045)	(32.051)
Size	-0.001	-0.001	-0.000 ***	-0.000 ***	0.001 *	0.001 *
	(-0.331)	(-0.338)	(-15.443)	(-15.444)	(1.797)	(1.683)
LEV	-0.068 ***	-0.068 ***	0.001 ***	0.001 ***	0.007 ***	0.007 ***
	(-4.809)	(-4.793)	(7.563)	(7.574)	(2.626)	(2.644)
Growth	0.008 *	0.008 *	0.000 ***	0.000 ***	-0.001	-0.001
	(1.926)	(1.927)	(3.265)	(3.275)	(-0.910)	(-0.925)
Tangible	0.054 ***	0.055 ***	-0.003 ***	-0.003 ***	0.012 ***	0.012 ***
	(3.664)	(3.698)	(-20.850)	(-20.837)	(4.292)	(4.316)
Top	-0.015	-0.015	-0.000 ***	-0.000 ***	-0.006 **	-0.006 **
	(-1.044)	(-1.060)	(-3.851)	(-3.877)	(-2.041)	(-2.002)
Age	0.022 ***	0.022 ***	-0.000	-0.000	0.003 **	0.003 **
	(3.383)	(3.378)	(-0.897)	(-0.976)	(2.526)	(2.552)
Dual	0.004	0.004	-0.000	-0.000	0.001	0.002 **
	(0.930)	(0.963)	(-0.178)	(-0.187)	(0.813)	(2.020)
State	-0.007	-0.007	0.000 ***	0.000 ***	0.002 *	0.002 *
	(-1.349)	(-1.370)	(4.967)	(4.986)	(1.778)	(1.783)

续表

	因变量的衡量				自变量的衡量	
	Rate		Ddbtd		CEO - 董事长	戏曲
	(1)	(2)	(3)	(4)	(5)	(6)
Eqinc	0.961***	0.959***	0.005***	0.005***	0.228***	0.228***
	(7.178)	(7.162)	(6.337)	(6.380)	(5.795)	(5.786)
Intang	0.120***	0.122***	−0.000	−0.000	0.003	0.003
	(2.715)	(2.764)	(−0.980)	(−1.051)	(0.354)	(0.364)
Loss	0.047***	0.047***	−0.000***	−0.000***	0.006***	0.006***
	(6.269)	(6.273)	(−6.545)	(−6.577)	(4.936)	(4.876)
Year	Yes	Yes	Yes	Yes	Yes	Yes
IND	Yes	Yes	Yes	Yes	Yes	Yes
Prov	Yes	Yes	Yes	Yes	Yes	Yes
Constant	−0.011	−0.016	0.001*	0.001*	−0.077***	−0.075***
	(−0.209)	(−0.299)	(1.891)	(1.789)	(−8.000)	(−7.782)
N	18 190	18 190	18 190	18 190	10 467	10 467
Adj_R^2	0.035	0.035	0.183	0.183	0.305	0.305
F value	12.341	12.346	21.251	21.284	26.511	26.856

注：括号内表示调整后的 t/z 值，*** 、** 、* 分别表示在 1%、5%和10%的显著性水平下显著。

（2）遗漏变量。

现有研究表明，上市公司的审计、高管性别及地区税收征管强度，也是税收规避的重要决定因素。更加严格的审计可能使得企业减少税收规避行为，女性高管可能更趋于减少企业的税收规避行为；地区税收征管强度越大，将会减少企业的避税行为。因此，本章进一步控制这些可能导致减少避税行为的重要因素后，分别控制了审计师是否来自四大（Big4），女性高管占比（Woman）以及地区税收征管强度（TE）等变量[①]，回归结果如表4-5的列

---

① 陈德球，陈运森，董志勇.政策不确定性、税收征管强度与企业税收规避[J].管理世界，
2016(5)：151-163.根据陈德球等人的研究，地区税收征管强度（TE）定义为各地区实际
税收收入与预期可获取的税收收入之比。其中，T/GDP 为各地区当年末的本地税收收入
除以当年的 GDP，IND1 为各地区当年末的第一产业产值，IND2 为各地区当年末的第二产
业产值，OPENNESS 代表地区开放度，等于各地区当年末的进出口总额。其中，地区实际
税收收入、第一/二产业产值和进出口总额等变量通过查阅相应年份的中国税务年鉴和中
国城市统计年鉴获取。我们将各地区的上述数据代入模型回归，得出估计的相关系数，然
后计算出预期的 Predict(T/GDP)，税收征管强度（TE）即为各地区实际税收收入与估算
的税收收入之比：TE=（T/GDP/Predict(T/GDP)，该比值越高，表明当地税收征管强度
越大。

（1）和列（2）所示，与主检验一致，表示本章的结论具有稳健性。

　　为进一步检验是否存在遗漏变量问题，本章使用了倾向得分匹配（PSM）的方法。具体来说，地区方言数量为 1 视为控制组，方言数量为 3 及以上视为实验组，进行 1∶2 的有放回的核匹配，回归结果如表 4-5 的列（3）、列（4）所示，检验结果与主回归一致，说明本章的结论具有稳健性。

表 4-5　遗 漏 变 量

	控制其他变量		PSM	
	（1）	（2）	（3）	（4）
diversity1	−0.001*		−0.002*	
	（−1.731）		（−1.877）	
diversity2		−0.004*		−0.007*
		（−1.865）		（−1.735）
Big4	−0.000	−0.000		
	（−0.283）	（−0.265）		
Woman	0.004	0.004		
	（1.522）	（1.523）		
TE	−0.008*	−0.008*		
	（−1.959）	（−1.952）		
ROA	0.559***	0.560***	0.591***	0.591***
	（46.231）	（46.245）	（52.276）	（52.270）
Size	0.001**	0.001**	0.001***	0.001***
	（2.132）	（2.137）	（2.616）	（2.610）
LEV	0.011***	0.011***	0.017***	0.017***
	（4.499）	（4.523）	（4.741）	（4.764）
Growth	−0.001*	−0.001*	−0.000	−0.000
	（−1.734）	（−1.726）	（−0.304）	（−0.309）
Tangible	0.013***	0.013***	0.014***	0.014***
	（5.385）	（5.417）	（3.445）	（3.487）
Top	−0.008***	−0.008***	−0.015***	−0.015***
	（−3.459）	（−3.468）	（−3.756）	（−3.803）
Age	0.003**	0.003**	0.002	0.002
	（2.474）	（2.442）	（0.889）	（0.879）
Dual	−0.000	−0.000	0.001	0.001
	（−0.164）	（−0.145）	（0.857）	（0.838）

续表

	控制其他变量		PSM	
	（1）	（2）	（3）	（4）
State	0.002***	0.002***	0.002	0.002*
	（2.613）	（2.592）	（1.632）	（1.652）
Eqinc	0.157***	0.157***	0.196***	0.196***
	（4.762）	（4.758）	（6.413）	（6.429）
Intang	0.009	0.009	0.018*	0.018*
	（1.235）	（1.282）	（1.685）	（1.685）
Loss	0.006***	0.006***	0.005***	0.005***
	（5.757）	（5.749）	（3.387）	（3.406）
Year	Yes	Yes	Yes	Yes
IND	Yes	Yes	Yes	Yes
Prov	Yes	Yes	Yes	Yes
Constant	−0.071***	−0.072***	−0.102***	−0.103***
	（−7.455）	（−7.588）	（−3.364）	（−3.406）
N	15 861	15 861	5 698	5 698
Adj_R²	0.362	0.362	0.398	0.398
F value	46.257	46.244	54.789	54.777

注：括号内表示调整后的 t/z 值，*** 、** 、* 分别表示在 1%、5%和 10%的显著性水平下显著。

4. 拓展性研究

前文检验了文化异质性显著减少企业的税收规避行为这一假设，考虑到文化异质性对企业税收规避的影响，故分别从路径、企业税收规避的影响因素以及地区层面进行分组检验，具体包括企业的产权性质、管理层激励程度以及地区文化异质性程度。

（1）企业的产权性质。

既有研究认为，税收规避行为可以提高股东价值，企业将会权衡风险并实施税收规避行为。在中国，国企的控股股东一般是各级政府，政府借助国企实现经济价值目标的同时，还要兼顾更为重要的政治和社会目标。税收作为重要的社会责任之一，对政府来说是一种红利，因此国企的税收规避程度较低①。随着文化异质性的降低，企业的税收规避程度在非国企中较为显著。

---

① BRADSHAW M, LIAO G, MARK S. Agency costs and tax planning when the government is a major share holder[J]. Journal of Accounting and Economics, 2019, 67(2−3)：255−277.

对此，本章将样本分为国有企业与非国有企业进行分组回归，结果如表4－6所示。回归结果显示，在非国企中，diversity1 和 diversity2 的系数分别是 −0.002 和−0.004，且在5%和10%的水平下显著为负，说明文化异质性减少企业税收规避行为的现象仅存在于非国有企业中。

产生上述结果可能的原因是：从融资视角来说，国有企业不存在较为严格的融资约束。中国的银行体系主要以国有银行为主导，这导致银行信贷资源更多地配置给了国有企业，非国有企业难以得到银行信贷的支持。当国有企业需要融资时，其在信贷可得性、贷款利率与期限等方面都有优惠[1]；银行会放松对国有企业的贷前审查与贷后监督。因此，在国有企业中，地区文化异质性发挥的融资效果不明显；而在非国有企业中，融资约束较为严格，文化异质性带来了更为多样的融资渠道，这与前文理论分析的结果一致。从风险视角来说，国有企业偏好谨慎、保守的商业模式[2]，加之受到全民的监督，具有较低水平的税收规避行为。

表4－6　产 权 分 组

	非国有	国　有	非国有	国　有
	（1）	（2）	（3）	（4）
diversity1	−0.002**	−0.000		
	（−2.540）	（−0.113）		
diversity2			−0.004*	−0.003
			（−1.920）	（−0.774）
ROA	0.557***	0.588***	0.557***	0.588***
	（73.600）	（52.087）	（73.584）	（52.083）
Size	0.000	0.001***	0.000	0.001***
	（0.596）	（2.725）	（0.564）	（2.737）
LEV	0.013***	0.006*	0.013***	0.006*
	（5.517）	（1.784）	（5.541）	（1.782）
Growth	−0.001	−0.003**	−0.001	−0.003**
	（−1.374）	（−2.534）	（−1.368）	（−2.535）
Tangible	0.012***	0.014***	0.012***	0.014***
	（4.409）	（3.791）	（4.445）	（3.797）

① 江伟，李斌.制度环境、国有产权与银行差别贷款[J].金融研究,2006(11)：116－126.
② 梁琪，余峰燕.金融危机、国有股权与资本投资[J].经济研究,2014,49(4)：47－61.

续表

	非国有	国 有	非国有	国 有
	（1）	（2）	（3）	（4）
Top	−0.012***	−0.007*	−0.012***	−0.007*
	（−4.417）	（−1.797）	（−4.469）	（−1.791）
Age	0.006***	−0.002	0.006***	−0.001
	（4.490）	（−0.716）	（4.478）	（−0.683）
Dual	0.000	−0.002	0.000	−0.002
	（0.532）	（−0.852）	（0.561）	（−0.860）
Eqinc	0.125***	0.209***	0.125***	0.209***
	（6.020）	（7.177）	（6.023）	（7.178）
Intang	0.016**	0.001	0.016**	0.002
	（2.063）	（0.148）	（2.115）	（0.189）
Loss	0.007***	0.006***	0.007***	0.006***
	（6.129）	（3.811）	（6.138）	（3.828）
Year	Yes	Yes	Yes	Yes
IND	Yes	Yes	Yes	Yes
Prov	Yes	Yes	Yes	Yes
Constant	−0.076***	−0.067	−0.078***	−0.065
	（−5.364）	（−1.523）	（−5.468）	（−1.494）
N	11 738	6 608	11 738	6 608
Adj_R²	0.370	0.384	0.370	0.384
F value	96.670	61.661	96.608	61.675

注：括号内表示调整后的 t/z 值，***、**、*分别表示在1%、5%和10%的显著性水平下显著。

（2）管理层激励程度。

企业避税行为是管理层操作的结果，也是企业薪酬契约导致的直接结果。传统避税观认为，税收规避可直接降低企业现金税负，增加每股税后盈余，将更多资金用于支持未来发展，为企业带来实实在在的收益，从而有利于增加股东的长远利益，股东有动力激励管理层实施税收规避行为。股东激励管理层的方式主要有两种：一是直接的薪酬激励（基于税后盈余的薪酬奖励）；二是间接的股权激励。因此，受到激励的管理层将会实施更加激进的税收规避行为[1]。

---

[1]　PHILLIPS J D. Corporate tax-planning effectiveness：the role of compensation-based incentives [J]. The Accounting Review, 2003, 78(3)：847−874.

为此,本章按照管理层激励程度分为 2 组,分别为使用股权激励(管理层持股比例)和薪酬激励(管理层薪酬高于行业均值表示激励程度较高)。表4-7 的回归结果表明,在股权激励程度较高的组别中,diversity1 和 diversity2系数分别是-0.002 和-0.005,且在 5%水平下显著为负;在薪酬激励程度较高的组别中,diversity1 系数为-0.002,显著为负,diversity2 的系数为-0.005,没有显著性。总之,这些结果几乎说明,文化异质性减少企业税收规避行为仅发生在管理层激励程度较高的样本中。

（3）地区文化异质性程度。

从地区层面来分类考虑文化异质性的视角对企业税收规避程度的影响。

第一,南北方言差异。南方方言的文化异质性程度较高。南北方的地理环境不同导致了南北文化的差异。南方地区有较多的河流、湖海,在各个地区之间形成天然屏障,阻碍了不同地区进行文化交流,导致差异较大,即所谓"十里不同音";在北方则不存在此类现象,地处平原的各个地区之间往来较多,文化上具有较多相似性。因此,笔者认为南北方文化的异质性对企业税收规避行为的影响是存在显著差异的。基于此,本章将样本分为南北方,回归结果如表 4-8 的列(1)~列(4)所示。回归结果显示,在南方城市中,地区文化异质性有效减少了企业的税收规避行为,在北方则不显著。

第二,地区的包容性程度。文化包容性越强,代表更多的文化种类可以集中在某个地区,进而导致文化异质性程度较高。根据潘越等的做法,使用艺术表演者的数量衡量一个地区的包容性程度,艺术表演者越多,则包容性越强,文化异质性越高。基于此,本章从中国统计年鉴数据库获取了不同城市的艺术表演团体的数量,按照中位数将样本分为包容性高低两组进行回归,表 4-8 的列(5)~列(8)表明,在包容性较高的组别中,文化异质性显著减少了企业的税收规避行为。

第三,地区流动性。随着中国经济的发展,工业化和城市化使得人口流动在中国社会变得越来越频繁。人口的流动也会伴随着跨区域的文化交流。移民人口越多的地区,大量的外来人口可能会带来多种外来文化。基于此,本章从中国统计年鉴数据库获取了不同城市流动人口的数量,按照中位数将样本分为 2 组,从表 4-8 的列(9)~列(12)中可以看出,在地区流动性较高的组别中,文化异质性显著减少了企业的税收规避行为。

5. 进一步检验

前文述及,文化异质性减少企业税收规避行为主要体现为 2 种传导路

表4-7　管理层激励

| | 高管持股 | | | | 薪酬激励 | | | |
	低	高	低	高	大	小	大	小
	(1)	(2)	(3)	(4)	(5)	(6)	(7)	(8)
diversity1	0.000	-0.002**			-0.002**			
	(0.044)	(-2.349)			(-1.969)			
diversity2			-0.001	-0.005**		-0.000	-0.005	-0.002
			(-0.523)	(-2.144)		(-0.699)	(-1.620)	(-0.975)
ROA	0.633***	0.470***	0.633***	0.470***	0.384***	0.649***	0.384***	0.649***
	(72.554)	(48.970)	(72.555)	(48.963)	(31.745)	(84.690)	(31.747)	(84.697)
Size	0.001*	0.001	0.001*	0.001	0.003***	0.001***	0.003***	0.001***
	(1.797)	(1.607)	(1.785)	(1.607)	(5.281)	(2.887)	(5.260)	(2.867)
LEV	0.008***	0.008***	0.008***	0.008***	0.000	0.011***	0.000	0.012***
	(3.166)	(2.751)	(3.161)	(2.766)	(0.040)	(5.084)	(0.055)	(5.103)
Growth	-0.001	-0.002***	-0.001	-0.002***	-0.001	-0.002***	-0.001	-0.002***
	(-1.332)	(-2.586)	(-1.336)	(-2.581)	(-0.884)	(-3.812)	(-0.864)	(-3.811)
Tangible	0.013***	0.012***	0.013***	0.012***	0.015***	0.012***	0.015***	0.012***
	(4.372)	(3.590)	(4.377)	(3.627)	(3.721)	(4.359)	(3.783)	(4.365)

续表

	高管持股				薪酬激励			
	低	高	低	高	大	小	大	小
	(1)	(2)	(3)	(4)	(5)	(6)	(7)	(8)
Top	-0.016***	-0.011***	-0.016***	-0.011***	-0.009***	-0.010***	-0.010***	-0.010***
	(-5.044)	(-3.359)	(-5.030)	(-3.397)	(-2.638)	(-3.585)	(-2.683)	(-3.579)
Age	0.003*	0.002	0.003*	0.002	0.006***	0.003**	0.006***	0.003**
	(1.687)	(1.486)	(1.701)	(1.445)	(3.520)	(2.039)	(3.546)	(2.032)
Dual	0.002	0.001	0.002	0.001	0.000	0.000	0.000	0.000
	(1.545)	(0.565)	(1.555)	(0.583)	(0.286)	(0.069)	(0.306)	(0.079)
State	0.000	0.002*	0.000	0.002*	0.001	0.002**	0.001	0.002**
	(0.059)	(1.750)	(0.058)	(1.724)	(0.698)	(2.396)	(0.689)	(2.385)
Eqinc	0.177***	0.059**	0.176***	0.059**	0.200***	0.134***	0.199***	0.134***
	(7.772)	(2.193)	(7.757)	(2.218)	(6.892)	(6.404)	(6.869)	(6.399)
Intang	0.004	0.002	0.004	0.003	0.010	0.000	0.011	0.001
	(0.478)	(0.226)	(0.503)	(0.258)	(0.891)	(0.062)	(0.916)	(0.085)
Loss	0.006***	0.005***	0.006***	0.005***	0.004**	0.007***	0.004**	0.007***
	(5.238)	(3.108)	(5.251)	(3.113)	(2.108)	(7.096)	(2.088)	(7.101)

续表

| | 高 管 持 股 | | | | 薪 酬 激 励 | | | |
| | 低 | 高 | 低 | 高 | 大 | 小 | 大 | 小 |
	(1)	(2)	(3)	(4)	(5)	(6)	(7)	(8)
Year	Yes	Yes	Yes	Yes	Yes	Yes	Yes	Yes
IND	Yes	Yes	Yes	Yes	Yes	Yes	Yes	Yes
Prov	Yes	Yes	Yes	Yes	Yes	Yes	Yes	Yes
Constant	-0.076**	-0.074***	-0.076**	-0.076***	-0.134***	-0.084***	-0.136***	-0.084***
	(-2.506)	(-4.531)	(-2.494)	(-4.631)	(-5.906)	(-4.852)	(-5.981)	(-4.871)
N	8 789	8 789	8 789	8 789	6 033	11 545	6 033	11 545
Adj_R²	0.449	0.270	0.449	0.270	0.207	0.446	0.206	0.446
F value	98.951	45.491	98.957	45.474	22.518	128.227	22.496	128.239

注: 括号内表示调整后的 t/z 值。***、**、*分别表示在1%、5%和10%的显著性水平下显著。

表4-8 地区层面的分析

	南北方言				包容性				地区流动性			
	南	北	南	北	低	高	低	高	小	大	小	大
	(1)	(2)	(3)	(4)	(5)	(6)	(7)	(8)	(9)	(10)	(11)	(12)
diversity1	-0.002**	-0.000			0.000	-0.002***			-0.001	-0.002*		
	(-2.406)	(-0.699)			(0.149)	(-2.706)			(-1.120)	(-1.786)		
diversity2			-0.008**	-0.001			-0.001	-0.005**			-0.004	-0.006*
			(-2.472)	(-0.390)			(-0.435)	(-2.199)			(-1.230)	(-1.862)
ROA	0.542***	0.582***	0.542***	0.582***	0.573***	0.555***	0.574***	0.555***	0.624***	0.442***	0.624***	0.442***
	(53.236)	(73.315)	(53.238)	(73.313)	(62.346)	(64.893)	(62.345)	(64.885)	(72.047)	(39.1—)	(72.042)	(39.120)
Size	0.001	0.000	0.001	0.000	0.001**	0.000	0.001**	0.000	-0.001	0.002*	-0.001	0.002***
	(1.589)	(1.187)	(1.587)	(1.174)	(1.978)	(0.521)	(1.979)	(0.474)	(-1.230)	(3.38—)	(-1.239)	(3.402)
LEV	0.012***	0.009***	0.012***	0.009***	0.012***	0.009***	0.012***	0.009***	0.010***	0.00—	0.010***	0.00—
	(3.974)	(3.547)	(3.986)	(3.569)	(4.361)	(3.309)	(4.354)	(3.339)	(3.632)	(1.15—)	(3.655)	(1.155)
Growth	-0.002**	-0.001	-0.002**	-0.001	-0.002***	-0.000	-0.002***	-0.000	-0.002***	-0.0—1	-0.002***	-0.0—1
	(-2.031)	(-1.382)	(-2.035)	(-1.378)	(-2.657)	(-0.569)	(-2.664)	(-0.569)	(-2.063)	(-0.9—5)	(-2.063)	(-0.950)
Tangible	0.007*	0.017***	0.007	0.017***	0.012***	0.014***	0.012***	0.014***	0.016***	0.009***	0.017***	0.009***
	(1.897)	(6.241)	(1.865)	(6.265)	(3.729)	(4.655)	(3.726)	(4.697)	(4.579)	(2.6—)	(4.601)	(2.703)

续表

	南北方言				包容性				地区流动性			
	南	北	南	北	低	高	低	高	小	大	小	大
	(1)	(2)	(3)	(4)	(5)	(6)	(7)	(8)	(9)	(10)	(11)	(12)
Top	-0.011***	-0.008***	-0.011***	-0.008***	-0.009***	-0.010***	-0.009***	-0.010***	-0.007*	-0.008***	-0.007*	-0.008***
	(-3.200)	(-2.829)	(-3.194)	(-2.843)	(-2.806)	(-3.390)	(-2.813)	(-3.455)	(-1.847)	(-2.743)	(-1.847)	(-2.754)
Age	0.006***	0.001	0.006***	0.001	0.002	0.005***	0.002	0.005***	0.006***	0.001	0.006***	0.001
	(3.743)	(0.464)	(3.687)	(0.453)	(1.265)	(3.485)	(1.289)	(3.506)	(3.419)	(0.700)	(3.392)	(0.689)
Dual	-0.002	0.002*	-0.002	0.002*	-0.001	0.001	-0.001	0.001	0.001	-0.002	0.001	-0.002
	(-1.352)	(1.646)	(-1.331)	(1.653)	(-0.458)	(0.694)	(-0.456)	(0.756)	(1.304)	(-1.488)	(1.319)	(-1.464)
State	0.002	0.002**	0.002	0.002**	0.002**	0.002	0.002**	0.002	0.003**	0.002	0.003**	0.002
	(1.472)	(1.971)	(1.468)	(1.985)	(2.026)	(1.561)	(2.025)	(1.540)	(2.428)	(1.491)	(2.411)	(1.461)
Eqinc	0.141***	0.180***	0.140***	0.180***	0.175***	0.146***	0.174***	0.146***	0.193***	0.153***	0.193***	0.153***
	(5.314)	(8.291)	(5.299)	(8.290)	(7.251)	(6.186)	(7.241)	(6.173)	(7.839)	(5.663)	(7.817)	(5.685)
Intang	-0.010	0.017**	-0.009	0.017**	-0.005	0.025***	-0.005	0.025***	0.002	0.017**	0.003	0.018**
	(-0.989)	(2.327)	(-0.951)	(2.323)	(-0.619)	(3.043)	(-0.590)	(3.046)	(0.254)	(1.968)	(0.280)	(2.034)
Loss	0.006***	0.007**	0.006***	0.007***	0.005***	0.008***	0.005***	0.008***	0.008***	0.004**	0.008***	0.004**
	(3.888)	(6.394)	(3.872)	(6.389)	(3.933)	(6.384)	(3.945)	(6.404)	(5.732)	(2.494)	(5.734)	(2.476)

续表

	南北方言				包容性				地区流动性			
	南	北	南	北	低	高	低	高	小	大	小	大
	(1)	(2)	(3)	(4)	(5)	(6)	(7)	(8)	(9)	(10)	(11)	(12)
Year	Yes	Yes	Yes	Yes	Yes	Yes	Yes	Yes	Yes	Yes	Yes	Yes
IND	Yes	Yes	Yes	Yes	Yes	Yes	Yes	Yes	Yes	Yes	Yes	Yes
Prov	Yes	Yes	Yes	Yes	Yes	Yes	Yes	Yes	Yes	Yes	Yes	Yes
Constant	-0.087***	-0.071***	-0.078***	-0.071***	-0.079***	-0.079***	-0.078***	-0.080***	-0.057***	-0.079***	-0.058***	-0.081***
	(-6.528)	(-5.064)	(-5.895)	(-5.097)	(-6.021)	(-5.453)	(-5.969)	(-5.561)	(-3.111)	(-5.96)	(-3.159)	(-6.104)
N	8 048	10 298	8 048	10 298	9 173	9 173	9 173	9 173	8 096	8 095	8 096	8 055
Adj_R^2	0.329	0.411	0.329	0.411	0.370	0.379	0.370	0.378	0.460	0.235	0.460	0.236
F value	72.677	100.930	72.686	100.922	77.882	100.772	77.885	100.700	98.054	36.26	98.061	36.274

注：括号内表示调整后的 t/z 值，***，**，* 分别表示在 1%、5% 和 10% 的显著性水平下显著。

径,即融资与风险认知。就融资途径来说,一方面,地区文化异质性为企业提供异质性人力资源,使企业减少人工培训费,降低了企业的成本,从内部提高了利润,缓解了融资需求;另一方面,地区文化异质性带来企业团队的文化异质性,异质性团队比同质性团队更容易利用关系网络拓宽企业的融资渠道,获得所需资金,进而缓解融资约束。就风险认知途径来说,风险认知源于文化信仰,不同文化背景的人对风险认知和感知的结果存在较大差异。文化异质性越大的地区,企业外部异质性群体的风险认知差异将会对企业形成无形的监督,加之企业内部的文化异质性也会造成风险认知差异,难以形成高风险决策,以及异质性团队感知风险的全面性也会导致企业行为更加保守。本节将分别对 2 条路径进行实证检验。

（1）融资分析。

现有研究表明,当企业面临融资约束时,为了节约更多的资金,企业将实施税收规避行为[①],而前文分析地区文化异质性可能通过缓解融资约束减少企业的税收规避行为。为了对此进行验证,本章使用 SA 指数将样本分为 2 组,SA 越大代表企业面临的融资约束水平越高,回归结果如表4-9所示,在融资约束较大的企业中,diversity1 和 diversity2 的系数分别是 -0.002 和 -0.005,且在 5% 的水平下显著,说明文化异质性减少企业税收规避仅发生在融资约束较大的企业中。正如前文所述,地区文化异质性可能使得企业获得了更多的融资渠道,缓解企业的融资约束,而不用实施更多的税收规避行为。

表4-9 融资约束

| | 低 | 高 | 低 | 高 |
	(1)	(2)	(3)	(4)
diversity1	-0.001	-0.002**		
	(-0.839)	(-2.512)		
diversity2			-0.003	-0.005**
			(-1.068)	(-2.031)
ROA	0.632***	0.439***	0.632***	0.439***
	(77.602)	(42.820)	(77.605)	(42.821)
Size	-0.001*	0.002***	-0.001*	0.002***
	(-1.696)	(3.820)	(-1.708)	(3.786)

[①] 刘行,叶康涛.金融发展、产权与企业税负[J].管理世界,2014(3):41-52.

	低	高	低	高
	（1）	（2）	（3）	（4）
LEV	0.012***	0.001	0.012***	0.001
	（4.470）	（0.205）	（4.484）	（0.249）
Growth	−0.001*	−0.001	−0.001*	0.001
	（−1.769）	（−1.303）	（−1.769）	（−1.298）
Tangible	0.017***	0.008***	0.017***	0.009***
	（4.875）	（2.903）	（4.890）	（2.954）
Top	−0.008**	−0.008***	−0.008**	−0.008***
	（−2.465）	（−3.001）	（−2.463）	（−3.029）
Age	0.005***	0.002	0.005***	0.002
	（3.231）	（1.609）	（3.221）	（1.617）
Dual	0.001	−0.001	0.001	−0.001
	（0.987）	（−1.131）	（0.997）	（−1.097）
State	0.003***	0.001	0.003***	0.001
	（2.922）	（1.190）	（2.905）	（1.173）
Eqinc	0.160***	0.178***	0.160***	0.179***
	（6.898）	（7.290）	（6.880）	（7.309）
Intang	0.001	0.017**	0.001	0.017**
	（0.067）	（2.136）	（0.094）	（2.165）
Loss	0.008***	0.004***	0.008***	0.004***
	（6.510）	（3.364）	（6.514）	（3.348）
Year	Yes	Yes	Yes	Yes
IND	Yes	Yes	Yes	Yes
Prov	Yes	Yes	Yes	Yes
Constant	−0.045**	−0.097***	−0.045**	−0.098***
	（−2.108）	（−3.376）	（−2.130）	（−3.431）
N	9 173	9 173	9 173	9 173
Adj_R^2	0.460	0.247	0.460	0.247
F value	108.015	42.176	108.026	42.136

注：括号内表示调整后的 t/z 值，***、**、* 分别表示在 1%、5% 和 10% 的显著性水平下显著。

　　分组检验融资约束，一定程度上证明了文化异质性能为企业带来融资。对此，本章也进行了实证检验，整体上检验了企业筹资活动产生的现金流是否显著增加,进一步从更为细分的筹资活动,即银行贷款和商业信用这两个途径进行检验。

首先,筹资活动现金流是指导致企业资本及债务的规模和构成发生变化的活动所产生的现金流量。这主要体现为整体的融资情况,从表4-10中的第2列和第3列可以看出,文化异质性的系数分别是0.004和0.015,且在1%的水平下显著,说明地区文化异质性显著提高了企业的筹资能力。正如理论分析所言,企业内外部异质性资源通过搭建更多的社会关系网络,能够获得更多的融资。

其次,中国的金融体系仍然以国有银行为主,企业融资以银行借款为主要途径。因此,本章实证检验了文化异质性对银行贷款获取的影响,从表4-10中列(3)和列(4)可以看出,文化异质性的系数分别是0.002和0.011,且在5%和1%水平下显著,说明地区文化异质性显著增加了企业的银行贷款额。可能的原因是,有融资约束的企业无法通过正式制度获得企业所需资金,转而通过非正式的社交关系网络,异质性团队比同质化团队有更多的社会网络关系,从而获得银行贷款,实现融资。

最后,本章检验了文化异质性对企业商业信用融资的影响。商业信用作为企业的融资渠道①,是银行借款的一种替代方式②。从企业微观层面研究则发现,除经营性动机外,商业信用是企业最重要的短期融资方式③,且在信用紧缩时期面临融资约束的企业会更依赖于商业信用融资④。商业信用的融资比较优势理论⑤和信贷配给理论⑥解释了商业信用融资存在的合理性。从表4-10中列(5)和列(6)可以看出,文化异质性的系数分别是0.002和0.014,且在10%和1%的水平下显著,说明文化异质性显著提高了企业的商业信用水平。有融资约束的企业不能获得充足的资金,可能源于不完善的制度和法律,非正式的关系网络可以代替正式

① 孙浦阳,李飞跃,顾凌骏.商业信用能否成为企业有效的融资渠道:基于投资视角的分析[J].经济学(季刊),2014,13(4):1637-1652.

② MELTZER A H. Mercantile credit, monetary policy and size of firms[J]. The Review of Economic and Statistics, 1960, 42(4): 429-437.

③ PETERSEN M, RAJAN R. Trade credit: theories and evidence[J]. Review of Financial Studies, 1997, 10(3): 661-691.

④ NILSEN J. Trade credit and the bank lending channel[J]. Journal of Money, Credit and Banking, 2002(34): 227-253.

⑤ PETERSEN M, RAJAN R. Trade credit: theories and evidence[J]. Review of Financial Studies, 1997, 10(3): 661-691.

⑥ BIAIS B, GOLLER C. Trade credit and credit rationing[J]. Review of Financial Studies, 1997(10): 903-937.

制度通过商业信用渠道帮助企业获得融资①。

表 4 - 10 融 资 路 径

	筹资活动产生的现金流		银行贷款		商业信用	
	(1)	(2)	(3)	(4)	(5)	(6)
diversity1	0.004***		0.002**		0.002*	
	(2.824)		(2.069)		(1.772)	
diversity2		0.015***		0.011***		0.014***
		(3.262)		(2.977)		(3.114)
ROA	-0.239***	-0.239***	-0.028**	-0.028**	0.188***	0.187***
	(-14.946)	(-14.977)	(-2.185)	(-2.216)	(12.045)	(12.012)
Size	0.010***	0.010***	0.003***	0.003***	-0.002***	-0.002***
	(13.171)	(13.193)	(4.366)	(4.380)	(-3.038)	(-3.030)
LEV	0.017***	0.017***	0.068***	0.068***	0.288***	0.288***
	(3.590)	(3.541)	(17.793)	(17.746)	(61.504)	(61.455)
Growth	0.025***	0.025***	0.020***	0.020***	0.001	0.001
	(18.258)	(18.251)	(18.448)	(18.433)	(0.578)	(0.554)
Tangible	-0.113***	-0.113***	-0.047***	-0.047***	-0.106***	-0.106***
	(-20.976)	(-21.033)	(-10.954)	(-10.980)	(-20.187)	(-20.207)
Top	-0.057***	-0.057***	-0.002	-0.002	0.037***	0.037***
	(-10.695)	(-10.676)	(-0.390)	(-0.385)	(7.147)	(7.145)
Age	-0.019***	-0.019***	-0.011***	-0.011***	-0.004	-0.004
	(-7.062)	(-7.054)	(-4.859)	(-4.869)	(-1.341)	(-1.364)
Dual	0.008***	0.008***	0.004**	0.004**	-0.003	-0.003
	(4.279)	(4.229)	(2.525)	(2.476)	(-1.589)	(-1.643)
State	-0.005**	0.005**	-0.007***	-0.007***	0.013***	0.013***
	(-2.377)	(-2.345)	(-4.223)	(-4.191)	(6.968)	(7.004)
Eqinc	-0.451***	-0.449***	-0.391***	-0.390***	-0.488***	-0.487***
	(-11.088)	(-11.059)	(-11.982)	(-11.948)	(12.291)	(-12.249)
Intang	-0.042***	-0.043***	0.002	0.001	-0.200***	-0.201***
	(-2.948)	(-3.035)	(0.219)	(0.132)	(-14.419)	(-14.509)

① 俞鸿琳.关系网络、商业信用融资与民营企业成长[J].经济科学,2013(4)：116 - 128.

续表

	筹资活动产生的现金流		银行贷款		商业信用	
	(1)	(2)	(3)	(4)	(5)	(6)
Loss	-0.027^{***}	-0.027^{***}	-0.029^{***}	-0.029^{***}	-0.003	-0.003
	(-12.712)	(-12.721)	(-16.768)	(-16.786)	(-1.280)	(-1.302)
Year	Yes	Yes	Yes	Yes	Yes	Yes
IND	Yes	Yes	Yes	Yes	Yes	Yes
Prov	Yes	Yes	Yes	Yes	Yes	Yes
Constant	-0.091^{**}	-0.088^{**}	0.019	0.021	0.144^{***}	0.145^{***}
	(-2.563)	(-2.485)	(0.685)	(0.736)	(4.148)	(4.187)
N	15 009	15 009	15 009	15 009	15 009	15 009
Adj_R^2	0.128	0.128	0.104	0.104	0.438	0.439
F value	31.490	31.532	25.129	25.200	163.758	163.921

注：括号内表示调整后的 t/z 值，$***$、$**$、$*$ 分别表示在 1%、5% 和 10% 的显著性水平下显著。

（2）风险认知。

根据前文的分析，文化异质性减少企业的税收规避行为源于不同文化背景的人对企业内外部环境的风险感知。因此，分析师和机构投资者作为替代内部治理水平的外部治理机制[①]，扮演着重要的监督角色。首先，分析师作为市场金融中介向市场传递企业的各种信息，是企业信息环境的指示器，代表着市场对企业的关注程度。其次，机构投资者拥有掌握数据分析和挖掘能力的专业人员，这些人员利用会计、财务、金融等专业知识，了解行业发展状况，熟谙企业经营、投融资运作[②]，具有较强的分析和信息挖掘能力。因此，在分析师追踪或机构投资者持股比例较高的企业中，文化异质性团队感知到的外部监督带来的风险程度更高，从而减少企业的税收规避行为。笔者认为如果企业被分析师追踪或拥有较多的机构投资者持股，那么，文化异质性对企业税收规避行为的影响更为显著。为了验证这一观点，本章分别使用分析师追踪与否和机构投资者持股比例将样本分为有无分析师追踪以及机构投资者持股比例高低的不同组别，回归结果如表 4 - 11 所示。从表 4 - 11 中可以看出，在有分析师追踪的样本中，文化异质性的系数分别是

---

① DESAI M A, DHARMAPALA D. Corporate tax avoidance and firm value [J]. The Review of Economics and Statistics, 2009, 91(3): 537 - 546.

② WOMACK K L. Do brokerage analysts' recommendations have investment value? [J]. Journal of Finance, 1996, 51(1): 137 - 167.

表 4 - 11　风 险 认 知

	分析师跟踪				机构投资者			
	有	无	有	无	少	多	少	多
	(1)	(2)	(3)	(4)	(5)	(6)	(7)	(8)
diversity1	-0.001**	-0.001			-0.000	-0.002**		
	(-2.304)	(-0.654)			(-0.123)	(-2.334)		
diversity2			-0.005***	-0.002			-0.000	-0.007***
			(-2.646)	(-0.583)			(-0.101)	(-2.615)
ROA	0.444***	0.836***	0.444***	0.836***	0.671***	0.451***	0.671***	0.451***
	(58.088)	(76.294)	(58.115)	(76.288)	(78.035)	(48.189)	(78.035)	(48.213)
Size	0.002***	0.002***	0.002***	0.002***	0.000	0.002***	0.000	0.002***
	(4.639)	(2.674)	(4.628)	(2.680)	(0.331)	(4.573)	(0.331)	(4.559)
LEV	0.006***	0.000	0.006***	0.001	0.012***	0.005*	0.012***	0.005**
	(2.733)	(0.148)	(2.768)	(0.162)	(4.749)	(1.951)	(4.752)	(1.984)
Growth	-0.001	-0.004***	-0.001	-0.004***	-0.003***	0.000	-0.003***	0.000
	(-1.032)	(-4.312)	(-1.038)	(-4.306)	(-4.392)	(0.641)	(-4.392)	(0.637)
Tangible	0.013***	0.011**	0.014***	0.011**	0.016***	0.009***	0.016***	0.009***
	(5.442)	(2.566)	(5.497)	(2.571)	(5.179)	(2.764)	(5.180)	(2.833)

续表

| | 分析师跟踪 | | | | 机构投资者 | | | |
| | 有 | 无 | 有 | 无 | 少 | 多 | 少 | 多 |
	(1)	(2)	(3)	(4)	(5)	(6)	(7)	(8)
Top	-0.009***	-0.008*	-0.009***	-0.008*	-0.008**	-0.012***	-0.008**	-0.012***
	(-3.746)	(-1.769)	(-3.789)	(-1.755)	(-2.480)	(-4.058)	(-2.479)	(-4.139)
Age	0.002*	0.004	0.002	0.004	0.002	0.004***	0.002	0.004***
	(1.650)	(1.487)	(1.624)	(1.477)	(1.513)	(2.716)	(1.511)	(2.703)
Dual	0.000	0.001	0.000	0.001	-0.001	0.001	-0.001	0.002
	(0.261)	(0.448)	(0.313)	(0.452)	(-1.381)	(1.490)	(-1.380)	(1.559)
State	0.001	0.002	0.001	0.002	0.002	0.002**	0.002	0.002**
	(1.090)	(1.043)	(1.064)	(1.036)	(1.432)	(2.048)	(1.430)	(2.040)
Eqinc	0.170***	-0.000	0.170***	-0.000	0.124***	0.167***	0.124***	0.168***
	(8.293)	(-0.013)	(8.271)	(-0.017)	(5.383)	(6.845)	(5.380)	(6.852)
Intang	0.018***	-0.007	0.018***	-0.007	0.001	0.013	0.001	0.013
	(2.671)	(-0.619)	(2.746)	(-0.610)	(0.065)	(1.520)	(0.065)	(1.612)
Loss	0.004***	0.010***	0.004***	0.010***	0.008***	0.004***	0.008***	0.004***
	(3.881)	(6.810)	(3.875)	(6.816)	(7.017)	(2.837)	(7.016)	(2.825)

续表

	分析师跟踪				机构投资者			
	有	无	有	无	少	多	少	多
	(1)	(2)	(3)	(4)	(5)	(6)	(7)	(8)
Year	Yes	Yes	Yes	Yes	Yes	Yes	Yes	Yes
IND	Yes	Yes	Yes	Yes	Yes	Yes	Yes	Yes
Prov	Yes	Yes	Yes	Yes	Yes	Yes	Yes	Yes
Constant	-0.091***	-0.078***	-0.092***	-0.079***	-0.074***	-0.087***	-0.074***	-0.088***
	(-5.949)	(-2.852)	(-6.012)	(-2.895)	(-3.924)	(-4.494)	(-3.931)	(-4.549)
N	14 008	4 338	14 008	4 338	9 173	9 173	9 173	9 173
Adj_R²	0.253	0.632	0.253	0.632	0.466	0.263	0.466	0.263
F value	65.996	103.082	66.027	103.079	110.521	45.880	110.521	45.906

注：括号内表示调整后的 t/z 值，***、**、* 分别表示在 1%、5% 和 10% 的显著性水平下显著。

-0.001 和-0.005,且在 5% 和 1% 的水平下显著为负,而在没有分析师追踪的样本中,其系数没有显著性。在机构投资者持股比例的分组中可以看到,机构投资者持股比例较高的时候,文化异质性的系数分别是-0.002 和-0.007,且在 5% 和 1% 的水平下显著为负;而在持股比例较低的样本中,其系数没有显著性。这说明了文化异质性对企业税收规避的负向影响在有分析师追踪和机构投资者持股比例较高的企业中才会发挥作用。

以上分组检验结果在一定程度上证明了文化异质性在风险感知较高的环境中较为显著地减少了企业的税收规避行为。对此,本章也进行了实证检验。按照之前的研究,使用资产收益率和股票回报率的 3 年波动性来衡量企业风险承担水平,由表 4-12 可知,文化异质性降低了企业的风险承担水平,一定程度上验证了前文的理论假说。

表 4-12 风 险 路 径

	3 年 ROA 的波动性		3 年股票回报率的波动性	
	(1)	(2)	(3)	(4)
diversity1	-0.001**		-0.022***	
	(-2.471)		(-3.216)	
diversity2		-0.002		-0.046**
		(-1.330)		(-2.029)
ROA	-0.126***	-0.126***	0.236***	0.238***
	(-24.715)	(-24.697)	(3.290)	(3.308)
Size	-0.003***	-0.003***	-0.037***	-0.037***
	(-12.688)	(-12.721)	(-10.686)	(-10.726)
LEV	-0.006***	-0.006***	0.119***	0.119***
	(-3.583)	(-3.573)	(5.469)	(5.483)
Growth	0.004***	0.004***	0.053***	0.053***
	(9.037)	(9.035)	(9.171)	(9.169)
Tangible	-0.006***	-0.006***	-0.243***	-0.241***
	(-3.394)	(-3.342)	(-9.829)	(-9.762)
Top	0.003*	0.003*	0.016	0.015
	(1.699)	(1.672)	(0.646)	(0.614)
Age	0.005***	0.005***	-0.010	-0.010
	(5.673)	(5.652)	(-0.795)	(-0.818)
Dual	0.001	0.001	0.034***	0.034***
	(1.018)	(1.034)	(4.103)	(4.130)

	3 年 ROA 的波动性		3 年股票回报率的波动性	
	（1）	（2）	（3）	（4）
State	-0.004***	-0.004***	-0.013	-0.014
	（-5.965）	（-5.992）	（-1.469）	（-1.510）
Eqinö	0.210***	0.210***	0.288	0.288
	（16.154）	（16.154）	（1.570）	（1.568）
Intang	0.009**	0.009**	-0.097	-0.094
	（2.034）	（2.049）	（-1.508）	（-1.467）
Loss	0.034***	0.034***	0.014	0.014
	（51.036）	（51.048）	（1.446）	（1.467）
Year	Yes	Yes	Yes	Yes
IND	Yes	Yes	Yes	Yes
Prov	Yes	Yes	Yes	Yes
Constant	0.067***	0.066***	1.976***	1.952***
	（5.368）	（5.264）	（11.221）	（11.099）
N	13 898	13 898	13 898	13 898
Adj_R^2	0.325	0.325	0.387	0.387
F value	93.832	93.743	123.033	122.892

注：括号内表示调整后的 t/z 值，***、**、*分别表示在 1%、5%和 10%的显著性水平下显著。

本 章 小 结

在中国制度背景下探讨企业行为决策的影响因素，文化作为重要方面日益成为学界新宠。社会学普遍认为文化可以塑造人的行为，人们日常活动的行为不仅受到个人社会地位的影响，还受到身处文化环境的影响。因此，一个群体如何思考和处事是由该群体的文化特点所决定的，企业的行为决策亦是如此。在我国，由于地域辽阔，各地区的地理环境有所差异，根据资源依赖原理逐渐形成各地区不同的子文化，后因人口流动，各个子文化开始交流和碰撞，形成了地区的文化异质现象。文化同质性群体与异质性群体的行为决策是否会存在差异？地区文化异质性表现为企业内外部的异质性资源，以及风险认知的差异。从税收视角而言，企业所处地区如果存在文化异质性时，其税收规避行为如何变化？结合税收规避的融资和风险认知的特征,地区文化异质性影响企业税收规避的路径是什么? 现有文献尚未对此进行研究。基于此,本章利用方言数据代表地区文化异质性实证检验了地区文化异质性在影响企业税收规避行为过程中的作用,并检验了其潜在的作用路径。

　　本章的研究结果表明,地区文化异质性会减少企业的税收规避行为,且这一现象在非国有、管理层激励程度较强以及文化异质性程度较高的企业中尤为明显。进一步进行路径分析,从融资视角来看,地区文化异质性通过内部节约成本和外部社交网络发挥了融资功能,进而替代了税收规避行为,主要表现为企业获得了更多的筹资活动现金流、银行贷款以及商业信用;从风险认知视角来看,地区文化异质性显著降低了企业的风险承担水平,导致企业实施保守的税收规避行为。本章为非正式制度影响企业行为以及税收规避行为的影响因素研究提供了新的经验证据。这一研究有助于理解异质性文化群体的决策行为特点,还能从文化的视角来解释企业税收行为,并提供了相关的经验证据。

第五章　宗法差序关系与家族激励治理

第一节　宗法礼序之于权力与激励

一、宗法差序之意义

作为经济学与管理学研究的交叉领域,治理学近年来的研究热点表现为积极引入社会学理论。治理目标的实现,必然依赖于符合经济原理的治理机制;而治理机制的构筑,又必须凭借并嵌入一国的社会关系及由此形成的社会秩序。随着经济学与社会学交叉融合的不断深入,越来越多的研究从个体层面出发考虑其所处文化、经济、社会等外部组织环境对治理机制及其功效的影响。这背后的基本逻辑在于个体并不是孤立地存在,而是生活(置身)于某一文化环境中,其决策也将不可避免地受到所处位置以及文化环境、历史习俗等社会性因素的影响①。基于此,考察治理问题时不能单纯地从个体经济动机出发,还需考虑其社会属性带来的影响。那么,个体关系及其形成的社会秩序对治理的影响是否真实存在? 其实现的路径又是什么? 这是十分重要的研究问题。

部分国内学者已经注意到上述问题,比如将宗法差序作为一种社会秩序特征来解释中国治理现象。所谓礼治就是对传统规则的服膺,以此维持社会秩序。本书后续研究基本沿袭了费孝通对宗法差序的理解,并进行了深入分析和进一步拓展。人际关系和社会秩序由礼规定,礼所倡导的就是国法所维护的,礼所反对的也正是国法所不容的,出乎礼则入于法②。费孝

---

① GRANOVETTER M. Economic action and social structure: the problem of embeddedness[J]. American Journal of Sociology, 1985, 91(3): 481-510.

② 陈亚平.情·理·法: 礼治秩序[J].读书,2002(1): 63-69.

通笔下的宗法差序其实是一种弥散型的"非正式制裁"①。礼的核心在于维护一种秩序,具体表现为区分地位高低与身份贵贱、排比亲疏,即明确人与人之间的差异②。宗法差序这一概念反映了传统社会在横向上的亲疏远近和纵向上的尊卑有别,贴切地概括了中国传统社会的社会秩序。

二、宗法差序之研究现状及贡献

为进一步阐述宗法差序对组织激励的影响,本章在政府、企业、家族等一系列场景中选择家族作为研究对象。在中国传统的社会结构中缺乏绝对割裂公共领域的存在,更多是将天下和社会看作家庭的无限延伸,这一观点在宋儒张载的《西铭》中得到有效阐发并被发扬光大。家庭是最基本的社会单元。在这个单元中,个体只是一个环节,既是贡献者也是依附者。《周易·家天下》中有"家人有严君焉,父母之谓也"的相关论述。随着家庭概念的不断延展,整个社会被视为一个以君主为家长的大家庭,即所谓"家国同构"。由于家庭的无法挣脱性,个体必须被某种秩序严格约束,并且遵守家庭的伦理关系。与西方家族不同的是,中国古代家族治理是以宗法差序为规范,以血缘远近区分嫡庶亲疏关系;政治上要求"君使臣以礼,臣事君以忠"。

然而,若进一步考察社会学中的中国社会关系问题,则必须认识到以上对差序格局的理解可能存在片面之处。将中国社会关系理解为层层外推的水波纹实际上只是一种比喻,而不是严格的定义③。这个比喻在形象说明社会关系亲疏远近之"差"的同时带来了两个问题:一是过分强调了"差"这个特征,认为社会关系仅仅是片面意义上的不断外推和减弱,而忽视了"序"这个维度。中国传统社会结构是立体的,不但在横向上包含了"差",在纵向上还包含着等级、尊卑等"序"。例如在中国传统文化中,父子、长幼、夫妇这些社会关系,既包含了横向上的亲疏远近,也包含了纵向上的上下有别。如果只强调前者,则会使人误以为这些关系中的个体是平等的、同权的,差异只在于个体心理距离的远近。实际上,由于纲纪伦常的存在,上述关系中上下之别是真实而严格的,其个体的行为准则差异远非个体"推己及人"的程度不同。二是使人们误以为由无数个水波纹组成的如蛛网一般的社会网络,其中心是"自我"或者说"己",而对待亲疏远近的差异取决于"己"的外

① 费孝通.小城镇 新开拓(五)[J].瞭望周刊,1985(3):22-23.
② 王明明,周作宇,施克灿.德治礼序与中国大学治理[J].北京师范大学学报(社会科学版),2017(1):5-12.
③ 翟学伟.再论"差序格局"的贡献、局限与理论遗产[J].中国社会科学,2009(3):152-158.

推。实际情况是，这一"序"的存在，使得对待亲疏远近的态度并不能完全由"己"决定，而是要考虑自己与对象的相对位置。换句话说，社会网络并不存在一个中心，只能在具体关系中讨论个体的相对位置和处事原则，这也是帕森斯所谓"特殊主义"①。这两点引申出治理问题中的一系列问题。例如，同样和观察对象之间具有地缘关系的两者，其中一人为观察对象的上级，另一个为其下级，则显然不能等量齐观地认为两者和观察对象具有同样的关系。再如，一人为观察对象上级且为同乡，另一人为观察对象平级且为血亲，对观察对象而言，其中的亲疏远近可能也无法直接套用血缘、地缘的差序关系。因此，似乎有必要在社会关系与治理问题的相关研究中突出"序"的影响。此外，关系结构中的双方并非单向的关系，而是一个互动的结构，权利和义务是对称的，尽管关系结构的双方在权利和义务上的内容是存在差异的。也就是说，这一个"序"看似是一种等级，其实更多的是分工的差别，尊卑的意义是存在的，但是其存在也是为了更便于分工。在关系结构的各方，没有一方是无尽付出的，也没有一方是无尽索取的。过去坊间对于关系的单向理解是不全面的。

详细记录传统家族运营状况的文献少之又少，而具有时代意义的文学作品《红楼梦》对传统家族运营描写得非常详细，因此本章将以《红楼梦》中各家族的种种表现作为突破口，探究宗法差序对组织激励的影响。虽然将《红楼梦》作为传统家族治理研究的观测对象，因其是文学作品而并非严格的史料具有一定局限性，但本章考虑如下几方面的合理性：第一，《红楼梦》具有真实的历史背景，书中对贾府的描述具有家族自传意味，一定程度上反映了家族的兴衰历史和治理实践。第二，文学作品，特别是能够引起强烈时代共鸣的文学作品，一定程度上是当时社会价值和社会现象的集中体现。正如吴世昌先生所言"红楼一世界，世界一红楼"。因此，《红楼梦》中所述内容不大会完全脱离作者所处社会的真实情境。虽然其中涉及的宗法差序与组织激励的描述可能高于生活，但一定是源于当时社会情景，并非脱离现实。第三，从宗法差序角度看，《红楼梦》作为对人伦的反思之作，多次直接涉及对贾府宗法差序的描述和具体应用，保留了极具时代性的文化烙印。

鉴于此，本章沿用陈冬华等②量化文学实证研究路径，以《红楼梦》为

---

① 帕森斯.社会行动的结构[M].刘东，译.南京：译林出版社，2003.
② 陈冬华，李真，杨贤，等.诗歌、道德与治理：基于唐代科举的量化历史实证研究[J].文学研究，2017(1)：38-55.

研究载体,以家族治理为研究对象,探究中国传统文化下宗法差序对权力分配与组织激励的影响。本章的主要贡献如下:第一,社会秩序与治理问题的相关研究仍然需要继续深入探索如何扎根于中国文化的问题。本章将宗法差序作为分析人际社会关系的基础,具有鲜明的中国特色和历史印记,可以更好地展现中国传统文化下社会关系的基础性秩序,从而带来本土化的研究视角。第二,制度优化是经济可持续发展的关键,其中包含社会结构等非正式制度。虽然中国当代社会经历了现代化的冲击,但传统性与现代化并不矛盾,传统文化在当今仍产生了重要影响①。只有在传统中产生现代,现代才能长久。宗法差序作为一种传统文化似乎在当今社会趋向瓦解,但宗法差序中蕴含的社会秩序和社会关系的构成逻辑仍然在实际生活中真实存在并发挥作用。这似乎有助于解释在正式制度并不完善的情况下,中国经济发展背后治理机制的运行逻辑。第三,展示传统文化中关系双方的对等性存在,并提供了实证证据。作为建立在差序格局社会中显示组织一体对待、展现公平性的方式,关系亲近者所获的更多权力源自组织内非正式契约与信任度的内化,但得到更少的物质奖励,并受到更加严格的管束;关系疏远者却会得到更多的物质奖励,并受到更加宽容的对待,这是一种嵌入中国社会的治理方式与治理智慧。本章研究结论证明了这一现象具有深厚的文化基因和历史根源,进一步揭示了传统文化对当代中国社会产生的广泛而深远的影响,深化了国家治理中重视历史传统的认识。

第二节　"宗法非线性激励"假设

一、文献回顾

礼治是中国传统国家治理的重要特征,在家族治理中亦是如此。从国家治理角度看,在汉代以前的两千多年的历史中,礼治一直是治理国家、管理社会的重要手段。在中国古代社会,尊卑、贵贱、长幼、亲疏是最主要的社会关系,而"礼"的主要功能即是对这些社会关系进行区分、规范、确认并维护②。

---

①　NORTH D C. Institutions, institutional change and economic performance [M]. Cambridge: Cambridge University Press, 1990.

②　白奚.儒家礼治思想与社会和谐[J].哲学动态,2006(5):15-20.

以古代社会的三纲五伦为例。三纲指的是"父为子纲、君为臣纲、夫为妻纲"；五伦要求下位者(臣、子、妻、弟)服从于上位者(君、父、夫、兄)，同时上位者成为下位者的行为典范。在这样的上下权力关系中，下位者需承担较多的顺从责任与义务，从而形塑了中国传统的威权精神；上位者必须履行更多的领导和奉献职能，从而塑造了中国传统的道统。"人伦关系的优越性，在社会伦理上所显示的效果尤为显著。"①在中国，所有社会伦理均只将与生俱来的恭顺关系转化全其他被认为与此同构型的关系上而已。在君、父、夫、兄、友的社会关系里，对君、父、夫、兄(包括师)、友的义务构成(无条件)伦理约束的整体。这就意味着在中国的社会关系中，对待个体的基本原则不是由个体的行为或其本身决定，而是取决于其在宗法差序中所处的位置，并以此为基础构建了整个社会结构。

　　从家族治理角度看，家族是由血缘关系形成的社会群体，其内部成员之间的关系比外部成员之间的关系更密切；群体成员通过举行活动强化群体意识，构造和维系社群理想。"族是凑、聚的意思，同姓子孙，生相亲爱，死相哀痛，时常聚会。"家族是扩大化的家庭，是一个"社群的社群"②，它是基于父系亲属原则组成的社群③。家族是以家庭为基础的，是指同一个男性祖先的子孙，虽已分居、异财、各爨，但仍世代相聚(如同住一个村落)，并按照一定规范以血缘关系为纽带结合成的、特殊的社会组织形式。家族又称宗族、户族、房头，古书中又常常直接称为族、宗，称家庭成员为族人、宗人。五服之内为宗族，五服之外为家族。宗族是指以父系血缘关系为纽带而形成的社会人群共同体④。

　　研究宗法差序首先需要考察其母源——"社会秩序"。"中国人际关系的基本模式，即人缘、人情和人伦。人缘是指命中注定或前定的人际关系；人情是指包含血缘关系和伦理思想并不断延伸的人际交换行为；人伦是指人与人之间的规范和秩序。三者构成的三位一体成为中国人际关系的特质，这三者也构成了中国人为人处世的基本模式。"⑤在中国，"关系"有其特定的形成语境和历史、社会背景。社会科学解读了儒家文化与传统社会，详细阐述了著名的差序格局概念，即中国社会是以多角色关系组合起来的关

①　马克斯·韦伯.儒教与道教[M].洪天富,译.南京：江苏人民出版社,2008.
②　班固.白虎通德论·宗族篇[M].上海：上海古籍出版社,1990.
③　费孝通.小城镇 新开拓(五)[J].瞭望周刊,1985(3)：22-23.
④　段江丽.礼法与人情：明清家庭小说的家族主题研究[M].北京：中华书局,2006.
⑤　翟学伟.中国人际关系的特质：本土的概念及其模式[J].社会学研究,1993(4)：74-83.

系体①。秩序是指有条理、有组织地安排各构成部分,促使各构成部分能够正常运转或保持良好的外观状态。社会秩序是社会关系的有序状态,是处于张力平衡状态的社会关系②。因此,中国独特的传统文化促使维持社会秩序成为一项复杂的系统工程。

宗法差序主要按照父系血缘关系的亲疏维系政治等级,从而形成一定的权力重分配关系。关系间的差别和成员间的紧密度会影响交往频率,且这种情况在封建社会的礼治管理体制中表现得淋漓尽致。“大家族中的成员各以其对宗主的亲疏关系而定其地位的高低。”③血缘关系的亲疏远近既影响着家族成员间的亲密程度,也为家族治理提供伦理规范,家族中的人伦秩序、道德情感与价值理想是制度、情感和观念的结合。运用家庭观念和家庭伦理观察和组织社会、对待社会生活和处理人与人之间的社会关系,会消融家庭与家庭以外的、社会的界限,这样既阻碍了社会分工和合作的延续,也会阻碍市民社会的形成和立宪政治的发展④。在研究家族主义与组织行为关系时发现,从儒家伦理与家族主义关系看,儒家要求个体必须控制自己,并对家族表现出绝对顺从⑤。相比于当选村民委员会主任来自其他姓氏的村庄,来自最大姓氏村庄的平滑消费程度更低,原因在于来自最大姓氏村庄的村民委员会主任能够凭借其在宗族中的地位说服其他宗族成员支持其决策,以充分发挥行政权力的作用,增加公共品投资,这些发现有助于理解传统组织(如宗族)与现代制度之间的互动关系,并为村庄治理提供有益参考⑥。

宗法差序除影响权力分配外,也体现在组织治理方面。研究表明:家族成员在配置家族资产所有权时偏好“亲缘至上”原则,在配置家族资产管理权时偏好“能力至上”原则;这种家族资产所有权与家族资产管理权的配置不利于家族远亲在提高治理效率方面作用的发挥⑦。家庭通过朋友构建社会联系,家庭联系是社会资本的补充,处于强家庭网络的个人更加反对福

① 费孝通,李亦园.中国文化与新世纪的社会学人类学[J].北京大学学报,1998(6):80-90.
② 秦扬,邹吉忠.试论社会秩序的本质及其问题[J].西南民族大学学报(人文社科版),2003(7):153-158.
③ 童书业.春秋史[M].济南:山东大学出版社,1987.
④ 张曙光.家庭制度和家庭行为的经济分析[C].北京天则经济研究所内部文稿系列,2009.
⑤ 郑伯壎.差序格局与华人组织行为[J].本土心理学研究,1995(3):142-219.
⑥ 郭云南,姚洋,JEREMY FOLTZ.正式与非正式权威、问责与平滑消费:来自中国村庄的经验数据[J].管理世界,2012(1):67-78.
⑦ 连燕玲,贺小刚,张远飞.家族权威配置机理与功效:来自我国家族上市公司的经验证据[J].管理世界,2011(11):105-117.

利欺诈、腐败以及一系列涉及牺牲他人利益以换取个人利益的行为①。缺乏家庭内外部联系与互动的个人可能会遭到社会的排斥，尤其在经济状况欠佳时这种排斥会进一步加剧②。

以往文献分析了家族秩序对社会、组织内部地位设定及产权分配发挥的作用，研究核心立足于家族宗法差序，但关注点较为零散。因此本章采用量化研究的实证范式，以《红楼梦》为研究载体，以宗法差序为研究脉络，以组织激励为研究对象，探究中国传统文化下宗法差序对组织激励产生的影响。

二、理论分析与假设演绎

家族在宗法差序的影响下运营、发展，家族成员们因为共同生活、具有共同利益，凭借血缘、亲属关系而彼此依存，于是成员之间建立起了非正式的信任和契约关系。关系网络是成员之间通过互动形成的、动态稳定的关系体系，这种互动关系会对个体乃至家族、社会的行为产生深远影响。家庭权威的传承高于一切，为保证家族的源远流长，通常由长子继承权威，由诸子均分财产，由此得出如下结构特性：① 集中且双层次的权威结构，即以父系为中心、诸子为卫星；② 以父系血缘界定成员身份；③ 家族是一个小的社会运作单位，父亲在家族里拥有最高决策权与管理权。而企业只是另一种形式的家族延长，企业员工也会被划分为具有血缘关系的内子和无血缘关系的外人。因此，家族的运作以父权、财产均分、内外有别为基础，表现为重亲主义、威权管理及差别待遇。从社会学视角看，社会网络是为个人或组织服务的，是为满足个体或组织需求建立的。同时，这种社会网络也展现了个体或组织的资源拥有能力及彼此间的信任程度。在传统社会中，受中国文化背景影响，家族资本主要是指家族中成人和子女关系的强度，这种强弱关系表现在性别差异和嫡庶差异上。

中国社会以血缘为纽带，血缘关系是人伦中最重要的关系，不仅是私人关系，还包含伦理道德和政治内容。这种关系由古延续至今，衍生出从血缘至伦理再至政治的社会建构，"有其真实的历史渊源"，血缘所决定的社会地位不容个人选择。家庭在婚姻的基础上建立起血缘关系，相互依存，共同生活，具有一致的利益。对传统家族而言，经济利益只是其整体利益的一小部

---

① LJUNGE M. Cultural transmission of civicness[J]. Economics Letters, 2012, 117(1): 291 - 294.

② SIROVÁTKA T, MAREŠ P. Poverty, social exclusion and social policy in the Czech republic [J]. Social Policy & Administration, 2006, 40(3): 288 - 303.

分。家族的整体利益取决于家族的政治地位、关系网络的牢固与稳定程度。家庭出身决定了个人在家族关系中的地位,仆人的地位则是依附于主人在家族中的地位,取决于主人对其的宠爱程度。然而,不同家族成员之间也存在矛盾,决策者在解决冲突的过程中,往往考虑组织内部所依存的非正式的信任和契约关系而做出平衡策略。社会的方方面面体现了以血缘为纽带、以自然经济为基础、以关系为核心的社会结构特点。这些关系形式上表现为家族之间错综复杂的关系,而实质上取决于家族宗法差序紧密程度及其对权力分配的依存关系。因此,权力的分配沿着关系结构推进,具有天然的便利性,不仅价值观相同,信息不对称程度较低,而且契约的实施环境更好,关系结构本身形成了一种治理机制。基于以上分析,本章提出以下假设。

假设1:宗法差序对家族权力分配(外部政治联系、内部参与决策)产生正面效应。

家族成员置身于宗法差序中,不仅能够体现成员间的亲疏程度,更能反映每个成员所处的地位。这也决定了家族成员在家族治理过程中可享受的待遇以及家族赋予其的激励。在家族企业中,亲缘的特殊作用会影响契约关系,即降低对薪酬契约的需求。由此可见,宗法差序亲缘关系的特征表现为对家族成员的监督与激励,大家长试图在众人的利益中寻求平衡。而治理理论也将监督与激励作为核心内容,既要检验治理结构对管理者的监督与制衡作用,也要探索能够保证决策有效性和科学性的治理机制,从而维护各利害相关者的利益。因此,由于家族治理具有一些现代公司治理的特点,在目前家族治理相关理论研究有限的情况下,对家族治理效率的研究可以参考公司治理理论。家族治理中对家族成员权利的赋予也与现代公司治理中委托代理理论如出一辙。在主人间争夺权力和经济地位的过程中,各自背后的关系和家族的社会资本影响着家族治理,致使家族治理过程更加复杂化。主仆所属派系不同,身份不同,遇事赏罚也不尽相同。等级制度是一种高权力距离文化,家族成员间(尤其是主仆)权力差异较大,且各自在家族中的权威、激励和特权差异也较大,这恰恰映射了委托代理理论中关于委托人和代理人之间存在高权力距离关系的观点。而当委托人与代理人之间出现利益冲突时,则会产生代理成本,代理人会在其被赋予的权力范围内对企业绩效与个人利益进行权衡。

在奖惩方面,宗法差序对家族核心成员与非家族核心成员实施的标准不同。为保证家族兴盛,家族需要与一些非家族核心成员维持相对稳定的合作关系。在正式制度缺乏的背景下,核心家族成员需要自行建立一套规则体系,以降低家族在与非家族核心成员合作的过程中产生的交易成本。这套规则是维护家族与非家族核心成员长期稳定合作的重要基础。合作的效率则取决于非家族核心成员对于严格遵守并执行该规则的预期和信心。相对而言,家族核心成员与家族更为亲密,在其获得奖励时往往难以区分是由于遵守规则还是由于亲密关系;相反,在其得到惩罚时则更可能是由于违反规则。因此,家族对于遵守规则的行为,一般会给予家族核心成员更少的奖励,而给予非家族核心成员更多的奖励;而对于违反规则的行为,则会给予家族核心成员更重的惩罚,给予非家族核心成员更轻的惩罚。这种"亲疏有别"的差别待遇增强了家族成员有效执行规则的信心,且更有利于维护与非家族核心成员长期稳定的合作关系。基于以上分析,本章提出以下假设:

假设 2：宗法差序对组织激励呈现非对称影响,即家族核心成员会得到更少的奖励和更严厉的惩罚,非家族核心成员会得到更多的奖励和更宽容的惩罚。

古代家族治理是以宗法制为规范,以血缘的远近来区分嫡庶亲疏关系。维护社会结构的稳定,是人与人之间关系的基本准则。政治上要求"君使臣以礼,臣事君以忠",家族中要求以父为纲、以兄统弟,讲究父义、母慈、兄友、弟恭、子孝。但在现实社会中,一方面,由于利益的争夺和分配的不均,臣弒君、子弒父、杀嫡立庶、嫡庶不和的事件俯拾皆是。家族治理中这些悖礼、失和,严重违背了传统宗法制度。另一方面,以家法代替、消解国法的现象比比皆是,如家族成员肆意弄权,无视国法;家族上下自主人到仆人,道德沦丧。家族治理中时常发生的违背宗法差序关系的现象,使得宗法差序关系如何体现在家族治理机制中,家族治理中宗法差序关系是否重要,成为一个疑惑不解的难题。基于此,研究宗法差序关系(制度)在家族治理中的关键作用更具有现实指导意义。

关系网络是成员之间通过互动而形成的动态稳定的关系体系。这一种互动关系会对个体乃至家族的社会行为产生深远的影响。《礼记》云:"礼者所以定亲疏,决嫌疑,别同异,明是非也。"礼法融合、引礼入法是指用儒家的伦理道德指导法律。冲突被划分为"君臣、血亲、两性"三种类型。中国人的思想、感情、性格、观念(宇宙、人生、道德、伦理……)、思维、感受、生活(衣、食、住、行)言谈、行动、交往、礼数、文采、智慧……无一不可从《红楼梦》中找到最好的写照。一切内容无不包含在这伦理规范之中,伦理规范与法律融为一体,这也是中华法系最突出的特征。"我国传统上是一个注重血缘亲族的国家,从周公制礼的'亲亲''尊尊',便可看出我国传统社会一直追求一种上下尊卑，家族内部有序和谐的目的与原则。"没有规矩无以成方圆。贾府中充斥着的是统治层的肆意妄为，无视传统礼法与家法：为敛财，草菅人命；为私欲，淫乱无度；为利益，违礼乱法。中国传统社会的礼法制度本是为了规范社会秩序，规正家庭、个人的行为。但在贾府中，这些却成为维护尊者特权的"正当修辞"，贾府儿孙们堂而皇之地享受荣华富贵，不思进取，逐步从根本上吞噬祖上的百年基业，加之家法的松弛和僭越。家族治理的失效，使贾家由盛到衰也成为一种必然。从社会学视角来看，社会网络关系是为个人或组织服务的，是为了满足个体或组织需求而建立的。这种社会网络也展现了个体或组织获取资源的能力以及彼此之间的信任程度。在传统社会中，由于中国文化背景的影响，家族资本主要是指在家族中，成人和子女关系的强度，这样的强弱关系表现在性别的差异、嫡庶的差异。

　　家族治理机制中宗法差序关系如何表现？家族治理的特点是：① 家庭人口众多，关系复杂；② 政治利益冲突、政治目标不一致；③ 经济利益冲突。政治上的失利、经济上的衰落、道德上的沦丧，都会使得家族地位、关系力量受到极大的削弱，而对社会资本占有、控制和支配的减少，极大地影响着家族治理的成效。家族内部，嫡庶之争，母子不和，对礼制的违背和僭越，带来的是家族成员之间的内斗，派系分明，主人与主人之间的利益争夺，仆人依据主人和自身利益而被动划分的利益争夺，违背了家族的共同目的，割裂了家族一致的利益。与现代企业治理不同，传统家族治理的关键，是维持家族在政治上的地位。对传统家族而言，经济利益只是其一小部分。家族的整体利益取决于家族的政治地位、关系网络的牢固与稳定的程度。封建社会的方方面面，体现了以血缘关系为纽带、以自然经济为基础、以等级隶属关系为核心的社会结构特点。关系形式上表现在家族错综复杂的关系、主人与主人之间的关系、主仆之间的关系以及仆人与仆人之间的关系，而实质是宗法与家族依靠的紧密程度。为了维系大家族的繁荣与和谐，大家长在治理过程中，不仅要维系家族宗派的情感、捆绑各派的利益，还要保证家族成员的忠诚，避免害群之马的出现。然而，不同家族派系之间也存在矛盾，决策者在解决冲突的过程中，往往看重该派系当前的政治联系以及内部地位。为了平衡彼此的关系，决策者会顺势而为，这既是等级制度的体现，即"尊卑长幼"，也是个人利益诉求的具象化，即"趋炎附势"。一个家族的兴衰，反映了一个社会的兴衰，这背后反映的是家族的影响。小到仆人与仆人之间的关系、派系，主人与主人之间的关系、派系，家族与家族之间的关系、派系，大到封建社会的社会结构、社会宗法制度，都在影响、改变着家族治理的方式、模式和成效。

假设 3：宗法差序体现在宗法距离、辈分、支系、嫡庶、主仆，对家族治理机制的个体特征（如政治联系、情感喜爱、活跃度）以及家族治理机制的派系特征（如内外忠诚度、交往活跃度、内部地位）都产生了显著影响。

中西方社会演进存在着种种差异，而这些差异研究的落脚点或深层次原因大多可归结于文化和信仰这一软实力的差异，可以说了解了这两者的不同可以用来解释大多数中西方比较研究问题。在家族治理方面，家族成员的文化水平，家族派系信仰与个体信仰情况，这些调节因素是否会对宗法差序关系与家族治理效果产生影响，是否在先天的宗法差序关系一定的情况下，通过提升或改变这些后天的调节因素达到提升家族治理效果的目的，这些都是本章需要检验的内容。

宗法差序关系是个体在团队、家族中发展的关键因素。在这些关系一定的前提下，个体在非社会关系方面的特性，如才华、信仰等也会改变其方向，而这些特性是与生俱来的，不由后天的关系直接决定。社会结构分层理论将社会分成民的生活空间（民间文化及其生活），即社会底边，以及官的生活空间（官府及其意识形态），即社会上边。文化（知识、书写与文学）是两个生活场域的界限。曹雪芹所处时代多元化的伦理文化及儒释道的冲突与融合是其反思三教伦理思想的背景，也是《红楼梦》中人文道德精神结构产生的基础①。

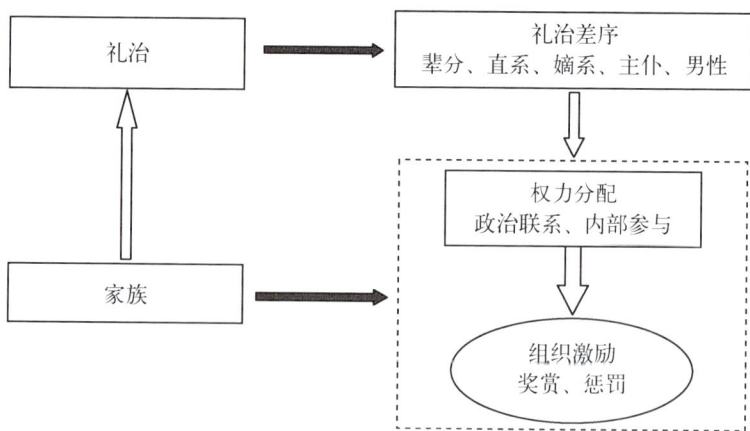

图 5-1　研究路线图

①　李娜.《红楼梦》儒释道伦理思想研究[D].北京：中央民族大学，2013.

假设4：宗法差序对家族治理的调节因素分析——宗法差序关系对家族治理的影响还受到个体才华、信仰因素的调节，才华影响其短期正面效应，主要集中在薪酬、奖赏，信仰影响其长期负面效应，主要集中在惩罚、结局。

第三节　研究设计与实证检验

一、样本选择与数据来源

社会调查如果没有理论指导，只能得到一堆零星、没有意义的材料。而社会学必须先摆脱"变相的舶来品"这一概念才能进行有效的中国化。虽然家族企业、政治派系现象在中国普遍存在，相关研究也较多，但是基于家族和家族数据的研究在当代中国仍然相当稀缺，在政治学和社会学的相关研究中虽然有文献通过对村落的实地调查研究家族治理，但受村落和家族区划的限制，研究广度和研究深度不免有所欠缺。由于当代中国家族（庭）治理证据的相对匮乏和完整的家族结构、内部信息的不可获取，本章将研究视角转向高度仿真化的文史资料，以求有所突破。然而历史资料大多是碎片化的，且又存在后朝为前朝写史的史学文化以及后世君王私自篡改历史以为本朝或自身服务的先例，造成史料的真实性和完整性远不如源自生活且高于生活的隐喻式文学作品。"诗人可能比历史学家更真实，因为他们能够看到普遍的人性的深处。"而"艺术来源于生活又高于生活"。广为流传的文学巨作大多具有真实、移情、共鸣的特性。"真正伟大的文学，是不需要虚构的，甚至连假设也不允许其存在。因为在所有伟大的写作中，虚构都是对生活中那部分看不见的真实之发现。别人看不见的你见了，别人不能发现的你独自发现了，而当你以个人的方式和语言，把这些发现呈现出来时，别人便称此为虚构；而在你，那却是百分之百的真实、现实和存在。我不在文学中虚构任何的假设之存在，我只在生活中尽力发现所有看不见的存在和真实。"在小说的虚拟环境中，作者更会充分表达现实社会不敢表达的真实意愿。虽然小说会不可避免地具有感情色彩和价值判断，但这些作者的观感大多存在同向性偏差，因此本章会在研究设计中尽量减少这方面偏差带来的不利影响。

本章选取《红楼梦》作为研究样本源，除考虑文学作品本身的真实性及它作为隐喻版的史料外，还基于以下四方面考量：第一，明清小说所描绘的大部分家族均为小家庭，只有《红楼梦》等少数作品描述了典型的大家庭和家族活动。黄人在《中国文学史》中将《金瓶梅》《醒世姻缘传》《红楼梦》等称为长篇家庭小说，后世小说多受其影响，如巴金的《家》、林语堂的《京华烟云》及张爱玲的小说等。第二，虽然《红楼梦》是作者虚构的，但是由于《红楼梦》极可能是曹雪芹为曹家做的自传，因此《红楼梦》能够较为真实地反映当时的社会现象，而且"红学"作为与"甲骨学""敦煌学"并驾齐驱的三大显学之一，"足与二十四史方驾"。"《红楼》一世界，世界一《红楼》"，在描写中国家庭方面，《红楼梦》孤怀闳识，大义微言，穷形尽相，百读不厌。第三，《红楼梦》描写了一个完整的、尊贵的礼治社会。世袭的家族传承模式与王熙凤、李纨、探春和王夫人等的轮流执政如出一辙，能够在一定程度上反映家族治理的一般特征。随着时间的推移和制度周期的转变，皇族与贾府老人间专用性资产（权威和人脉）的不可继承以及无效率事件（赏罚不公、通奸）的增多也最终导致贾府家族治理的衰亡，且无法打破"富不过三代"的历史诅咒。第四，"红学"研究中也形成了一些家族治理方面的研究成果，小说从政治、经济、文化、人际关系等方面描写了贾、史、王、薛四大家族的盛衰荣辱，也反映了中国封建社会已无可挽回地走向崩溃的末路。贾府的兴衰过程是众多人物关系转变的过程，更是宗法差序对家族治理的影响过程。这种影响是政治、经济、文化、人际关系等诸多因素共同作用的结果，突出表现在家族与家族之间的关系和家族内部人与人之间的关系上。

　　基于以上分析，本章的实证研究以《红楼梦》（程甲本）记载的人物信息为基础，从收录的 440 多位人物（有名有姓 197 人、有名无姓 120 人、有姓无名 58 人、无名无姓约 70 人）出发，以《红楼梦》的回合顺序为标准，参照曹、贾的年份序列以及史事年表，剔除仙道、皇族等府外人物，剔除基本信息不详的影子人物，最终获得家族成员样本数 127 个。与此同时，由于组织激励中涉及的奖赏与惩罚事件并非取自同一样本集，本章将奖赏事件（包含忠顺、听从、帮忙、救助等）和惩罚事件（包含偷情、勾结、打骂、挑唆等）进行归类组合后，获得奖赏事件数 40 个，惩罚事件数 71 个，用以分析宗法差序与组织激励之间的关系。

二、模型设计与变量设定

　　根据前文两大假设，本章分别采用 OLS 和 Logit 构建以下模型进行回归。

　　权力分配模型（127 个家族成员样本）：

$$政治联系或内部参与 = \beta_0 + \beta_1 \, 辈分 + \beta_2 \, 直系 + \beta_3 \, 嫡系 + \quad (5-1)$$
$$\beta_4 \, 主仆 + \beta_5 \, 男性 + \varepsilon$$

组织激励模型(111 个家族事件样本,其中奖励事件数 40 个,惩罚事件数 71 个):

$$奖赏或惩罚 = \beta_0 + \beta_1 \, 辈分 + \beta_2 \, 直系 + \beta_3 \, 嫡系 + \quad (5-2)$$
$$\beta_4 \, 主仆 + \beta_5 \, 男性 + \varepsilon$$

权力分配的因变量设 2 个指标分别考量,描述如下:

(1) 政治联系。家族成员与皇亲贵族或京官、实权大臣等具有直接亲属联系或交情较深厚等为 1,否则为 0,娘家无政治背景而仅依靠夫家的也为 0。

(2) 内部参与。选取《红楼梦》中参与家族活动(或决策)频次的对数值作为代理变量,计算方法是通过文本分析软件提取《红楼梦》全书中某人参与集体交谈的频次总和,频次越多意味着家族成员越会参与内部事务决策。

组织激励的因变量设 2 个指标分别考量,描述如下:

(1) 奖赏。对不同事件矛盾中涉事人物的事后奖赏情况进行判断,将同一类型事件进行聚类(包含忠顺、听从、帮忙、救助等),若因同一类型事件得到奖赏则为 1,即表明被公正对待,否则为 0。

(2) 惩罚。对不同事件矛盾中涉事人物的事后惩罚情况进行判断,将同一类型事件进行聚类(包含偷情、勾结、打骂、挑唆等),若因同一类型事件受到惩罚则为 1,即表明被特别庇护,否则为 0。

与宗法差序有关的自变量,根据儒家文化和礼法伦常提炼出辈分、直系、嫡系、主仆、男性 5 个指标分别进行考量,描述如下:

(1) 辈分。样本人物在贾府中的辈分,辈分越高取值越小。与贾母同辈者,如宁国公、荣国公、贾母等为 1;比贾母低一辈者,如贾政、王夫人、赵姨娘、周姨娘、贾赦、邢夫人、林如海等为 2;比贾母低两辈者,如贾宝玉、贾珍、尤氏等为 3。

(2) 直系。样本人物是否为所在宗族的直系亲属,直系为 1,旁系为 0。直系地位更高,比如贾敬、贾赦、贾琏、贾宝玉、贾元春、贾迎春、贾探春、贾惜春、贾蓉、贾兰为直系。

(3) 嫡系。样本人物是否嫡出于所在宗族,嫡出为 1,庶出为 0。嫡出地位更高,比如贾赦、贾宝玉、贾琏为嫡出子。

(4) 主仆。样本人物是否为主人,主人为 1,仆人为 0,主人身份高于仆人。

（5）男性。样本人物是否为男性，男性为1，女性为0，封建社会以男性为尊，男性地位高于女性。

三、实证检验

1. 描述性统计

由表 5-1 变量的描述性统计可知，从宗法差序指标看，辈分、直系、嫡系、主仆、男性均值分别为 2.811、0.157、0.150、0.291 和 0.354，而中位数分别为 3、0、0、0 和 0，表明多数家族成员一般与贾母辈分相差两辈，仅 15% 左右为直系或嫡出，70% 左右为仆人，65% 左右为女性成员。从权力分配指标看，政治联系和内部参与均值分别为 0.268 和 2.372，而中位数为 0 和 1.099，表明近三成的家族成员具有一定政治联系，平均参与内部决策十次。从组织激励指标看，奖赏和惩罚均值分别为 0.500 和 0.521，而中位数均为 1，分布比较均衡。

表 5-1　变量描述性统计表

变量	样本数	均值	标准差	上十分位	上四分位	中位数	下四分位	下十分位
辈分	127	2.811	0.515	2	3	3	3	3
直系	127	0.157	0.366	0	0	0	0	1
嫡系	127	0.150	0.358	0	0	0	0	1
主仆	127	0.291	0.456	0	0	0	1	1
男性	127	0.354	0.480	0	0	0	1	1
政治联系	127	0.268	0.445	0	0	0	1	1
内部参与	127	2.372	2.510	0		1.099	4.060	6.650
奖赏	40	0.500	0.506	0	0	1	1	1
惩罚	71	0.521	0.503	0	0	1	1	1

2. 相关系数检验

表 5-2 列示了宗法差序与权力分配、组织激励的相关系数情况。从表 5-2 可以看出，宗法差序指标中的辈分与嫡系呈显著负相关（-0.217），直系与嫡系和主仆呈显著正相关（0.394、0.667），嫡系与主仆呈显著正相关（0.617）。这表明宗法差序指标间存在一定的相关关系，但并不稳定，宗法差序指标分别从不同维度刻画了人物在家族中的关系强度。

表5-2 相 关 系 数

变 量	(1)	(2)	(3)	(4)	(5)
辈分	1.000				
直系	-0.091	1.000			
	0.440				
嫡系	-0.217	0.394	1.000		
	0.062	<0.000			
主仆	-0.164	0.667	0.617	1.000	
	0.160	<0.000	<0.000		
男性	-0.074	0.077	-0.133	0.082	1.000
	0.529	0.510	0.257	0.485	
政治联系	-0.258	0.466	0.685	0.555	-0.006
	0.026	<0.000	<0.000	<0.000	0.962
内部参与	-0.217	0.481	0.406	0.357	-0.327
	0.061	<0.000	0.000	0.002	0.004
奖赏	0.132	-0.055	0.210	0.150	-0.094
	0.415	0.735	0.192	0.355	0.563
惩罚	0.054	0.086	-0.034	0.034	-0.096
	0.653	0.478	0.779	0.777	0.425

3. 单变量分组检验

表5-3列示了宗法差序的5个变量(辈分、直系、嫡系、主仆、男性)对权力分配(政治联系、内部参与)、组织激励(奖赏、惩罚)的单变量分组检验结果。由于辈分为非0~1虚拟变量,因此按照其中位数分布切分为上下0~1两段,宗法差序中越是核心成员,辈分越高,取值为1。

表5-3 宗法差序对权力分配、组织激励的单变量分组检验

		政治联系		内部参与		奖 赏		惩 罚	
		No	Yes	No	Yes	No	Yes	No	Yes
辈分	N	-64	-63	64	63	20	20	36	35
	Mean	0.078	0.143	2.064	-2.626	0.600	0.400	0.417	0.629
	Diff	-0.065[c]		-0.562		0.200[b]		-0.212[c]	

续表

		政治联系		内部参与		奖　赏		惩　罚	
		No	Yes	No	Yes	No	Yes	No	Yes
直系	N	107	−20	107	−20	23	17	39	32
	Mean	0.065	0.350	1.746	4.676	0.522	0.471	0.513	0.531
	Diff	−0.285ᵇ		2.930ᵃ		0.051		−0.018	
嫡系	N	108	−19	108	−19	30	10	49	22
	Mean	0.028	0.579	1.930	4.693	0.700	0.433	0.490	0.591
	Diff	−0.551ᵃ		−2.763ᵃ		−0.267ᶜ		−0.101	
主仆	N	−90	−37	90	−37	21	19	28	43
	Mean	0.000	0.378	1.743	3.630	0.579	0.429	0.500	−0.535
	Diff	−0.378ᵃ		−1.887ᵃ		0.150		−0.035	
男性	N	−82	−45	82	−45	25	15	45	26
	Mean	0.085	−0.156	2.915	1.144	0.520	0.467	0.489	−0.575
	Diff	−0.071		−1.771ᵇ		0.053		−0.086	

注：a、b、c 分别代表在 1%、5%、10%水平上显著。

表 5-3 的结果显示，在权力分配（政治联系与内部参与）上，仅女性内部参与更多这一点与宗法差序关系预期相悖，其他均得到了"宗法差序中越是核心成员（即辈分高、直系、嫡出、主人、男性），则权力分配（政治联系与内部参与）越多"的规律，且均通过了显著性检验，符合假设 1 的预期。当然，女性内部参与更多这一点与《红楼梦》系一部描写女性较多的家族小说，其人物有七成为女性这一事实有关。

在组织激励上（奖赏、惩罚），辈分、嫡系与奖赏之间呈显著负相关，即辈分越高、嫡出在同一类型事件中被奖赏的概率越低。辈分、嫡系与惩罚之间呈显著正相关，即辈分越高、嫡出在同一类型事件中被惩罚的概率越高。由此可见，组织激励并非简单地恪守"越是核心成员，激励则越强"的规律，而是存在"亲疏有别"的现象，符合假设 2 预期。

从图 5-2 可以发现，通过文本分析方法，宗法差序关系连线集中在贾母、王夫人、贾宝玉等核心人物，表明这些人物处在《红楼梦》人物的中心，宗法地位较高，与《红楼梦》人物的联系紧密度也较高。

从图 5-3 和表 5-4 可以观察到，越是在派系中心的人物在《红楼梦》中的出场次数越多，如贾宝玉、王熙凤、薛宝钗、贾母等；而在派系中处于非

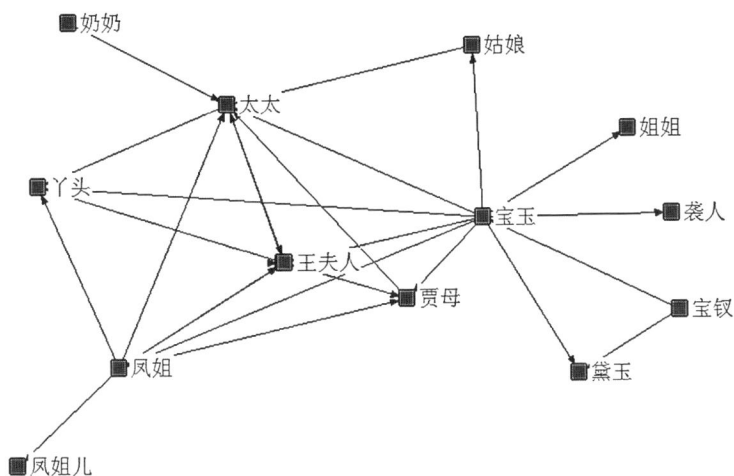

图 5 - 2　文本分析结果

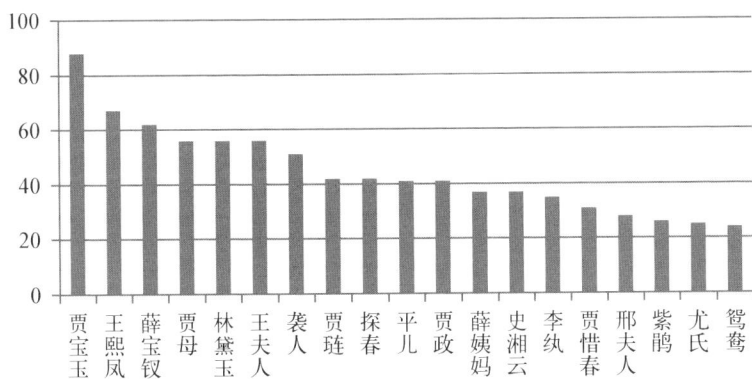

图 5 - 3　《红楼梦》中主要人物的出场次数

重要位置的人物出场次数(频率)也较少,如赵姨娘、薛蟠、贾兰等,说明出场次数与派系中心度在分布上是比较一致的。

表 5 - 4　《红楼梦》中主要人物的出场次数

名　字	出场次数	名　字	出场次数
贾宝玉	88	贾　珍	23
王熙凤	67	麝　月	23
薛宝钗	62	香　菱	22
贾　母	56	贾　赦	21

名　字	出场次数	名　字	出场次数
林黛玉	56	贾　蓉	20
王夫人	56	晴　雯	19
袭　人	51	薛宝琴	19
贾　琏	42	秋　纹	19
探　春	42	贾　环	16
平　儿	41	茗　烟	15
贾　政	41	迎　春	14
薛姨妈	37	周瑞家的	14
史湘云	37	薛　蟠	12
李　纨	35	琥　珀	11
贾惜春	31	赵姨娘	11
邢夫人	28	莺　儿	11
紫　鹃	26	彩　云	11
尤　氏	25	薛　潘	11
鸳　鸯	24	贾　兰	11

　　从表 5-5 四大家族派系分类下的单变量检验同样可以得出上述结论，除主仆、性别外，派系样本中宗法差序关系强度和个体特征因素显著优于非派系样本中相应变量，这说明处于派系之中的人物各方面均优于派系之外，因此大家都愿意挤入某个派系之中。

表 5-5　是否隶属四大家族派系的单变量分组检验

英文 变量名	中文 变量名	非派系 Mean （257）	派系 Mean （129）	Diff
X_1	距离	3.148	2.851	0.297*
X_2	辈分	2.798	2.264	0.534***
X_3	支系	0.011	0.436	-0.425**
X_4	嫡庶	0.082	0.147	-0.065**
X_5	主仆	0.421	0.155	0.256***
PE_1	政治联系	0.047	0.691	-0.644***
PE_2	情感	0.027	0.116	-0.089**

续表

英文 变量名	中文 变量名	非派系 Mean （257）	派系 Mean （129）	Diff
PE₃	喜爱	0.073	0.109	−0.036*
PE₄	性别	0.549	0.354	0.195***
PE₅	出场次数	1.689	8.720	−7.031***

注：***，**，*分别代表在1%、5%、10%水平上显著。

4. 回归分析

首先，《红楼梦》中家族成员的政治联系可能是受世袭封荫自然形成的，也可能是通过其他途径如婚姻、入仕、交往等后天形成的。自然形成的政治联系一般较为稳固和持久，而后天形成的政治联系波动较大。其次，《红楼梦》不同回合涉及家族活动数量和同一活动参与人数的差异，导致内部参与指标所选取的参与家族活动（或决策）频次容易产生非自然放大的误差。因此，本章在稳健性检验中将内部参与指标替换为《红楼梦》中人物出场回合数，次数越多意味着人物涉及内部事务、关系和矛盾也越多。

表5-6列示了宗法差序与权力分配的实证回归结果。表5-6分表A列示的是宗法差序与政治联系的回归结果。从列（1）～列（5）权力分配中政治联系结果可以发现，辈分的系数显著为负（−0.107, $z = -1.90$），由于辈分值越小，辈分越高，辈分和政治联系实际呈正相关关系；直系的系数显著为正（0.750, $z = 9.87$）；嫡系的系数显著为正（0.799, $z = 12.87$）；主仆的系数显著为正（0.919, $z = 20.32$）；男性的系数不显著（0.102, $z = 1.20$）。实证结果表明，宗法差序越强，人物越容易获得（带来）政治联系，直系、主仆的正向效应更为明显且稳定。现实情况可能是宗法差序越强，越容易继承家族荣誉地位，在家族对外事务中发挥作用，获得更多外部权力。

表5-6　宗法差序与权力分配的实证回归结果

分表 A： 变量	政　治　联　系					
	（1）	（2）	（3）	（4）	（5）	（6）
辈分	−0.107*					0.018
	（−1.90）					（0.64）
直系		0.750***				0.121*
		（9.87）				（1.74）

续表

分表A：变量	政治联系					
	(1)	(2)	(3)	(4)	(5)	(6)
嫡系			0.799***			0.050
			(12.87)			(0.58)
主仆				0.919***		0.838***
				(20.32)		(9.16)
男性					0.102	0.017
					(1.20)	(0.64)
常数	0.568**	0.150***	0.148***	0.000***	0.232***	−0.060
	(2.04)	(4.30)	(4.30)	(9.24)	(4.93)	(−0.73)
样本数	127	127	127	127	127	127
拟合优度	0.015	0.381	0.415	0.889	0.012	0.898

分表B：变量	内部参与					
	(1)	(2)	(3)	(4)	(5)	(6)
辈分	−1.046*					−0.830**
	(−1.95)					(−2.25)
直系		2.929***				2.824***
		(4.11)				(3.44)
嫡系			2.764***			1.219
			(2.97)			(1.25)
主仆				1.888***		0.335
				(2.86)		(0.50)
男性					−1.770***	−1.876***
					(−3.36)	(−4.44)
常数	5.343***	1.747***	1.930***	1.743***	2.915***	4.618***
	(3.36)	(6.43)	(7.20)	(6.25)	(8.11)	(4.19)
样本数	127	127	127	127	127	127
拟合优度	0.047	0.232	0.165	0.127	0.107	0.425

注：( )内为 t/z 值，***、**、* 分别代表在1%、5%、10%水平上显著。

表5-6分表 B 列示的是宗法差序与内部参与的回归结果。从列(1)～列(5)权力分配中内部参与结果可以发现，辈分的系数显著为负(−1.046，

$t=-1.95$);直系的系数显著为正($2.929,t=4.11$);嫡系的系数显著为正($2.764,t=2.97$);主仆的系数显著为正($1.888,t=2.86$);男性的系数显著为负($-1.770,t=-3.36$)。实证结果表明,宗法差序越强,人物在《红楼梦》各回合事件中参与度越高,辈分、直系、女性指标的正向效应更为明显,也更容易牵涉内部事务决策,获得更多内部权力。

表5-7列示了宗法差序与组织激励的回归结果。表5-7分表A列示了宗法差序与奖赏的回归结果。从列(1)~列(5)组织激励中奖赏结果可以发现,辈分的系数显著为正($0.153,z=1.93$);直系的系数显著为负(-0.100, $z=-2.34$);嫡系的系数不显著($0.433,z=1.40$);主仆的系数显著为正($0.268,z=1.94$);男性的系数不显著($-0.173,z=-1.57$)。从组织激励中奖赏与宗法差序共同影响的多元回归结果列[见表5-7列(6)]可以发现,辈分的系数显著为正($0.630,z=2.54$);直系的系数显著为负($-1.584,z=-4.08$);主仆的系数显著为正($1.650,z=3.42$);男性的系数显著为负($-0.516,z=-1.78$)。实证结果表明,辈分越高、直系、男性指标与奖赏存在显著负相关关系,即其遇事应该获赏时而未得到赏赐。究其原因可能是当人物处于家族核心地位时,其处事即为决断,故不存在处事好坏之分,同时家族会通过其他形式对其予以补偿,因此在特定事件上也无须奖赏,而宗法差序中的非核心人物越可能因处事得当而获得奖赏,这也体现了正面激励的差序效应,宗法差序与组织激励中奖赏的关系呈现负相关关系。

表5-7 宗法差序与组织激励的实证回归结果

分表A: 变量	奖 赏					
	(1)	(2)	(3)	(4)	(5)	(6)
辈分	0.153* (1.93)					0.630** (2.54)
直系		-0.100** (-2.34)				-1.584*** (-4.08)
嫡系			0.433 (1.40)			0.326 (1.01)
主仆				0.268* (1.94)		1.650*** (3.42)
男性					-0.173 (-1.57)	-0.516* (-1.78)

续表

分表A：变量	奖 赏					
	（1）	（2）	（3）	（4）	（5）	（6）
常数	−0.291	0.217	0.067	0.048	0.240	−1.744**
	（−0.44）	（1.15）	（0.40）	（0.24）	（1.36）	（−2.28）
样本数	40	40	40	40	40	40
拟合优度	0.081	0.030	0.044	0.023	0.009	0.319

分表B：变量	惩 罚					
	（1）	（2）	（3）	（4）	（5）	（6）
辈分	−0.391**					−0.939*
	（−2.19）					（−1.92）
直系		0.009*				1.087
		（1.84）				（1.61）
嫡系			1.501*			3.696***
			（1.83）			（2.72）
主仆				−0.527*		−1.178
				（−1.78）		（−1.17）
男性					0.373	0.115
					（1.70）	（1.18）
常数	−0.501	−0.385***	−0.306***	−0.357**	−0.267**	−0.717
	（−1.10）	（−3.37）	（−2.77）	（−2.60）	（−2.20）	（−1.26）
样本数	71	71	71	71	71	71
拟合优度	0.003	0.070	0.021	0.022	0.049	0.137

注：（ ）内为 t/z 值，***、**、*分别代表在1%、5%、10%水平上显著。

表5−7分表B列示了宗法差序与惩罚的回归结果。从组织激励中惩罚结果列（1）~列（5）可以发现，辈分的系数显著为负（−0.391，$z=−2.19$）；直系的系数显著为正（0.009，$z=1.84$）；嫡系的系数显著为正（1.501，$z=1.83$）；主仆的系数显著为负（−0.527，$z=−1.78$）；男性的系数不显著（0.373，$z=1.70$）。从组织激励中惩罚与宗法差序共同影响的多元回归结果［见表5−7列（6）］可以发现，辈分的系数显著为负（−0.939，$z=−1.92$）；嫡系的系数显著为正（3.696，$z=2.72$）。实证结果表明，辈分越高、嫡出与惩罚存在显著正相关关系，即其遇事应该受罚时更容易受到惩罚。究其原因可能是越

是对家族辈分较高或为嫡出子的核心家族成员进行惩罚,越能够对其他家族成员产生震慑作用;在宗法差序中核心人物关联成员较多,这也加大了遇事出错的概率,而旁系、仆人的受罚概率也较高,但一般会代替受罪。从《红楼梦》实际惩罚情况看,宗法差序与组织激励中惩罚的关系呈现正相关关系。

以上结果验证了本章的假设,即宗法差序与组织激励之间存在"亲疏有别"的现象,即宗法差序中核心成员会得到更少的奖励和更多的惩罚,非核心成员则相反。

5. 调节因素描述性统计

调节变量主要由代表个人对现实认识水平、才华的文化指标和对未来世界向往的信仰指标组成,具体文字描述如下:

(1) 文化即根据《红楼梦》中人物为人处世或他人对其文化识字水平转述予以推断,若识字则为1,不识字则为0(见表5-8)。

(2) 信仰即根据《红楼梦》中主仆有无佛道教教义认识和从教意愿,或是否在院内有所供奉予以推断,若信佛道的为1,否则为0(见表5-8)。

表5-8 各项指标变量一览

因变量(家族治理):Y		
Comp	薪酬	月钱(两数)
Reward	奖赏	该赏则赏为1,该赏未赏为0(封建礼法)
Punish	惩罚	该罚则罚为1,该罚未罚为0(封建礼法)
Result	结局	主人下场为逃避、正常死亡为1,远嫁、非正常死亡为0; 仆人出路为侍妾、世仆为1,被撵出府、非正常死亡为0
自变量(宗法差序关系强度):X		
X_1	宗法距离	与贾母、荣国公相差的辈分亲疏距离
X_2	辈分	贾母同辈为1,贾政同辈为2,宝玉同辈为3,比宝玉低一辈为4
X_3	支系	直系为1,旁系为0
X_4	嫡庶	嫡出为1,庶出为0
X_5	主仆	主子为1,仆人为0
调节变量:MV		
Culture	文化	识字为1,不识字为0
Religion	信仰	主仆信佛道教为1,否则为0

注:其他变量如因变量(家族治理)、自变量(宗法差序关系强度)、控制变量1(个体特征因素)、控制变量2(派系特征因素)。

从表 5-9 来看，全样本有 386 个人物，其中有派系色彩的人物 129 个。从调节效应角度来看，文化和信仰全样本均值分别为 0.101 和 0.293，派系样本分别为 0.163 和 0.450，全样本均值都低于派系样本，表明归属派系的红楼人物在文化和信仰方面有更高的追求，基础底子也比较好。

表 5-9　调节因素描述性统计表

变　量		全　样　本		派系样本	
		样本数	均　值	样本数	均　值
Culture	文化	386	0.101	129	0.163
Religion	信仰	386	0.293	129	0.450

6. 家族治理与调节因素相关系数检验

表 5-10 提供了部分相关变量皮尔森（Pearson）和斯皮尔曼（Spearman）系数，该分析的目的是获得支持假设的初步证据。

表 5-10　家族治理与调节因素相关系数表

变　量	（1）	（2）	（3）	（4）	（5）	（6）
（1）薪酬	1	0.030	−0.210	0.533*	0.541	−0.174
（2）奖赏	0.086	1	−0.178*	−0.337	−0.187	−0.228
（3）惩罚	−0.202	−0.178	1	−0.158	0.024	−0.243
（4）结局	0.446	−0.337	−0.158	1	0.307*	0.216*
（5）文化	0.496**	−0.187	0.024	0.307***	1	−0.156*
（6）信仰	−0.193	−0.228	−0.243	0.216*	−0.156*	1

注：***、**、*分别代表在 1%、5%、10% 水平上显著，上三角为 Spearman 相关系数，下三角为 Pearson 相关系数。

从表 5-10 中可以看出，文化与宗法差序关系指标中的薪酬、结局呈显著正相关，信仰与宗法差序关系指标中的结局呈显著正相关，文化与信仰呈现显著负相关关系；各变量之间的相关系数绝大部分没有超过 0.5，因此变量之间不会产生严重共线性问题。

7. 调节因素单变量分组检验

从表 5-11 四大家族派系分类下调节效应的单变量检验同样可以得出上述结论，文化、信仰派系样本的调节效应显著优于非派系样本。

表 5-11　四大家族派系分类下调节效应的单变量检验

变　量	派系 Mean	非派系 Mean	Diff
文　化	0.16	0.07	0.09***
信　仰	0.45	0.21	0.24***

注：***、**、*分别代表在1%、5%、10%水平上显著。

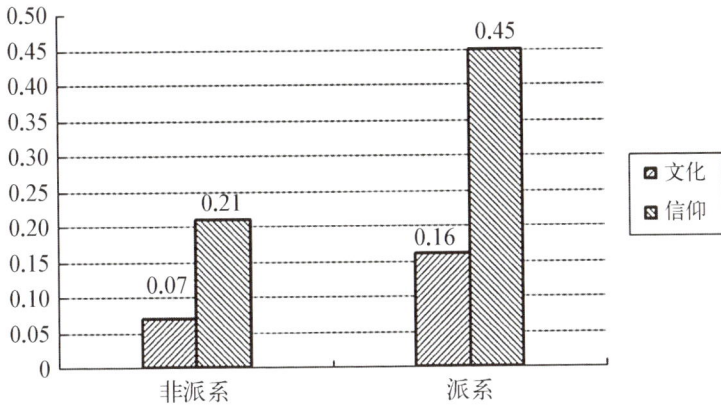

图 5-4　文化、信仰调节因素的派系差异图

8. 多元回归分析

从表 5-12 的结果可以发现，家族治理因素之一的薪酬与宗法差序关系中的宗法距离(X_1)、辈分(X_2)、支系(X_3)和文化的交乘项呈显著正相关（系数分别为 4.419、3.469 和 4.858），这说明宗法差序关系与薪酬的关系随着文化因素的嵌入存在显著正相关关系，文化水平提升了个体的薪酬水平，与上章结果一致，这也验证了本章的假设。

表 5-12　宗法差序关系—薪酬的文化调节效应多元回归

变　量		(1)	(2)	(3)	(4)	(5)
Culture	文化	16.009**	11.702**	-3.469	-1.192	0.330
		[2.70]	[2.11]	[-1.26]	[-0.68]	[0.61]
X_1	距离	0.160				
		[0.40]				
$X_1 *$	距离 *	4.419**				

续表

变 量		（1）	（2）	（3）	（4）	（5）
Culture	文化	［2.46］				
X_2	辈分		−5.129***			
			［−2.80］			
X_2 *	辈分 *		3.469*			
Culture	文化		［1.97］			
X_3	支系			1.003*		
				［1.72］		
X_3 *	支系 *			4.858*		
Culture	文化			［1.69］		
X_4	嫡庶				1.256	
					［1.26］	
X_4 *	嫡庶 *				2.574	
文化	文化				［0.98］	
X_5	主仆					1.090*
						［1.70］
PE_1	政治联系	5.304*	6.427**	8.976***	7.305**	8.270**
		［1.77］	［2.04］	［2.73］	［2.56］	［2.69］
PE_2	情感	−0.642	−0.294	0.167	−0.524	−0.226
		［−0.87］	［−0.41］	［0.24］	［−0.61］	［−0.26］
PE_3	喜爱	0.943*	1.001*	−0.072	0.478	0.573
		［1.75］	［1.78］	［−0.12］	［0.69］	［0.88］
PE_4	性别	−0.735	0.648	−0.893	−0.723	−0.882
		［−0.63］	［0.48］	［−0.79］	［−0.62］	［−1.15］
PE_5	提及次数	−0.047	−0.182	0.030	0.134	0.014
		［−0.45］	［−1.41］	［0.36］	［0.96］	［0.15］
GE_1	家族	−1.440*	−1.438*	−0.252	1.076	−0.974
	忠诚度	［−1.76］	［−1.88］	［−0.42］	［−1.34］	［−1.24］
GE_2	内部	1.225*	1.154	0.398	1.417	1.056
	忠诚度	［1.85］	［1.65］	［0.50］	［1.55］	［1.20］
GE_3	对外	0.467	0.573	−0.077	0.278	0.104
	活跃度	［0.88］	［1.17］	［−0.18］	［0.45］	［0.18］
GE_4	地位及受	0.673	0.472	−0.242	0.265	0.152
	逢迎度	［0.98］	［0.98］	［−0.56］	［0.47］	［0.27］

续表

变　量		（1）	（2）	（3）	（4）	（5）
Constant	常数	−0.687	15.578**	1.753	−0.565	0.636
		[−0.49]	[2.71]	[1.00]	[−0.22]	[0.27]
N	样本数	71	71	71	71	71
Adj_R²	拟合优度	0.591	0.694	0.681	0.609	0.578
F value	卡方	1.264	4.817	2.356	2.204	2.095

注：[　]内为 t/z 值，***、**、*、† 分别代表在 1%、5%、10%、20% 水平上显著。

家族治理因素之一的奖赏与宗法差序关系中的宗法距离（X_1）、辈分（X_2）、支系（X_3）、嫡庶（X_4）和文化的交乘项呈显著正相关（系数分别为 8.787、9.381、71.119 和 27.146），这说明宗法差序关系与奖赏的关系随着文化因素的嵌入存在显著正相关关系，文化提升了个体的奖赏水平，宗法差序关系自身和控制变量显著水平和方向与上章结果一致，结果验证了本章的假设。

表 5 - 13　宗法差序关系—奖赏的文化调节效应多元回归

变　量		（1）	（2）	（3）	（4）	（5）
Culture	文化	−27.53**	−3.956	30.139***	−7.614***	−30.105
		[2.12]	[−1.02]	[11.52]	[−5.14]	[−0.00]
X_1	距离	2.903***				
		[5.00]				
$X_1 *$ Culture	距离 * 文化	8.787***				
		[21.29]				
X_2	辈分		−14.004***			
			[−29.30]			
$X_2 *$ Culture	辈分 * 文化		9.381***			
			[21.36]			
X_3	支系			32.656***		
				[17.07]		
$X_3 *$ Culture	支系 * 文化			71.119***		
				[18.88]		
X_4	嫡庶				−11.690***	
					[−6.34]	

变　量		（1）	（2）	（3）	（4）	（5）
$X_4 *$ Culture	嫡庶 * 文化				27.146*** ［16.17］	
X_5	主仆					16.475*** ［11.12］
PE_1	政治联系	56.167*** ［38.18］	36.719*** ［33.55］	33.294 ［0.74］	30.132 ［0.13］	32.151*** ［22.47］
PE_2	情感	−11.689*** ［−4.48］	−39.151*** ［−22.37］	−52.994*** ［−15.59］	−55.303*** ［−16.25］	−64.925 ［−0.00］
PE_3	喜爱	64.029*** ［24.16］	5.421*** ［2.72］	66.407*** ［28.32］	69.465*** ［29.42］	17.213*** ［11.10］
PE_4	性别	21.064*** ［15.80］	−33.733*** ［−23.84］	−49.993*** ［−18.85］	−42.900*** ［−15.67］	−37.764 ［−0.00］
PE_5	提及次数	0.595 ［1.60］	0.343 ［0.79］	3.420*** ［8.60］	3.697*** ［9.29］	6.807 ［0.00］
GE_1	家族忠诚度	−22.628*** ［−29.93］	−42.746*** ［−26.96］	−75.682*** ［−27.80］	−70.066*** ［−24.93］	−2.826*** ［−3.31］
GE_2	内部忠诚度	−4.827** ［−2.07］	13.014*** ［10.21］	39.196*** ［24.86］	31.756*** ［18.52］	0.752 ［0.94］
GE_3	对外活跃度	−5.378*** ［−4.38］	−26.084*** ［−13.76］	−43.463*** ［−20.69］	−45.780*** ［−21.76］	−2.750** ［−2.36］
GE_4	地位及 受逢迎度	13.166*** ［23.19］	27.011*** ［34.27］	39.183*** ［26.03］	36.291*** ［23.46］	0.691 ［1.23］
Constant	常数	−55.838*** ［−13.58］	0.066 ［0.03］	−53.976*** ［−17.84］	−37.554*** ［−11.34］	−181.679 ［0.86］
N	样本数	129	129	129	129	129
Pseudo.R^2	拟合优度	0.813	0.898	0.937	0.835	0.898
LL value	似然值	2.249	2.250	1.386	3.636	2.249

注：［ ］内为 t/z 值，***、**、*、† 分别代表在 1%、5%、10%、20% 水平上显著。

　　从表 5 - 14 的结果可以发现，家族治理因素之一的惩罚与宗法差序关系中的宗法距离（X_1）、支系（X_3）和文化的交乘项呈显著正相关（系数分别为 1.220 和 5.091），这说明宗法差序关系中宗法距离越远、直系成员与惩罚的关系随着文化因素的嵌入存在显著正相关关系，文化没有免除这类人员的受罚程度，但是其他宗法差序关系变量结果不显著，这说明文化对惩罚的影响并不直接和关键，宗法差序关系自身和控制变量显著水平和方向与上章结果一致。惩罚主要还是受到宗法差序关系自身和个人及派系特征因素的影响,结果验证了本章的假设。

表 5-14 宗法差序关系—惩罚的文化调节效应多元回归

变 量		(1)	(2)	(3)	(4)	(5)
Culture	文化	−5.136*	−2.495	−1.941	−0.621	−0.959
		[−1.93]	[−0.70]	[−1.21]	[−0.56]	[−0.61]
X_1	距离	−0.920*				
		[−1.67]				
X_1* Culture	距离* 文化	1.220* [1.68]				
X_2	辈分		−1.981*			
			[−1.84]			
X_2* Culture	辈分* 文化		0.574 [0.49]			
X_3	支系			−4.112***		
				[−3.50]		
X_3* Culture	支系* 文化			5.091** [2.16]		
X_4	嫡庶				−0.110	
					[−0.07]	
X_4* Culture	嫡庶* 文化				−0.457 [−0.25]	
X_5	主仆					−0.132
						[−0.10]
PE_1	政治联系	−1.561	−2.794***	−2.909	−1.760	−1.812*
		[−1.47]	[−3.11]	[−1.56]	[−1.64]	[−1.72]
PE_2	情感	−1.310	−1.107	−0.217	−1.081	−1.105
		[−0.51]	[−0.43]	[−0.16]	[−0.42]	[−0.43]
PE_3	喜爱	0.372	0.911	0.163	0.546	0.534
		[0.15]	[0.36]	[0.12]	[0.22]	[0.22]
PE_4	性别	−1.095	−0.721	0.038	−0.567	−0.516
		[−1.00]	[−0.85]	[0.02]	[−0.54]	[−0.48]
PE_5	提及次数	0.013	0.018	0.073	−0.034	−0.022
		[0.05]	[0.08]	[0.26]	[−0.15]	[−0.10]

变　量		（1）	（2）	（3）	（4）	（5）
GE₁	家族	−1.656**	−1.644***	−1.134**	−0.908**	−0.940**
	忠诚度	［−2.43］	［−2.94］	［−2.18］	［−2.00］	［−2.10］
GE₂	内部	1.280***	1.221**	1.078*	0.991**	1.028**
	忠诚度	［2.90］	［2.48］	［1.74］	［2.03］	［2.14］
GE₃	对外	1.012*	1.000**	0.504	0.483	0.532
	活跃度	［1.93］	［2.35］	［1.17］	［1.10］	［1.26］
GE₄	地位及	1.115*	0.653	0.071	0.165	0.186
	受逢迎度	［1.78］	［1.35］	［0.12］	［0.34］	［0.40］
Constant	常数	1.996	6.588**	3.049*	1.923	1.774
		［0.91］	［2.05］	［1.86］	［1.09］	［1.10］
N	样本数	129	129	129	129	129
Pseudo.R²	拟合优度	0.256	0.265	0.350	0.199	0.197
LL value	似然值	24.86	28.59	25.30	31.15	31.22

注：［ ］内为 t/z 值，***、**、*、† 分别代表在1%、5%、10%、20%水平上显著。

从表5-15的结果可以发现，家族治理因素之一的结局与宗法差序关系中的辈分（X₂）、支系（X₃）和文化的交乘项显著相关（系数分别为17.227和−18.466），这说明宗法差序关系中辈分越低、旁系成员与结局的关系随着文化因素的嵌入而有所改善，但是其他宗法差序关系变量的结果不显著。这说明文化对结局的影响并不稳定，宗法差序关系自身显著水平和方向与上章结果一致，结果验证了本章的假设。

表5-15　宗法差序关系—结局的文化调节效应多元回归

变　量		（1）	（2）	（3）	（4）	（5）
Culture	文化	1.286	−50.249***	16.877***	−15.735***	−14.386***
		［0.44］	［−11.09］	［12.87］	［−11.14］	［−7.59］
X₁	距离	0.112				
		［0.20］				
X₁ *	距离 *	0.350				
Culture	文化	［0.38］				
X₂	辈分		−17.148***			
			［−14.94］			

续表

变　量		（1）	（2）	（3）	（4）	（5）
$X_2 *$	辈分 *		17.227***			
Culture	文化		［9.38］			
X_3	支系			3.714***		
				［2.97］		
$X_3 *$	支系 *			−18.466***		
Culture	文化			［−9.46］		
X_4	嫡庶				19.318***	
					［10.54］	
X_5	主仆					16.610***
						［10.92］
PE_2	情感	1.073	0.850	0.841	26.310***	1.091
		［1.07］	［0.67］	［0.83］	［8.70］	［1.03］
PE_3	喜爱	−0.715	−0.575	−1.065	−25.421***	−0.888
		［−0.65］	［−0.45］	［−0.85］	［−7.28］	［−0.76］
PE_4	性别	−0.332	0.835	1.278	42.104***	0.685
		［−0.18］	［0.79］	［1.26］	［11.96］	［0.57］
PE_5	提及次数	−0.197	−0.273	−0.212	−0.139	−0.240
		［−0.77］	［−0.93］	［−0.86］	［−0.38］	［−0.96］
GE_1	家族	9.527***	0.470	0.141	10.660***	0.580
	忠诚度	［12.59］	［0.89］	［0.28］	［9.87］	［1.00］
GE_2	内部	−14.448***	−0.585	−0.265	−16.634***	−1.006
	忠诚度	［−10.68］	［−0.82］	［−0.36］	［−10.13］	［−1.11］
GE_3	对外	−1.593	−0.161	0.126	−1.968	0.416
	活跃度	［−0.76］	［−0.25］	［0.19］	［−0.07］	［0.54］
GE_4	地位及	0.942	0.398	0.876*	0.118	1.019
	受逢迎度	［0.56］	［1.03］	［1.91］	［0.08］	［1.60］
Constant	常数	−1.905	48.703***	−1.532***	−12.585**	−5.295
		［−1.07］	［10.07］	［−2.71］	［−2.06］	［−1.58］
N	样本数	48	48	48	48	48
Peseudo.R^2	拟合优度	0.171	0.215	0.197	0.291	0.207
LL value	似然值	18.48	19.85	20.33	17.94	20.06

注：［　］内为 t/z 值，*** 、** 、* 、† 分别代表在 1%、5%、10%、20% 水平上显著。

本 章 小 结

本章通过对《红楼梦》的文本进行量化分析，研究中国传统文化下宗法差序对组织激励的影响，试图解释当今中国关系结构下中国社会现象广泛存在的历史根源，以及关系结构作为一个双向权利义务（而非单向）的存在。研究发现，家族治理出自礼法，而宗法差序则包含辈分、直系、嫡庶、主仆、性别等；宗法差序在权力分配上表现在外部政治联系和内部参与决策的同向对称性，即宗法差序与政治联系获取的外部权力、内部事务参与的内部权力存在显著的正相关关系。而在获得组织激励方面存在差异，呈现出"亲疏有别"的非对称性，具体表现为：① 宗法差序与奖赏情况存在显著负相关关系，宗法差序中对家族核心成员进行奖励的影响较弱，反而可以提升对家族非核心成员的奖赏水平，其中辈分高、直系、主人的效应更为明显，究其原因可能是当人物处于家族核心地位时，其处事即决断，不存在处事好坏之分，同时家族会通过其他形式对其予以补偿，因此在特定事件上也无须奖赏，而非家族核心人物越能因处事得当而得赏，体现了正面激励的差序效应。② 宗法差序与惩罚情况存在显著正相关关系，对家族核心成员进行惩罚能够对其他家族成员产生震慑作用，辈分高、嫡出、主人的效应更为明显，究其原因可能是越是对家族辈分较高或嫡出的核心人物进行惩罚，越能够对其他家族成员产生震慑作用，而且也说明关系结构中亲近的双方有着更高的信任和期待，符合期待本是题中之义，无须再奖，而辜负信任和期待的代价，较之于关系结构中更疏远的一方，会高出甚多；且在宗法差序中核心人物关联的成员较多，这也加大了遇事出错的概率，而旁系、仆人受罚的概率也较高，但一般以代人受罪居多。《红楼梦》中宗法差序对组织激励的影响是显著存在的，其正反面效果也基本符合预期，这也体现了宗法差序在家族治理中的重要性。

本章是沿着"公司治理—家族企业治理—家族治理"这一脉络展开的，采用《红楼梦》文本进行量化分析，研究中国根本性制度——传统礼法的表现、演化对家族人际的影响以及宗法差序关系与家族治理的历史价值，解释中国政治、社会、经济、文化迅猛发展的深层次本源问题。研究发现，家族治理成因系出自礼法，而礼法来自宗法距离、辈分、支系、嫡庶、主仆等宗法差序关系；宗法差序关系对家族治理的影响分析得出，宗法差序关系可以影响家族中的个体的价值观和行为，有较强宗法差序关系的成员面临超额收益或遇错保护及不同后果等治理效应；宗法差序关系对家族治理的调节因素分析可知两者相互作用受到才华、信仰等因素的调节。

本章检验了家族治理机制中的宗法差序关系,研究发现派系样本在宗法差序关系上的强度高于全样本,派系人物的确拥有更强的宗法差序关系,表明派系人物更加符合礼法及拥有更高地位。在多元回归中,个人特征如政治联系、情感与出场次数从不同维度反映了宗法差序关系对其的显著影响。《红楼梦》家族人物特征、行为的形成受各维度宗法差序关系影响的效应也比较统一。因此,宗法差序关系越强,则越容易获得政治联系,充当派系领袖的角色,在家族对外事务中发挥宗主权力的作用;不易与核心人物产生较强烈的情感,因其承担着更多的家族事务,容易形成纠缠不清的利益冲突和矛盾;容易与家族远亲或仆人发生爱慕关系,成为派系领袖和利益聚集体;出场次数越多也更容易被牵入内部矛盾当中。宗法距离越远、辈分越高、嫡出的家族成员越能产生较强的忠诚度,这些人物受到家族庇护更多,家族一旦有事,其处境也比较艰难,因此他们更愿意为家族尽忠;辈分越高、嫡出的家族成员在派系内部也越能产生较强的忠诚度,这些人物在派系内更希望能受到庇护,因此更愿意为派系尽忠,继而为家族尽忠;宗法差序关系并未完全影响到人物的对外交往,对外交往还是取决于派系本身的结构和活跃度;宗法距离越远、辈分越高、嫡出的家族成员越能获得较高的家族地位及被逢迎。由此现实启示在于关系越强的派系(圈子)人物越容易获得政治联系,从而发挥领袖作用,也容易受到外人的追捧和依附,但是要防止被当成"出头鸟"和"替罪羊",应保持良好的忠诚度,才能获得较高的地位和被尊重。

本章检验家族治理效果中的宗法差序关系,研究发现:除惩罚、结局外,全样本均值都低于派系样本,表明归属派系的红楼人物得到了较好的治理效应。在多元回归中,宗法差序关系越强薪酬越高,宗法距离越远、辈分越低、直系、嫡出、主人遇事该赏时都得到赏赐,遇事该罚时更容易受到惩罚。原因可能是当人物所处家族位分较高时,其处事即决断,不存在处事好坏之分,无须奖赏;而辈分低的人物其宗法差序关系越强越能因处事得赏,也越能获得宗族长辈的喜欢,对其惩罚也越能起到震慑作用,且其所带领的派系成员也较多,加大了遇事出错的概率,辈分低时宗法差序关系强的核心人物反而更容易被"杀鸡儆猴"。宗法距离越远、辈分越低、直系、嫡出、主人这类人物最终结局相对较好,家族一旦遇事,宗法差序关系中位高的更容易受到冲击,难以全身而退,而关系远的人物则早早作鸟兽散,相对处境稍好一些。在《红楼梦》中,直系、嫡出的主人大多在贾府覆灭前已经做了相应安排,但是无法顾及所有贾家成员,因此旁支和庶出的成员或以家族利益的名义被家族牺牲掉，或因分得的财产等有限而处境更为悲凉。《红楼梦》中，宗法差序关系强弱对家族治理的影响是显著存在的，其正反面效应也是符合预期的，体现了宗法差序关系在家族治理中的重要性。由此对现实的启示意义在于，宗法差序关系越强的人物可以获得较高的薪酬，如果地位较高则无赏罚之忧，但是一旦遇事其后果也是比较严重的，不如地位低的虽然遇事有赏有罚，有可能被家族牺牲，但是只要处事谨慎、得当，也是可以全身而退的。

第六章 亲缘差序关系与
家族企业治理

第一节 亲缘差距之于股权持有

一、家族企业治理之趋势

关于"家族企业"研究,自兰斯伯格等[①]提出家族企业定义以来,经历了一场范式革命和研究热潮。家族企业与其他类型企业的显著差别在于家庭涉入企业的运作,家庭拥有所有权和控制权。丘吉尔和哈滕[②]认为家庭涉入还包括家族成员继任问题。家族企业的定义是持有大部分股权并在财务政策、资源分配和人员选拔方面有重要决策权的企业创始人及其最亲密合伙人(和家族)成立的企业。克里斯曼等[③]认为家族企业是为了塑造和追求家族的愿景,由一个或以上家族控制管理,期望能世代相传的企业。范博宏[④]则认为家族企业是指有多位血缘关系的家族成员参与经营(严格定义为家族成员控制多数股权和至少一代传承)的企业。"公司治理"是一种"保证投资者从其投资中得到收益的机制设计",可以防止经营者行使机会主义和降低代理成本[⑤]。公司治理的类型目前主要有以下两类:一类是以美英为代表的市场导向型,另一类是以日德为代表的银行导向型。通过不

① LANSBERG I, PERROW E L, ROGOLSKY S. Family business as an emerging field[J]. Family Business Review, 1988, 1(1): 1 - 8.
② CHURCHILL N C, HATTEN K J. Non-market-based transfers of wealth and power: a research framework for family business[J]. American Journal of Small Business, 1987, 10(1): 53 - 67.
③ CHRISMAN J J, CHUA J H, SHARMA P. Defining the family business by behavior[J]. Entrepreneurship Theory and Practice, 1999, 23(4): 19 - 39.
④ 范博宏.关键世代: 走出华人家族企业传承之困[M].北京: 东方出版社,2012.
⑤ SHLEIFER A, VISHNY R W. A survey of corporate governance[J]. The Journal of Finance, 1997, 52(2): 737 - 783.

同类型的公司治理机制最小化代理成本，使其按照投资者利益经营企业，从而实现企业价值最大化①。

中国家族企业研究是在家族企业迅猛发展的经济条件下兴起的，虽然引发了学术圈广泛的关注和思考，但尚未形成一股研究热潮，且近些年来有降温趋势。李新春②认为"在缺乏对家族制度深入了解的情况下，对中国经济特别是企业组织的发展将是难以准确把握的"。"长期忽视对家族企业的研究，可以说是我国经济学和管理学界的一大缺陷。"③魏志华等④借鉴国外家族企业研究综述，结合文献计量分析的方法，发现与国外研究相比尚存在着研究主题相似、仅关注家族企业内部和跨学科研究少见等共性。中国家族企业治理研究由此陷入了一种"瓶颈"。

那么，中西方制度环境的差异在家族企业治理中间发挥了何种作用？范博宏⑤提出了"西方的家族治理工具能适用于中国的家族吗？"这一疑问。西方的家族治理工具并没有在华人家族中被广泛采用，可能的原因是中国人沿用传统的家长制进行垂直权威管理。依赖家长权威的家族治理相对效率更高，但是家长会犯错，尤其不适应现代日趋复杂的商业环境。在西方，法制和信托相对比较完善，家族或其成员依靠持有一定股份和董事席位就可以完成对家族企业的控制和治理，完善的法制和信托能够充分保障家族成员合法享受企业权利和剩余收益。像罗斯菲尔德家族、福特家族、菲亚特家族乃至丰田家族等一系列商业家族，由于外部制度保证和内部财富集中，没有严格的家族治理也可以保证家族企业基业长兴，当然也存在《普利兹克家族：家族信托之殇》一文中描述的家族股权信托在家族不和谐的前提下将家族后代都绑在信托内出现令信托创始人不愿见到的后果。家族信托能够成功的重要条件是良好的家族治理调和家族受益人的关系与利益，否则家族纷争将拖垮企业。长期以来，法律、信托等正式制度的不完善，使得中国家族企业（商业世家）很容易受冲击而消亡，但是诸如科举世家、功勋世家、政治世家等家族随着他们的姓氏千百年长期留存。中国大家族（宗族）可以发展到九世至十三世同堂，但是受到当时经济条件等约束，在延续三四代之后，家族就将面临分家，继而演变成一族或一宗。即便如此像琅琊王

①　KHAN A H. Corporate governance: the limits of the principal - agent approach in light of the family - based corporate governance system in Asia[J]. CIRJE F-series, 2001(6)：1 - 68.

②　李新春.企业战略网络的生成发展与市场转型[J].经济研究,1998(4)：70 - 78.

③　储小平.家族企业研究：一个具有现代意义的话题[J].中国社会科学,2000(5)：51 - 58.

④　魏志华,林亚清,吴育辉,等.家族企业研究：一个文献计量分析[J].经济学（季刊）,2013 (10)：28 - 56.

⑤　范博宏.关键世代：走出华人家族企业传承之困[M].北京：东方出版社,2012.

氏、曲阜孔氏、陇西李氏等家族,仍不时出现若干风云人物,以此佐证家族的存在性。家族内部宗法制下重视家族成员的个人培养和发展定位也是这种现象能够长期存在的关键因素,而这些都离不开优良的家族治理。

二、差序之于家族企业治理的影响

家族企业概念自兰斯伯格等[①]提出以来经历了一场范式革命。在现实中,全球家族所有企业或家族控制企业在所有上市企业中占到近 90%,在世界 500 强的企业中,家族企业也普遍存在[②]。在外部法律制度供给不足的情况下,即使在家族成员能力不及同级别职业经理人的时候,企业还是会选择由家族成员掌握控制权[③]。家族企业治理机制因此成为较差的正式法律制度的替代性制度[④]。菲斯曼[⑤]和法西奥等[⑥]发现在腐败较严重的国家,家族企业通过联姻等亲缘纽带很容易建立起与政治势力的社会关系[⑦]。中国家族或企业主控制的民营企业发展迅猛。福布斯 2015 年中国家族企业调查报告显示,1 485 家 A 股上市民营企业中,家族企业占比为 50.3%,成为民营资本中的重要群体。经济学家关于中国独角兽企业的报道,发现中国民营企业拥有顽强生命力、超乎寻常的体量和儒家与历史结合商业精神,民营企业不俗的表现,加之家族企业第二代传承浪潮的兴起,公司治理问题再次引起关注。虽然家族企业代理成本较低,然而其代际传承的价值损毁却是巨大的。范博宏和罗绮萍[⑧]发现继承过程中家族企业的财富约有 60% 市值蒸发,打造一套持久有效的企业治理模式,是企业经营成败的关键。因此,家族企业基业若要长青必须做到关系有序、传承有序,这就使得建立良好的家族治理机制尤为重要。

① LANSBERG I, PERROW E L, ROGOLSKY S. Family business as an emerging field[J]. Family Business Review, 1988, 1(1): 1-8.
② FACCIO M, LANG L. The ultimate ownership of Western European corporations[J]. Journal of Financial Economics, 2002(65): 365-395.
③ BURKART M, PANUNZI F, SHLEIFER A. Family firms[J]. Journal of Finance, 2003, 58(5): 2167-2202.
④ HOLMEN M, HÖGFELDT P. A law and finance analysis of initial public offerings[J]. Journal of Financial Intermediation, 2004, 13(3): 324-358.
⑤ FISMAN R. Estimating the value of politicsal connections[J]. American Economic Review, 2001, 91(4): 1095-1102.
⑥ FACCIO M, MASULIS R W, MCCONNELL J. Politicsal connections and corporate bailouts[J]. The Journal of Finance, 2006, 61(6): 2597-2635.
⑦ MORCK R, YEUNG B. Family control and the rent-seeking society[J]. Entrepreneurship Theory and Practice, 2004, 28(4): 391-409.
⑧ 范博宏,罗绮萍.家族企业价值为何在继承中蒸发六成?[J].新财富,2009(12): 52-55.

公司治理研究出现了国内外同质化现象,中国家族企业体内存在着割舍不断的家族基因,家族使命的多元化使得家族成员和家族资源该如何进入家族各个组织,家族文化与家族各个组织存在何种关系。基于此,定位于挖掘家族治理中亲缘关系的机制和效应,研究亲缘关系和家族治理两者因果关系的设想应运而生。研究中国家族企业,尤其是百年长兴的老字号企业是否受到家族内的影响,则不可避免地需要对家族进行深入研究。然而已有研究尚未从根本上触及家族企业治理的基础,即对家族及家族成员治理机制进行挖掘和思考,这也从侧面说明了家族企业治理研究需要立足家族治理,而目前家族治理的根本为何这一研究盲点还有待完善。

第二节 "亲缘减持"假设

一、理论分析

由于家族企业所有权与控制权高度合一,因而普遍认为家族公司治理不存在严重的委托代理问题。家族控制作为一种内部治理机制,高度的控制权能够给企业带来更有效的管理和对经理人的监督,便于利用激励机制给企业文化和企业精神带来积极的促进作用,降低传统代理的成本。李新春等[1]在比较了家族企业和国有企业治理后认为:"就家族企业而言,激励机制对企业家精神具有显著正向促进作用,保健机制则表现为不作为或失灵;就国有企业而言,激励机制对企业家精神无显著影响,保健机制则对企业家精神具有较为显著的'倒U形'作用。"家族企业第一位的代理冲突存在于企业所有者与经理人之间,在民营上市公司中表现为流通股与非流通股的股权割裂。苏启林和朱文[2]研究发现,在股权集中度、金字塔式控股、控制权与现金流权偏离等方面民营上市公司存在着代理冲突。贺小刚和连燕玲[3]认为影响家族上市公司治理效率的重要因素是家族成员内部的权威集中度,家族权威过强或过弱都不利于企业价值再造。所有权越集中越利于价值创造,管理权越集中于家族成员则财务绩效显著降低。此外,申明

① 李新春,苏琦,董文卓.公司治理与企业家精神[J].经济研究,2006(2):57－68.
② 苏启林,朱文.上市公司家族控制与企业价值[J].经济研究,2003(8):36－45.
③ 贺小刚,连燕玲.家族权威与企业价值:基于家族上市公司的实证研究[J].经济研究,2009(4):90－102.

浩①分析"民营上市公司也存在隧道行为,且资本家家族企业的隧道行为动机和强度远远高于企业家家族企业"。在法律制度缺失的情况下,企业通过雇佣家族成员以降低经理人道德风险已成为次优解,即使在家族成员能力不及同级别职业经理人的时候,企业还是会选择由家族成员掌握控制权②。当然法律对投资者保护不力又反过来进一步强化家族控股③,最终导致强大的家族企业盛行和商业家族与政府的广泛合作④。家族控制企业在世界各国非常普遍,这些控股家族对企业的控制权远远超过他们的现金流权⑤。虽然家族企业的代理成本较低,然而其代际传承的价值损毁却是巨大的。通过拆解和保存企业文化(企业核心价值观、创业者能力与创意、政商关系等特殊资产),打造一套持久有效的企业治理模式,是企业经营成功的关键。因此,良好的家族企业治理又显得尤为重要。

不同于传统公司治理对企业目标的认定主要是基于利润、股东价值(经济利益)最大化,对于家族而言,经济利益只是众多利益集合中的一小部分,而非最根本的利益,因为这些利益的维护和传承取决于政治联系的牢固和稳定程度。李新春⑥认为"在中国,家庭是一个堡垒,家庭本位被认为是中国社会的特色之一。中国家族对于个人来说同时是生产、消费、教育、保险以及生活和情感的小社会。内部强大的凝聚力和信任关系,对于家族成员参与生产十分重要,这就是家族的事业。血脉相继,家业不断兴旺,是以家族为单位的社会长期追求的目标"。任何制度发挥作用都需要背后的伦理作为支撑,完善的家族治理也不例外,也需要与家族文化相辅相成。钱穆⑦指出:"一个大门第,决非全赖于外在之权势与财力,而能保泰持盈达于数百年之久;更非清虚与奢汰所能使闺门雍睦,子弟循谨,维持此门户于不衰。当时(六朝时期)极重家教门风,孝弟妇德,皆从两汉儒学传来。"西方强调个人权利与平等,家族决定(议)主要以投票形式在家族合议中形成。中国儒家文化传统不同于西方,大家长通过家族赋予的权威来调解家族内部纠

① 申明浩.治理结构对家族股东隧道行为的影响分析[J].经济研究,2008(6):135-143.
② BURKART M, PANUNZI F, SHLEIFER A. Family firms[J]. Journal of Finance, 2003, 58(5): 2167-2202.
③ SHLEIFER A, VISHNY R W. A survey of corporate governance[J]. The Journal of Finance, 1997, 52(2): 737-783.
④ MORCK R K, STANGELAND D A, YEUNG B. Inherited wealth, corporate control and economic growth: the Canadian disease[R]. National Bureau of Economic Research, 1998.
⑤ LA-PORTA R, LOPEZ-DE-SILANES F, SHLEIFER A. Corporate ownership around the world[J]. Journal of Finance, 1999, 54(2): 471-517.
⑥ 李新春.企业战略网络的生成发展与市场转型[J].经济研究,1998(4):70-78.
⑦ 钱穆.国史大纲[M].北京:商务印书馆,1996.

纷。家族又是一个非自愿组织,家族成员自然加入而无法中途退出的现实,使得其需要对家族生存、门楣光耀和家族利益负责。在人一统的中国古代,伴随着正式制度与非正式制度,如察举制度、科举制度、留洋求学制度、考试制度等,促成了一种比较单一的向上的社会动力,形成了以家族为中心的关系网络。为了增加家族间异质性交换机会,增加家族财富,家族必定会推动家族成员离开所在的家、宗,走入更加广阔的社会去取得成功①。只有认识到"家族传承"与"企业传承"的不同意义,了解家族治理与家族公司治理的区别所在,才能发挥家族的核心作用,树立家族基本权威,实现有效的"家族传承"。

在已有的科学理论和研究成果的基础上,本节重点研究以下理论问题:家族企业公司治理中的差序关系距离导致的机制选择差异和关系型契约弹性在实践层面上如何影响公司治理的结果? 在选择所有权问题上如何影响关系型契约的设计与执行。关系型产权契约在家族企业所有权结构安排(初创融资与减持优化)过程是否遵循了差序格局? 在家族企业中,家族企业内部成员差序关系距离是否导致不同股权结构安排,因此产生公司治理效果差异?

二、假设提出

1. 差序关系与民营企业的内部人减持

在差序格局下,每个人都以自己为中心结成网络。在中国社会中,社群是一个边界模糊且富有弹性的概念,成员是否被纳入一个特定的社群取决于其与处于该社群中心位置者之间关系的亲疏远近。在创业初期,企业面临着各种潜在风险,投资者对创始人需要绝对的信任和支持才能创业成功。从民营企业创始资本融资角度而言,信任嵌入差序格局之中,导致成员的经济行为也嵌入这种亲疏分明的网络式的信任结构之中。不难发现,与家族企业创始人差序关系越近的成员越容易被说服而自愿提供资本,继而形成关系型产权契约。当然关系越近以后,可能是某一人持股,父子、夫妻出资可能是一人合并持股,而兄弟、远亲、同乡即使出资,可能出资比例也小。随着股权代持审查制度的严格推行,各自持股已成为常态。因此在所有权结构安排中,基于差序格局的影响,关系越近,被允许吸纳的资本也就越多。差序关系及其距离远近在创始上市初期形成了成员筹资持股比例分布差异,体现了初创融资的差序文化。

在民营企业成长的过程中,伴随着时间的推移,规模和产业格局的调

---

① 翟学伟.中国人的关系原理[M].北京:北京大学出版社,2011.

整,需要更多的外部投资者以满足公司治理需求,关系型产权契约也会发生相应的变化,内部成员之间的代理冲突也有重要影响。伯特兰等①指出创始人后裔之间存在利益冲突,家族成员为了挤占其他成员的利益而竞相侵占公司资源,从而导致上市公司价值受损。为了减轻社会关系上的负担,亲密社群中最怕"算人情账"。因此,为了寻回企业的天然优势,需要重新明确民营企业的亲缘地缘边界,让股权重新回归到核心成员所在群体,差序关系作为一种价值观将发挥重要作用。差序格局强调的是群体中核心成员和其他人的关系亲疏决定了每个人在群体里的重要性,解决成员之间的代理冲突的一种可能路径是股权核心化。股权流动方向、专有资产的特征传递具有身份特征,因此差序关系及其远近在上市后期所有权减持(或退出)过程,形成了关系距离近的逐步收回或挤出距离远的成员持股现象,体现了减持退出的差序文化。基于以上理论分析,我们推出以下假设:

假设1:其他条件不变,与企业创始人(实际控制人)亲缘关系越近的成员,其在公司遭遇负面事件时减持时间越早。

2. 在家族企业和非家族企业的异质性影响

社会关系扎根在家族、学校、组织和单位。中国人的关系奠基在儒家文化之上,市场嵌入在关系之中,是关系这片土壤上的生长之物。基于中国社会结构,关系在契约签订、治理效率、信息传递方面的作用仍然较大。与西方"小政府、大市场"不同,中国在实施国家战略过程中控制了经济、政治、文化空间,通过宏观政策、政府管制等手段,社会关系如何运用于政治联系发展?高管与官员政治网络是如何建立的?代理冲突是否妨碍了社会关系的价值发挥?如何缓解?以上制度环境的差异使得美国的治理机制不完全适合中国,中国有隐性的最优治埋机制,这一机制来自关系。儒家文化注重道德完善的自我追求,面对自己的无利而行,重视人的自我身心内外的协调,其极力倡导智、义、仁、信、礼。孔子曰:德之不修,学之不讲,闻义而不能徙,不善不能改,是吾忧也。儒家的"仁",即爱人,惠民,施于民而能济众,不仅体现在处理一般的人际关系上,更重要的是以民为重、以社稷为重的社会责任意识。儒家主张"兼相爱、交相利""君子喻于义,小人喻于利",人无信不立。因此,诚信、仁爱与奉献始终是儒家文化的核心价值观。儒家强调以道德规范约束自己的行为,要求"慎独"。这种自我克制、自我斗争的

① BERTRAND M, JOHNSON S, SAMPHANTHARAK K, et al. Mixing family with business: a study of Thai business groups and the families behind them[J]. Journal of Financial Economics, 2008(88): 466 – 498.

品格,对成就一个人非常重要。由此引出文化传统对关系型产权契约和激励契约之间的相互作用的影响程度问题。基于以上理论分析,我们推出以下假设:

假设2(家族与非家族):其他条件不变,相较于家族企业,亲缘关系与减持时间的关系在非家族企业中表现更为明显。

第三节　研究设计与实证检验

一、样本选择与数据来源

本章以2005—2018年民营上市公司为初始研究样本,首先筛选出在上市期间经历过由正常经营状态转变为特殊处理状态(ST、*ST)的公司,在此基础上进一步筛选出公司在进入特殊处理状态前有与实际控制人具备亲属关系的内部人(包括董事、监事、高级管理人员及其家属)减持的企业样本。经统计,共有118个符合上述条件的企业,在公司进入特殊处理状态前共涉及5 390个内部人减持事件,以此作为本章的最终研究样本。

本章实证研究使用的公司层面数据来自国泰安数据库和CNRDS数据库。现有数据库披露的内部人减持,仅披露减持人与公司董事、监事、高级管理人员的亲属关系,无法直接获取内部减持人与实际控制人的亲属关系,故这部分数据根据上市公司定期报告、互联网检索等方式手工搜集整理而得。

二、模型设计与变量设定

本章以上市公司进入特殊处理状态为研究事件,以事件发生前内部人通过二级市场减持本公司股票为观测样本,设置如下模型检验亲缘关系对内部人减持的影响:

$$Dategap = \alpha_0 + \alpha_1 * Qscode + \alpha_2 * Controls + Year_{FE} + Industry_{FE} + \varepsilon \tag{6-1}$$

其中,被解释变量Dategap为内部人提前减持时间,用内部人减持与公司进入特殊处理状态的相隔天数加1再取自然对数进行度量。该变量数值越大,表示减持时间越早。

被解释变量Qscode为减持人与实际控制人的亲缘关系,本章分别用

Qscode1 和 Qscode2 进行度量。具体地,Qscode1 为虚拟变量,当减持人与实际控制人具备亲属关系时,则取值为 1,否则取值为 0。Qscode2 用 Hamilton 广义亲缘系数度量减持人与实际控制人的亲属关系远近。Hamilton 亲缘系数反映了 2 个个体之间总体上有多少比率的基因是相同的。假设自身的基因总数为 1,则父子、母子和兄弟姐妹之间有 0.5 的基因是相同的;祖孙、叔侄、舅甥之间有 0.25 的基因是相同的;表兄妹之间有 0.125 的基因是相同的。王明琳等①在上述血亲关系度量的基础上纳入夫妻间的姻亲关系,将夫妻之间的亲缘系数也设定为 0.5。根据上述方法建立起包括血亲关系和姻亲关系在内的广义亲缘系数,可推算出度量亲属关系的 2 个个体之间的亲缘关系。例如,翁婿关系,可用父女关系亲缘系数(0.5)乘以夫妻关系亲缘系数(0.5),即为 0.25。本章先确定减持人与实际控制人的亲属关系,再根据以上计算法则计算出减持人与实际控制人的亲缘关系系数,得到 Qscode2 的取值。

控制变量参考了罗宏和黄婉②的做法,控制了公司特征和治理特征方面的变量。公司特征变量包括:资产规模(Size)、总资产净利率(ROA);治理特征变量包括:第一大股东持股比例(Firshare)、高管持股比例(Tmshare)、独立董事占比(Ind)。

本章实证回归使用的连续变量均在 1% 和 99% 的水平上进行了 Winsorize 处理,最终使用 5 390 个"公司—人"观测值。

三、实证检验

1. 描述性统计

表 6-1 报告了主要变量的描述性统计。被解释变量 Dategap 的均值为 7.479,最小值为 4.754。根据计算可知,在公司进入特殊处理状态前,内部人平均提前 1 769 天减持公司股票,最晚的内部人减持提前了约 115 天。这表明,内部人通常能够较早地掌握公司发展的真实情况,能够凭借信息优势在坏消息来临前提前抛售股票,避免损失。解释变量 Qscode1 的均值为 0.119,表明在回归样本中有 11.9% 的内部人与公司实际控制人具备亲属关系。控制变量 ROA 的均值为 0.012,表明样本公司的平均经营业绩仅维持在微利边缘,与本章使用样本的实际情况相符。

---

① 王明琳,徐萌娜,王河森.利他行为能够降低代理成本吗?:基于家族企业中亲缘利他行为的实证研究[J].经济研究,2014(3):144-157.
② 罗宏,黄婉.多个大股东并存对高管机会主义减持的影响研究[J].管理世界,2020,36(8):163-178.

表6-1 主要变量的描述性统计

variable	N	mean	sd	min	p50	max
Dategap	5 390	7.479	0.729	4.754	7.627	8.488
Qscode1	5 390	0.119	0.292	0.000	0.000	1.000
Qscode2	5 390	0.169	0.375	0.000	0.000	1.000
Size	5 390	21.317	0.919	19.692	21.239	23.791
ROA	5 390	0.012	0.123	−0.602	0.028	0.249
Firshare	5 390	0.292	0.129	0.081	0.264	0.620
Tmshare	5 390	0.150	0.163	0.000	0.081	0.580
Ind	5 390	0.368	0.051	0.333	0.333	0.571

表6-2 报告了主要变量相关性分析的结果。从表6-2中可以看到，解释变量 Qscode1 与 Qscode2 的 Spearman 相关系数为 0.995，在 1% 的水平显著。2 个解释变量与被解释变量 Dategap 的 Spearman 相关系数分别为 −0.031 和 −0.029，均在 5% 的显著性水平上负相关。这表明，内部人与实际控制人的亲缘关系越近，在公司负面事件发生前减持股票的时间越早。本章的假说得到了初步的支持。

表6-2 主要变量的相关系数矩阵

	Dategap	Qscode1	Qscode2	Size	ROA	Firshare	Tmshare	Ind
Dategap	1							
Qscode1	−0.031**	1						
Qscode2	−0.029**	0.995***	1					
Size	−0.424***	0.073***	0.086***	1				
ROA	0.479***	−0.082***	−0.081***	−0.058***	1			
Firshare	0.142***	0.086***	0.098***	0.126***	0.134***	1		
Tmshare	0.159***	0.064***	0.067***	−0.091***	0.121***	0.050***	1	
Ind	−0.018	0.114***	0.103***	−0.102***	−0.145***	0.079***	−0.011	1

注：***、**、*分别表示在 1%、5% 和 10% 水平上显著。

2. 回归结果

表6-3 报告了内部人与实际控制人的亲缘关系对于减持时间影响的回归结果。其中，表格的第(1)列和第(2)列用虚拟变量 Qscode1 度量减持

人与实际控制人是否具有亲缘关系,表格的第(3)列和第(4)列用变量
Qscode2度量减持人与实际控制人的亲缘关系远近程度。表格的第(1)列
和第(3)列仅在回归中加入解释变量和年度、行业虚拟变量,表格的第(2)
列和第(4)列在回归中加入了所有的控制变量。可以看到,解释变量
Qscode1和Qscode2均与被解释变量Dategap呈负相关,且通过了显著性检
验。这一结果表明,内部人与实际控制人的亲缘关系影响了其减持时间。
在公司负面事件发生前,与实际控制人的亲缘关系越近,内部人的减持时间
越早。

表6-3 亲缘关系对减持时间的影响

	(1)	(2)	(3)	(4)
	Dategap	Dategap	Dategap	Dategap
Qscode1	0.049**	0.055***		
	(0.021)	(0.019)		
Qscode2			0.064**	0.092***
			(0.026)	(0.023)
Size		−0.072***		−0.071***
		(0.009)		(0.009)
ROA		2.464***		2.471***
		(0.095)		(0.095)
Firshare		0.860***		0.864***
		(0.055)		(0.055)
Tmshare		0.247***		0.244***
		(0.039)		(0.039)
Ind		0.566***		0.546***
		(0.142)		(0.142)
Constant	8.423***	9.184***	8.423***	9.162***
	(0.077)	(0.212)	(0.077)	(0.211)
Year & Industry	YES	YES	YES	YES
Adj_R^2	0.407	0.549	0.407	0.549
N	5 390	5 390	5 390	5 390

注:① 括号内为稳健标准误;
② ***、**、*分别表示在1%、5%和10%水平上显著。

3. 拓展性研究

上述结果表明,在公司即将发生重大负面事件时,内部人能够通过与实

际控制人的亲缘关系提前获取信息，通过尽早减持股票以避免投资损失。然而，对于在中国民营经济中占据重要地位的家族企业而言，这一旦利动机或许并不尽然。

已有文献指出，家族企业不仅仅给家族成员提供了重要的经济收益，也提供了家族控制、家庭声誉等非经济收益。因此，维持家族对企业的长期控制、保持家族企业基业长青，是家族企业区别于非家族企业的重要特征①。在此目标导向下，家族企业中的家族成员通常呈现出较高程度的利他主义和较低的短期自利主义。这意味着，当企业面临负面事件时，家族企业可能呈现出与非家族企业不一样的行为特征。

基于此，本章将回归分析中使用的民营企业进一步区分为家族企业和非家族企业，分别使用模型(1)进行分组回归。定义分组变量 Family，当民营企业的实际控制人可追溯至唯一的自然人或自然人家族，且该自然人或自然人家族在上市公司的持股比例超过 15% 时，则将该民营企业定义为家族企业，Family 取值为 1，否则即为非家族企业，Family 取值为 0。

表 6-4 报告了分组回归的结果。表 6-4 的第(1)列和第(2)列以 Qscode1 为被解释变量，可以看到 Qscode1 与 Dategap 的正相关仅体现在非家族企业组中。表 6-4 的第(3)列和第(4)列以 Qscode2 为被解释变量，虽然在家族企业组和非家族企业组中均发现了 Qscode2 与 Dategap 的正相关关系，但是在非家族企业组中有着更高的回归系数，且这一系数差异通过了 Suest 检验。上述结果表明，相较于家族企业，亲缘关系与减持时间的正相关关系在非家族企业中更为显著。

表 6-4　亲缘关系对减持时间的影响：家族企业与非家族企业的分组检验

	(1)	(2)	(3)	(4)
	Dategap	Dategap	Dategap	Dategap
	Family = 1	Family = 0	Family = 1	Family = 0
Qscode1	0.007	0.243***		
	(0.021)	(0.043)		
Qscode2			0.054**	0.220***
			(0.027)	(0.049)

① 陈德球，肖泽忠，董志勇.家族控制权结构与银行信贷合约：寻租还是效率？[J].管理世界,2013(9)：130-143.

续表

	（1）	（2）	（3）	（4）
	Dategap	Dategap	Dategap	Dategap
	Family = 1	Family = 0	Family = 1	Family = 0
Size	−0.057***	−0.165***	−0.057***	−0.165***
	（0.010）	（0.031）	（0.010）	（0.031）
ROA	1.983***	2.591***	2.001***	2.608***
	（0.122）	（0.159）	（0.122）	（0.160）
Firshare	0.512***	3.450***	0.506***	3.468***
	（0.064）	（0.223）	（0.063）	（0.226）
Tmshare	0.271***	−0.574***	0.265***	−0.591***
	（0.040）	（0.138）	（0.040）	（0.139）
Ind	1.123***	2.487***	1.094***	2.500***
	（0.190）	（0.286）	（0.190）	（0.288）
Constant	8.696***	10.642***	8.708***	10.635***
	（0.247）	（0.613）	（0.245）	（0.615）
Suest	（1）−（2）：12.16***		（3）−（4）：4.92**	
Year & Industry	YES	YES	YES	YES
Adj_R^2	0.551	0.675	0.551	0.672
N	4 167	1 223	4 167	1 223

注：① 括号内为稳健标准误；
　　② ***、**、*分别表示在1%、5%和10%水平上显著。

　　为了避免家族企业和非家族企业2组样本可观测特征的系统性差异导致回归结果的偏差，本章使用倾向得分匹配法（PSM）提供进一步的实证证据。具体而言，以模型（1）中可能影响减持时间的因素（Size、ROA、Firshare、Tmshare、Ind）为自变量，进行 probit 回归估计，然后使用卡尺内1：1最近邻匹配法进行匹配，获取匹配样本。将匹配样本进行分组回归，结果如表6-5所示。可以看到，使用 PSM 匹配样本进行分组回归时，不论解释变量是 Qscode1 还是 Qscode2，亲缘关系与减持时间的正相关关系均只体现在非家族企业样本组中。这与上述全样本的分组回归结论基本一致。

　　4. 机制分析

　　（1）市场化程度。

　　本章以分组变量 Market 表示公司所在地区的市场化程度，将回归样本

表 6 - 5 亲缘关系对减持时间的影响：家族企业与
非家族企业的 PSM 样本分组检验

	（1）	（2）	（3）	（4）
	Dategap	Dategap	Dategap	Dategap
	Family = 1	Family = 0	Family = 1	Family = 0
Qscode1	−0.007	0.243 ***		
	（0.024）	（0.058）		
Qscode2			0.037	0.181 ***
			（0.029）	（0.069）
Size	−0.053 ***	−0.199 ***	−0.054 ***	−0.081
	（0.012）	（0.038）	（0.012）	（0.050）
ROA	1.978 ***	1.813 ***	1.997 ***	2.365 ***
	（0.133）	（0.126）	（0.134）	（0.219）
Firshare	0.616 ***	3.662 ***	0.597 ***	3.079 ***
	（0.084）	（0.372）	（0.084）	（0.266）
Tmshare	0.386 ***	0.908 ***	0.375 ***	−0.242 *
	（0.060）	（0.172）	（0.060）	（0.146）
Ind	0.898 ***	−0.793	0.882 ***	−0.684
	（0.207）	（0.849）	（0.206）	（0.666）
Constant	8.782 ***	10.109 ***	8.798 ***	7.715 ***
	（0.283）	（0.850）	（0.280）	（1.094）
Adj_R^2	0.517	0.761	0.518	0.799
N	3 599	657	3 603	702

注：① 括号内为稳健标准误；
② ***、**、*分别表示在 1%、5% 和 10% 水平上显著。

按照公司所在地区的市场化程度高低划分为 2 组。地区的市场化程度，则使用王小鲁等编制的《中国分省份市场化指数报告（2021）》，以各省份 2018 年的市场化指数进行度量。首先计算回归样本的市场化程度的中位数，将市场化程度高于样本中位数的观测定义为市场化程度较高组，Market 取值为 1，否则即为市场化程度较低组，Market 取值为 0。

表 6 - 6 报告了分组回归的结果。其中，表 6 - 6 的第（1）列和第（2）列以 Qscode1 为解释变量，第（3）列和第（4）列以 Qscode2 为解释变量。由表

6-6可知,亲缘关系与减持时间之间的正相关关系仅存在于市场化程度较低的组别中。

表6-6　亲缘关系对减持时间的影响：根据市场化程度高低分组检验

	（1）	（2）	（3）	（4）
	Dategap	Dategap	Dategap	Dategap
	Market = 1	Market = 0	Market = 1	Market = 0
Qscode1	0.013	0.072***		
	(0.026)	(0.025)		
Qscode2			0.047	0.117***
			(0.031)	(0.034)
Size	-0.063***	-0.059***	-0.064***	-0.057***
	(0.015)	(0.014)	(0.015)	(0.014)
ROA	2.734***	2.274***	2.730***	2.287***
	(0.167)	(0.127)	(0.167)	(0.128)
Firshare	0.658***	0.981***	0.666***	0.983***
	(0.095)	(0.082)	(0.095)	(0.081)
Tmshare	-0.095	0.327***	-0.094	0.325***
	(0.078)	(0.051)	(0.077)	(0.051)
Ind	0.717***	0.432**	0.673***	0.419**
	(0.242)	(0.191)	(0.244)	(0.190)
Constant	8.803***	8.615***	8.842***	8.575***
	(0.335)	(0.344)	(0.333)	(0.344)
Adj_R^2	0.579	0.575	0.579	0.575
N	2 386	3 004	2 386	3 004

注：① 括号内为稳健标准误；
② ***、**、* 分别表示在1%、5%和10%水平上显著。

（2）公司信息透明度。

根据前文的理论分析,内部人与实际控制人的亲缘关系越近,越能够获得与公司实际经营情况相关的信息,从而能够在负面事件发生前尽早抛售股票,避免经济损失。若这一逻辑成立,那么我们应该观察到,在信息透明度比较高的公司,内部人通过亲缘关系获取内部信息的需求相对较少,亲缘关系对股票减持的影响也相对较小。

基于上述分析，本章用分组变量 Trans 表示公司信息透明度，将回归样本按照公司信息透明度的高低分为 2 组，分别使用模型（1）进行分组回归。参考徐浩峰等①的做法，采用深证交易所公布的上市公司信息披露考评结果作为公司信息透明度的度量指标。当深交所信息披露考核等级为"优秀"和"良好"时，表示公司的信息透明度较高，Trans 取值为 1；当考核等级为"及格"和"不及格"时，表示公司的信息透明度较低，Trans 取值为 0。

表 6 - 7 报告了分组回归的结果。其中，表 6 - 7 的第（1）列和第（2）列以 Qscode1 为解释变量，第（3）列和第（4）列以 Qscode2 为解释变量。可以看到，亲缘关系与减持时间之间的正相关关系仅存在于信息透明度较低的组别中。这一结果支持了本章的基本逻辑，即公司内部信息可通过与实际控制人的亲缘关系向外传递，体现为在公司负面事件爆发前尽早减持股票。

表 6 - 7　亲缘关系对减持时间的影响：根据公司信息透明度高低分组检验

	（1）	（2）	（3）	（4）
	Dategap	Dategap	Dategap	Dategap
	Trans = 1	Trans = 0	Trans = 1	Trans = 0
Qscode1	-0.045**	0.150***		
	(0.019)	(0.033)		
Qscode2			-0.026	0.201***
			(0.025)	(0.042)
Size	-0.054***	-0.005	-0.056***	0.003
	(0.009)	(0.021)	(0.009)	(0.021)
ROA	3.177***	1.744***	3.182***	1.751***
	(0.184)	(0.140)	(0.186)	(0.140)
Firshare	0.410***	2.179***	0.410***	2.209***
	(0.054)	(0.144)	(0.055)	(0.142)

① 徐浩峰,高峰,项志杰,等.信息透明度与机构投资者的周期性交易[J].管理科学学报,2022,25(11)：69 - 84.

续表

	（1）	（2）	（3）	（4）
	Dategap	Dategap	Dategap	Dategap
	Trans = 1	Trans = 0	Trans = 1	Trans = 0
Tmshare	0.076*	−0.073	0.079**	−0.070
	（0.039）	（0.095）	（0.039）	（0.095）
Ind	0.518***	1.163***	0.511***	1.176***
	（0.148）	（0.277）	（0.148）	（0.278）
Constant	8.859***	5.663***	8.885***	5.499***
	（0.209）	（0.468）	（0.209）	（0.467）
Adj_R^2	0.527	0.602	0.527	0.603
N	3 381	1 863	3 381	1 863

注：① 括号内为稳健标准误；
　　② ***、**、*分别表示在1%、5%和10%水平上显著。

（3）公司所在地的信任程度。

本章指出,内部人能够通过与实际控制人的亲缘关系及时获取与企业真实情况相关的信息,进而做出有利于自身经济利益最大化的行为决策。然而,通过亲缘关系传递的信息能否影响个体的行动,还受到亲缘关系间信任程度的影响。

中国社会的信任体现为基于家族的特殊信任。在家族内部或者由此延伸出来的合作团体中存在较高程度的信任,而在家族外则体现为较低程度的信任,从而体现出"内外有别"的差序信任结构。中国幅员辽阔,不同地区家族内的信任关系结构也存在着差异。如果一个地区的信任程度较高,意味着该地区家族成员之间有着较高的信任程度,通过亲缘关系传递的信息更可能被认定为是真实可靠的;反之,在一个信任程度较低的地区,持股人即便通过亲缘关系获取了企业经营相关的内部信息,也未必会完全相信其真实性,从而不会对此做出明显的反应。因此,在信任程度较高的地区,亲缘关系对减持时间的影响更大。

基于上述分析,本章以分组变量 Trust 表示公司所在城市的信任程度,将回归样本按照公司所在地信任程度的高低分为 2 组,分别使用模型（1）进行分组回归。其中,信任程度采用地区无偿献血率作为公司所在城市的信任程度的度量指标。该数值取值越高,表明该地区的信任程度越高。首先计算回归样本的无偿献血率的中位数,将公司所在城市的无偿献血率高于样本中位数的观测定义为地区信任程度较高组,Trust 取值为 1,否则即为地区信任程度较低组,Trust 取值为 0。

表 6-8 报告了分组回归的结果。其中,表 6-8 的第(1)列和第(2)列以 Qscode1 为解释变量,第(3)列和第(4)列以 Qscode2 为解释变量,可以看到,亲缘关系与减持时间之间的正相关关系仅存在于地区信任程度较高的组别中。这一结果表明,公司内部信息的传递虽然受到亲缘关系的影响,但能否转换为持股人的实际行动还受到亲缘关系间信任程度的影响。在地区信任程度较高的样本中,通过亲缘关系传递的信息更容易转变为实际的行动。

表 6-8 亲缘关系对减持时间的影响：根据公司
所在城市信任程度高低分组检验

	(1)	(2)	(3)	(4)
	Dategap	Dategap	Dategap	Dategap
	Trust = 1	Trust = 0	Trust = 1	Trust = 0
Qscode1	0.208***	−0.072***		
	(0.027)	(0.023)		
Qscode2			0.296***	−0.025
			(0.036)	(0.028)
Size	−0.143***	−0.028**	−0.134***	−0.030**
	(0.020)	(0.012)	(0.020)	(0.012)
ROA	2.856***	2.205***	2.899***	2.205***
	(0.168)	(0.127)	(0.169)	(0.127)
Firshare	0.647***	1.248***	0.667***	1.228***
	(0.116)	(0.067)	(0.116)	(0.067)
Tmshare	0.211***	0.228***	0.197***	0.215***
	(0.064)	(0.048)	(0.064)	(0.047)
Ind	1.542***	−0.301**	1.508***	−0.314**
	(0.290)	(0.152)	(0.290)	(0.152)
Constant	10.073***	8.202***	9.894***	8.219***
	(0.449)	(0.298)	(0.444)	(0.296)
Adj_R^2	0.558	0.646	0.559	0.645
N	2 550	2 721	2 550	2 721

本 章 小 结

本章基于关系型产权契约在家族企业所有权结构安排（初创融资与减持优化）过程是否遵循了差序格局；在家族企业中，内部成员差序关系距离是否导致不同股权结构安排，由此产生公司治理效果差异。

研究发现：与企业创始人（实际控制人）亲缘关系越近的成员，其在公司遭遇负面事件时减持时间越早。相较于家族企业，亲缘关系与减持时间之间的关系在非家族企业中表现得更为明显。在公司即将发生重大负面事件时，内部人能够通过与实际控制人的亲缘关系获取信息，通过尽早减持股票以避免投资损失。然而，对于在中国民营经济中占据重要地位的家族企业而言，这一自利动机或许并不尽然。同时，从市场化程度、信息透明度、地区信任水平等异质性进行调节，结果依然符合预期。

第七章 业缘差序关系与公司外部治理

第一节 高管业缘之于投资、审计

一、业缘差序关系对公司治理中企业投资效率影响

经济转型过程中,以市场化为基本特征的经济改革创造了中国经济高速增长的奇迹。投资作为拉动中国经济增长的引擎功不可没。然而,经济高速增长的背后却存在着"高投资—低效率"问题。这是因为我国早期的经济增长是一种以高污染和高能耗为代价的外延式粗放型增长,在很大程度上是靠大规模投资来推动,而微观企业自身的投资效率却不尽如人意。古格勒等①研究发现中国上市公司的投资效率排在 61 个样本国家中的倒数第 5 位。辛清泉等②的研究表明,1999—2004 年中国上市公司的累计资本投资回报率仅为 2.6%,远低于资本成本——5% 左右的银行贷款利率。徐玉德和周玮③通过测算中国上市公司 2000—2008 年的资本边际投资效率,发现样本投资收益仅为投资成本的一半左右。企业的投资低效率不仅影响企业价值成长,更会对宏观经济平稳增长造成损害,从而制约我国经济的可持续发展。因此,作为推动我国经济高速增长的三驾马车之一的投资活动,一直是实务界和理论界关注与研究的热点。

企业面临的预算软约束和内部治理效率是影响企业投资决策及投资效率低下的主要因素。在新兴市场国家中,外部市场和中介组织不发达、政府

---

① GUGLER K, YURTOGLU B B. Average q, marginal q, and the relation between ownership and performance[J]. Economics Letters, 2004, 78(3): 379–384.

② 辛清泉,林斌,王彦超. 政府控制、经理薪酬与资本投资[J]. 经济研究, 2007(8): 110–122.

③ 徐玉德,周玮. 不同资本结构与所有权安排下的投资效率测度:来自我国 A 股市场的经验证据[J]. 中国工业经济, 2009(11): 131–140.

对产权的保护不力以及政府过度干预等问题,都会导致企业无法通过市场竞争和价格机制有效地实现资源的最优配置。因此,企业会通过参与企业集团这一介于科层和市场之间的中间组织,内部化部分市场交易,相对有效地排除外部交易的不确定性,并通过减少信息不对称使交易双方彼此可以形成相对稳定的预期,进而提高交易效率①。这种企业集团也可以看作是企业为了获取投资所需资金而构建的一种差序关系网络。而差序关系网络在中国制度背景下对资源配置有着非常重要的作用②。由于管理者经常需要做出他们并不了解成本和收益的决策,他们惯常的做法并不是通过研究或者试验进行理性选择,而是依赖于从自身所处的社会网络中成员之间的口头交流中获取信息③。因此,这种社会网络带来的决策外部性有可能造成企业管理者为了个人利益最大化而效仿社会网络中其他企业的投资决策,从而造成企业的非效率投资。而企业非效率投资活动具体分为两种:一种是投资过度,另一种则是投资不足。关于非效率投资行为的成因有两类理论:代理问题和融资约束理论。基于代理理论,经理人为了通过控制更多资源获取更大的个人利益,会盲目地追求投资规模而非投资效率,造成过度投资,这种行为被称为"经理帝国主义"(empire-building)④。因此,在现金流权与控制权分离的企业,经理人可以通过新增投资获得私人收益,即使新增投资 NPV(净现值)为负,在自由现金流允许的情况下,企业也会投资该类项目。而从经理的个人成本角度来解释企业的投资不足行为,他们认为新项目的启动需要企业经理投入更多的精力并承担更多的责任,如学习新知识以便管理新项目并对其进行有效监管⑤。因此,如果新投资会给经理人带来较高的个人成本,经理人就会放弃一些 NPV 为正值的投资项目,从而导致公司投资不足。融资约束理论则认为公司融资难问题是导致企业投资不足的主要原因。由于资本市场上的信息不对称和逆向选择问题,资本持有者会要求企业支付风险溢价,致使外部融资成本往往要高于内部资金成本,或者企业自身负债过多,都使得公司难以借入资金或不敢借入

① WILLIAMSON O. The economic institutions of capitalism: firms, markets, relational contracting [M]. New York: The Free Press,1985.

② 王永钦.声誉、承诺与组织形式[M].上海:上海人民出版社,2005.

③ ELLISON G, FUDENBERG D. Word-of-mouth communication and social learning[J]. Quarterly Journal of Economics, 1995, 110(1): 93 - 125.

④ STULZ R. Managerial discretion and OPTIMAL financing policies[J]. Journal of Financial Economics, 1990, 26(1): 3 - 27.

⑤ AGGARWAL R K, SAMWICK A A. Why do managers diversify their firms? Agency reconsidered [J]. Journal of Finance, 2003, 58(1): 71 - 118.

资金,形成"融资约束",从而导致投资通常低于最佳水平①。

相关研究认为影响投资效率的因素有企业控制权②、管理层激励③、公司治理结构④、债务约束⑤、会计信息质量⑥、盈余管理⑦、管理者个体特征和政府干预⑧等方面,鲜少有文献从制度安排视角考察企业投资效率并区分不同制度安排对其影响程度。

二、业缘差序关系对公司治理中审计质量影响

已有研究表明,无论是在发达市场还是在新兴市场,审计都可以有效治理代理问题,它不仅可以直接作为公司代理问题的内部监督机制发挥作用,还可以部分替代外部法律制度不健全或执行效果不佳而发挥外部治理作用⑨。因此,外部审计监督的研究成为一个重要议题。已有关于外部审计监督影响因素的研究发现：企业特征,如企业规模、董事会特征、公司治理状况、财务状况、盈余管理⑩,审计师特征,如事务所品牌、审计师个人特征、审计师之前出具意见情况等方面⑪,都会对审计监督产生显著影响。这些研究拓展了对外部审计监督影响因素的认知,有助于投资者和监管者对审计监督的结果——审计监督质量有更深的理解。相关研究认为,公司规模、成立年限、上市年限、审计委员会效率、治理机制健全度、财

---

① MYERS S C. Determinants of corporate borrowing[J]. Journal of Financial Economics, 1977, 5(2): 147－175.

② 徐玉德,周玮.不同资本结构与所有权安排下的投资效率测度：来自我国 A 股市场的经验证据[J].中国工业经济,2009(11): 131－140.

③ AGGARWAL R K, SAMWICK A A. Why do managers diversify their firms? Agency reconsidered [J]. Journal of Finance, 2003, 58(1): 71－118.

④ 柳建华,卢锐,孙亮.公司章程中董事会对外投资权限的设置与企业投资效率：基于公司章程自治的视角[J].管理世界,2015(7): 130－142.

⑤ 唐雪松,周晓苏,马如静.上市公司过度投资行为及其制约机制的实证研究[J].会计研究,2007(7): 44－52.

⑥ 李青原,陈超.产权保护、信贷机会、所有权结构与公司投资：来自中国制造业企业的经验数据[J].会计论坛,2009(2): 3－8.

⑦ 刘慧龙,王成方,吴联生.决策权配置、盈余管理与投资效率[J].经济研究,2014, 49(8): 93－106

⑧ 黄海杰,吕长江,EDWARD LEE."四万亿投资"政策对企业投资效率的影响[J].会计研究,2016(2): 51－57.

⑨ 雷光勇,李书锋,王秀娟.政治关联、审计师选择与公司价值[J].管理世界,2009(7): 145－155

⑩ 伍利娜.盈余管理对审计费用影响分析：来自中国上市公司首次审计费用披露的证据[J].会计研究,2003(12): 39－44.

⑪ 杜兴强,郭剑花.审计师变更与审计意见购买：一项经验研究[J].山西财经大学学报,2008,30(11): 101－106.

务状况、财务报告与交易复杂度、成长速度、并购重组、董事会与审计委员会成员构成以及新聘用的财务总监的职业能力等因素都会对企业内部控制产生重要影响。

三、研究发现与贡献

笔者手工收集整理中国 A 股上市公司 2010—2021 年拥有共同管理层成员的业缘差序关系网络数据,结合上市公司财务和治理经验数据,分别考察业缘差序关系对企业投资效率、外部审计质量以及内部控制质量的影响效果,探索作为非正式制度安排的差序关系的作用机制。本章通过考察非正式制度安排对企业投资行为及效率、外部审计治理和内部控制质量的影响,为理解制度安排对企业投资活动以及内外部质量影响的重要性提供了新证据。中国的市场机制及其制度尚未完善,地方政府的治理能力往往不能为企业的可持续发展提供有效的制度保障与资源配置效率,而非正式制度安排——差序关系网络这种关系治理在转轨经济中成为提升企业投资效率、内外部治理质量的一种重要途径。

本研究的贡献在于:第一,将社会网络理论引入企业投资行为的研究框架中,通过考察不同制度安排对企业投资行为及效率的影响,差序关系网络这种关系治理在转轨经济中成为提升企业投资效率的一种重要途径,为理解制度安排对企业投资活动影响的重要性提供了新证据。第二,将社会资本理论引入企业内部治理及控制机制的研究框架中,关系治理有助于企业提升内部控制质量,为理解制度安排对企业内部治理效率提升的重要性提供了新证据。第三,将关系治理引入外部审计监督相关研究中,高管差序关系网络对审计意见、审计收费存在显著影响,进一步为审计可以有效解决企业内部代理问题、发挥外部治理作用提供了经验证据,验证了非正式制度的政治内生性,即非正式制度安排是正式制度安排的衍生品。

第二节 "连锁高管"假设

一、差序关系与公司投资效率

高管在不同企业的连锁任职形成了企业间的关系网络,而这一网络有效促进了企业间的信息交流和资源共享,不仅提升了企业信息获取的有效程度和传递速度,使管理层能及时有效制定决策,实施有效监控,提高公司治理有效性进而提升公司价值①；还提高了企业获取资源的速度与效率，有效约束了企业非效率投资行为②。然而，差序关系网络对企业投资行为的影响效果取决于高管在不同企业之间的关系纽带，企业共享的纽带越多，投资决策越相似。网络中心度亦是影响企业投资效率的积极因素。然而，现有基于中国情境的研究仅考虑了独立董事连锁任职的网络③和风险投资所嵌入的股东网络④。事实上，企业的投资决策往往是内部管理者的决策行为，因此，基于中国特有经济特征与关系文化情况，考察企业差序关系网络（尤其是内部管理者如 CEO、内部董事在企业外部构建的网络）对企业投资效率的影响更有意义。

　　差序关系网络可以帮助网络成员获得社会资本以及信息渠道。高管通过连锁任职建立的网络往往是企业缓解因正式制度安排导致的外部融资约束，避免投资不足的重要途径。高管可以通过自身的沟通与协调，促进网络成员企业之间资源共享，既有助于减少企业融资过程中的交易成本，也为企业提供了融资保证。相对而言，处于较大规模社会网络中的公司，其获取资源的渠道更广，信息更全，交易成本更低，更易获得融资且数额较大⑤。与此同时，网络外部性（网络成员之间的行为效仿）所产生的决策行为优势趋同性也能有效抑制企业的代理问题，管理层通过从其外部任职构建的网络中获取更多关于投资决策行为的信息，可以对企业经理人的投资决策做出更好的评判和监督，并效仿网络成员中更为有效的投资活动，有效避免了经理人为追逐个人利益或降低个人成本而导致的投资过度或投资不足。因此，积极构建差序关系网络是企业提升投资效率的重要途径。基于此，提出以下假设：

　　假设 1：业缘差序关系规模越大，企业投资效率越高。

二、差序关系与公司外部审计监督

　　实证研究发现，具备盈余管理、财务危机、债务违约、法律诉讼等特征的

---

① ELLISON G, FUDENBERG D. Rules of thumb for social learning [J]. Journal of Political Economy, 1993(4): 612 - 643.

② UZZI B. The sources and consequences of embeddedness for the economic performance of organizations: the network effect[J]. American Sociological Review, 1996(4): 674 - 698.

③ 谢德仁，陈运森.董事网络：定义、特征和计量[J].会计研究,2012(3): 44 - 51.

④ 蔡宁，何星.社会网络能够促进风险投资的"增值"作用吗?：基于风险投资网络与上市公司投资效率的研究[J].金融研究,2015(12): 178 - 193.

⑤ KHWAJA A I, MIAN A, QAMAR A. The value of business networks[R]. Harvard University Working Paper, 2008.

企业,获得非标审计意见的概率更高①。上市公司具有通过变更审计师实施购买审计意见的动机②。陈杰平等③基于会计数据管制政策,发现当上市公司为迎合监管当局对会计数据要求而实施盈余管理时,审计师预期诉讼成本增加,从而导致非标准审计意见。伍利娜和朱春艳④发现股权分置改革后审计师一定程度上配合上市公司实现了向上的盈余管理及审计意见购买。申慧慧⑤从公司股权结构的角度发现环境不确定性所带来的风险,促使审计师出具更多的非标审计意见以降低可能的损失赔偿。薄仙慧和吴联生⑥发现公司的信息风险与审计师出具非标意见的概率呈显著正相关,而当期盈余管理与审计师出具非标意见的概率无显著相关性。关于既定的盈余质量,国有上市公司获得非标审计意见的概率显著更低。陆正飞等⑦发现集团客户的重要性与非标审计意见出具概率呈显著负相关。王成方等⑧发现公司审计意见为非标时高管变更的概率更大。审计收费实证研究最初从审计收费的影响因素研究开始。西穆尼奇⑨最早考察了可能影响审计收费的十大因素,发现上市公司资产规模是决定审计收费的最重要因素,其次为子公司个数、行业类型、资产负债率等,而会计收益率、审计任期和事务所规模等因素的影响并不显著。佛朗西斯⑩考察了其他国家的审计市场,并得出了相似结论,同时他们认为事务所规模和复杂程度与审计收费存在显著相关关系。王兵和辛清泉⑪研究发现会计师事务所分所的审计质量和审计收费更低,规模越小的分所,其审计质量和审计收费越低。张宜霞⑫发现

① 田利军.审计意见影响因素实证分析[J].中南财经政法大学学报,2007(6):116-122.
② LENNOX C. Management ownership and audit firm size[J]. Contemporary Accounting Research, 2005, 22(1):205-227.
③ CHEN J P, CHEN S, SU X. Profitability regulation, earnings management, and modified audit opinions: evidence from China[J]. Auditing: A Journal of Practice & Theory, 2001, 20(2):9-30.
④ 伍利娜,朱春艳.股权分置改革的审计治理效应[J].审计研究,2010(5):73-81.
⑤ 申慧慧.环境不确定性对盈余管理的影响[J].审计研究,2010(1):89-96.
⑥ 薄仙慧,吴联生.盈余管理、信息风险与审计意见[J].审计研究,2011(1):90-97.
⑦ 陆正飞,王春飞,伍利娜.制度变迁、集团客户重要性与非标准审计意见[J].会计研究,2012(10):71-78.
⑧ 王成方,叶若慧,于富生.审计意见、政治关联与高管变更[J].会计与经济研究,2012(5):42-48.
⑨ SIMUNIC D. The pricing of audit services: theory and evidence [J]. Journal of accounting research, 1980:161-190.
⑩ FRANCIS J R. The effect of audit firm size on audit prices: a study of the Australian market[J]. Journal of Accounting and Economics, 1984, 6(2):133-151.
⑪ 王兵,辛清泉.分所审计是否影响审计质量和审计收费?[J].审计研究,2010(2):70-76.
⑫ 张宜霞.财务报告内部控制审计收费的影响因素:基于中国内地在美上市公司的实证研究[J].会计研究.2011(12):70-77.

公司规模、事务所声誉与审计收费呈显著正相关,公司财务报告内部控制的复杂性与审计收费呈正相关。伍利娜等①发现集团统一审计不但不能降低审计收费,反而会增加审计收费。朱松和陈关亭②发现强制审计客户保持一定的会计稳健性能够降低审计风险,从而减少审计收费;但稳健性发挥作用受到法律环境和诉讼风险的影响。张天舒和黄俊③发现在金融危机这一外生冲击下公司经营风险提高时,审计费用会增加。郭颖文④研究发现在审计任期的初期,异常审计费用与审计质量呈正相关,此正相关关系随审计任期的延长而减弱。

差序关系可以提升有效信息的获取程度和传递速度,使得管理层可以及时有效地制定决策,从而提高公司治理的有效性,且差序关系会导致决策的相似性。如卢昌崇和陈仕华⑤基于重构的断裂联结服务于组织目的这一前提假设,从动态视角进行经验研究发现,在中国上市公司的连锁董事中,约有1/3服务于组织目的,而且连锁董事的组织层面功能是促进企业间协调(正式协调和非正式协调)和信息传递。网络外部性使网络成员企业的决策行为呈现出优势趋同性。陈仕华和马超⑥发现通过连锁董事联结的两家公司倾向于选择同一家会计师事务所。通常具有较高独立性且对事务所可能面临的诉讼风险具有较高预期及承受力的外部审计师更有可能出具非标准审计意见,即"不清洁"审计意见是审计监督水平的一种体现。高质量的外部审计监督可以有效约束企业高管的行为,提升公司内部治理效率,因此,可以借助差序关系及时获取信息的企业,为了提升公司治理效率,更有意愿模仿成功经验,聘请高质量的会计师事务所或注册会计师,从而增加了其获得非标审计意见的可能性。即差序关系规模越大的企业越能获得较好的外部审计监督,获得非标审计意见的可能性越大。

在竞争性审计市场中,审计师潜在惩罚成本的增加促使审计师收取更高的审计费用以弥补更高的未预期损失(如诉讼损失),即审计费用的高低在很大程度上反映了审计师控制和最小化审计失败风险的努力水平及专业

---

① 伍利娜,王春飞,陆正飞.企业集团统一审计能降低审计收费吗[J].审计研究,2012(1):69-77.
② 朱松,陈关亭.会计稳健性与审计收费:基于审计风险控制策略的分析[J].审计研究,2012(1):87-95.
③ 张天舒,黄俊.金融危机下审计收费风险溢价的研究[J].会计研究,2013(5):81-86.
④ 郭颖文.审计任期、异常审计费用和审计意见:来自A股上市公司的经验证据[J].会计与经济研究,2014(1):62-77.
⑤ 卢昌崇,陈仕华.断裂联结重构:连锁董事及其组织功能[J].管理世界,2009(5):152-165.
⑥ 陈仕华,马超.连锁董事联结与会计师事务所选择[J].审计研究,2012(2):75-81.

素养,审计费用也可作为外部审计监督水平的一种体现。差序关系规模大的企业,其业务较为多元化,审计工作量较大,造成审计费用较高。与此同时,差序关系在提升公司治理效率方面的积极作用也会促使企业聘请具有高审计质量的外部审计机构,因此相应增加了企业的审计费用。然而,这种审计费用的增加也是提升了企业外部审计监督质量,进而促使企业内部治理效率提升的有效途径。因此,差序关系规模越大的企业承担的审计费用越高。

假设 2:业缘差序规模越大,越有可能聘请四大会计师事务所,承担的审计费用越高。

第三节　研究设计与实证检验

一、样本选择和数据来源

本章以 2010—2021 年所有 A 股上市公司作为初选样本,选取市场化指数中"政府与市场的关系"分指数作为政府治理的相关数据,根据上市公司年报披露的管理层成员信息手工收集整理业缘差序关系治理数据,最终样本中包括年度数据 33 730 个,其中国有企业年度数据 7 049 个,非国有企业年度数据 26 681 个。从国泰安 CSMAR 数据库获取公司治理及财务数据,并对相关数据信息进行如下筛选:① 剔除金融保险行业的上市公司。这一行业的相关财务数据特点与其他行业存在显著差别。② 剔除财务数据缺失的上市公司。③ 剔除当年被特别处理(ST、*ST)的公司年度。④ 剔除资产负债率大于 1 的公司年度。⑤ 剔除异常数据(如持股比例大于 100%)。本章对主要连续变量两端进行 1% 的 Winsorize 处理以消除极端值影响。

二、模型设计与变量设定

1. 被解释变量

(1) 投资效率(absI)。

不少研究都采用 Richardson(2006)模型度量投资效率,因此,本章根据 GMM 回归模型估算出企业偏离正常投资水平的投资量,即将模型的残差作为投资效率的代理变量,具体如下:

$$I_t = \alpha + \beta_1 \text{Growth}_{t-1} + \beta_2 \text{LEV}_{t-1} + \beta_3 \text{Cash}_{t-1} + \beta_4 \text{Age}_{t-1} + \beta_5 \text{Size}_{t-1} +$$

$$\beta_6 \text{Returns}_{t-1} + \beta_7 I_{t-1} + \sum \gamma_k \text{Year} + \sum \gamma_j \text{Industry} + \varepsilon$$

$$(7-1)$$

在模型(7-1)中，I_t 为第 t 年企业资本投资量，根据资产负债表中固定资产、无形资产、在建工程与长期投资的净值变化量除以平均总资产而得；Growth_{t-1} 为第 $t-1$ 年公司的成长机会，用 Tobin's Q 计量，其中非流通股权市值用净资产代替计算；LEV_{t-1} 为第 $t-1$ 年末的资产负债率；Cash_{t-1} 为第 $t-1$ 年末货币资金除以总资产；Age_{t-1} 为第 $t-1$ 年末企业上市年龄；Size_{t-1} 为第 $t-1$ 年末总资产的自然对数；Returns_{t-1} 为经市场收益调整的按月度股票回报率折算的年度股票收益率；I_{t-1} 为第 $t-1$ 年企业资本投资量。Year 和 Industry 分别控制年度和行业的固定效应。模型(7-1)回归残差的绝对值(absI)即为投资效率。absI 越接近于 0，投资效率越高；absI 越大，投资越无效。

（2）是否用"四大"审计(Big4)。

公司是否聘请四大会计师事务所。

（3）审计收费(Auditfee)。

上市公司当年境内审计费用取自然对数。

（4）风险承担水平(Risk)。

大多数学者选择利用公司盈利的波动性来衡量风险承担，常见的度量指标有资产收益率的极差、企业盈利的波动性和股票回报率的年度波动等[1]。本研究采用企业在观测时段内的 ROA 波动程度来度量企业的风险承担水平，ROA 波动性越大，说明企业的风险承担水平越高，具体的计算方法为：先计算每家企业每期的资产收益率，再利用企业所属行业的平均资产收益率对其进行调整得到 adj_ROA_{it}，其中，ROA 用息税前利润除以年末总资产衡量，参考 John[2]、余明桂等[3]的研究，计算得到各企业在 5 年内经滚动计算行业调整的资产收益率的标准差，即第 i 家企业在 t 期的风险承担 $\text{Risk}_{i,t}$。需要特别指明的是，$\text{Risk}_{i,t}$ 是该企业在 $t-2$ 期至 $t+2$ 期的 adj ROA_{it} 的标准差，同时参考宋建波等[4]的处理方式，将该结果乘以 100 得到 $\text{Risk}_{i,t}$

① 张肖飞，赵康乐，贺宏.金融衍生品持有与银行风险承担："风险管理"抑或"利益驱动"？[J].会计与经济研究，2022,36(5)：22.

② JOHN K, LITOV L, YEUNG B. Corporate governance and risk-taking[J]. Journal of Finance, 2008, 63(4)：1679-1728.

③ 余明桂，李文贵，潘红波.管理者过度自信与企业风险承担[J].金融研究，2013(1)：149-163.

④ 宋建波，文雯，王德宏.海归高管能促进企业风险承担吗：来自中国 A 股上市公司的经验证据[J].财贸经济，2017,38(12)：16.

指标以衡量企业风险承担水平,对于量纲的处理能够使结果更加直观,并不影响其显著性水平,具体公式如式(7-2)、式(7-3)所示:

$$adj\_ROA_{i,t} = \frac{EBIT_{i,t}}{Asset_{i,t}} - \frac{1}{X} \sum_{i=1}^{X} \frac{EBIT_{i,t}}{Asset_{i,t}} \qquad (7-2)$$

$$Risk_{i,t} = \sqrt{\frac{1}{T-2} \sum_{t=1}^{T} \left(adj\_ROA_{i,t} - \frac{1}{T+2} \sum_{t=1}^{T} adj\_ROA_{i,t} \right)^2} \quad (T=5)$$

$$(7-3)$$

其中,EBIT 为息税前利润,Asset 为资产总额,i 为某行业的第 i 家企业,X 为该行业的企业总数。

2. 解释变量

差序关系指标旨在衡量企业在商业网络中拥有的获取资源的能力,本研究采用企业连锁高管规模(Cnet)。本章借鉴 Mintz 和 Schwartz[①] 的计算方法,将一个公司所有在其他上市公司管理层任职的高管数量作为该指标的具体体现。如图 7-1 所示,A 公司共有 5 名高管在其他上市公司连锁任职,即 Cnet 为 5。

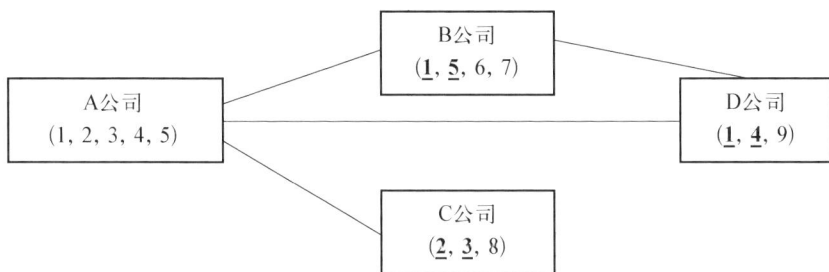

图 7-1 差序关系结构示意图

3. 控制变量

参考已有研究,本研究控制了企业规模(Size)、资产负债率(LEV)、企业成长性(Growth)、经营活动现金流(OCF)、资产报酬率(ROA)、第一大股东持股比例(Large)、职工薪酬最高比例(Employee)、独立董事委员会人数(Committee)、公司上市年限(Age)、女性董事人数(Female)、产权性质(SOE)、是否四大会计师事务所(Big4)、是否两职合一(Dual)。Year 为虚拟

① MINTZ B A, SCHWARTZ M. The power structure of American business[M]. Chicago: Chicago University Press, 1985.

变量,用以控制上市公司年度间差异。Industry 用以控制上市公司行业间差异。根据中国证监会 2012 年颁布的《上市公司行业分类指引》,我国上市公司分为 19 个门类,其中制造业又有 31 个大类,因此将行业虚拟变量按照制造业的 31 个大类和除金融保险类行业的其他 18 个门类进行设置。

基于上文分析,构建模型(7－4)对本章提出的假设 1 进行检验:

$$abs I_t = \beta_0 + \beta_1 Cnet + \gamma_1 Size + \gamma_2 LEV + \gamma_3 Growth + \gamma_4 OCF +$$
$$\gamma_5 ROA + \gamma_6 Large + \gamma_7 Employee + \gamma_8 Committee +$$
$$\gamma_9 Age + \gamma_{10} Female + \gamma_{11} SOE + \gamma_{12} Dual + Year +$$
$$Industry + \varepsilon \qquad (7-4)$$

为了检验假设 2,本章分别构建 Logit 回归模型(7－5)和 OLS 回归模型(7－6):

$$Opinion = \beta_0 + \beta_1 Cnet + \gamma_1 Size + \gamma_2 LEV + \gamma_3 Growth + \gamma_4 OCF +$$
$$\gamma_5 ROA + \gamma_6 Large + \gamma_7 Employee + \gamma_8 Committee +$$
$$\gamma_9 Age + \gamma_{10} Female + \gamma_{11} SOE + \gamma_{12} Dual + Year +$$
$$Industry + \varepsilon \qquad (7-5)$$

$$Auditfee = \beta_0 + \beta_1 Cnet + \gamma_1 Size + \gamma_2 LEV + \gamma_3 Growth + \gamma_4 OCF +$$
$$\gamma_5 ROA + \gamma_6 Large + \gamma_7 Employee + \gamma_8 Committee +$$
$$\gamma_9 Age + \gamma_{10} Female + \gamma_{11} SOE + \gamma_{12} Dual + Year +$$
$$Industry + \varepsilon \qquad (7-6)$$

为了检验假设 3,本章构建 OLS 回归模型(7－7):

$$Risk = \beta_0 + \beta_1 Cnet + \gamma_1 Size + \gamma_2 LEV + \gamma_3 Growth + \gamma_4 OCF +$$
$$\gamma_5 ROA + \gamma_6 Large + \gamma_7 Employee + \gamma_8 Committee +$$
$$\gamma_9 Age + \gamma_{10} Female + \gamma_{11} SOE + \gamma_{12} Dual + Year +$$
$$Industry + \varepsilon \qquad (7-7)$$

三、实证检验

1. 描述性统计

根据表 7－1,中国上市公司中因连锁任职形成管理层关系网络的公司数量呈现逐年递增的态势。这表明转型时期中国地方政府低下的资源配置效率促使企业尤其是上市公司更愿意通过自身构建的社会网络有效获取资源,且这种网络也逐渐成为弥补政府治理不足的有效途径。本章将差序关系中高管人员的职务分为四类,依次是董事会成员(不含独立董事)、独立董事、监事会成员和经理类(包括总裁、总经理、各分部经理和总监等年报披露的高管人员)。表7-1说明上市公司中董事会成员更容易形成差序关系网络,尤其是独立董事,而通过经理类人员形成关系网络的公司较少。

表7-1　差序关系年度统计

年份	拥有差序关系网络的上市公司数	董事会成员(不含独立董事)	独立董事	监事会成员	经理类
2010	1 835	843	1 664	382	236
2011	2 071	930	1 919	432	275
2012	2 218	988	2 081	454	302
2013	2 278	988	2 155	470	317
2014	2 431	999	2 328	519	385
2015	2 624	1 040	2 519	556	459
2016	2 899	1 179	2 802	607	533
2017	3 266	1 327	3 147	672	573
2018	3 301	1 315	3 167	648	579
2019	3 381	1 333	3 242	652	582
2020	3 607	1 374	3 455	732	685
2021	3 819	1 354	3 643	772	705
合计	33 730				

注:若同一高管在一家上市公司同时任多种职务,则对每种职务分别进行了统计。

表7-2报告了除行业和年度控制变量外样本中所有变量的描述性统计结果。由表7-2可见,投资效率(absI)的均值约为0.035 7,最大值(1.115 5)和最小值(0.000)的差异表明上市公司间的投资效率存在较大差异。四大会计师事务所(Big4)均值为0.055 3,说明仅有约5.5%公司聘请四大会计师事务所。审计费用(Auditfee)均值为13.813 1,其最小值(9.210 3)和最大值(21.417 0)的差异表明上市公司间的审计费用存在较大差异。风险承担水平(Risk)均值为3.692 9,最小值(0.078 3)和最大值(38.123 5)的差异表明不同上市公司的风险承担能力相差较大。公司连锁高管人数(Cnet)均值为3.230 2,最小值(1)和最大值(21)的差异表明上市公司间因

高管连锁任职形成的网络规模差距较大。其他控制变量等描述性结果也与
现实相符。

表 7 - 2　主要变量描述性统计

变量	N	均值	标准差	最小值	最大值
absl	26 463	0.031 7	0.040 1	0.000 0	1.115 5
Big4	33 730	0.055 3	0.228 5	0	1
Auditfee	33 127	13.813 1	0.731 8	9.210 3	21.417 0
IC	31 448	0.699 5	0.458 5	0	1
Risk	23 149	3.692 9	4.289 8	0.078 3	38.123 5
Cnet	33 730	3.230 2	2.010 4	1	21
Size	32 113	22.155 6	1.330 6	19.430 4	26.156 6
LEV	32 217	0.430 5	0.212 4	0.052 9	0.949 1
Growth	33 342	0.427 1	1.223 7	−0.780 4	9.061 7
CFO	32 113	0.045 5	0.071 6	−0.185 2	0.247 9
ROA	32 217	0.037 4	0.069 8	−0.306 3	0.278 2
Large	32 907	0.341 8	0.149 5	0.085 0	0.748 2
Employee	32 199	7.626 2	1.293 1	4.219 5	11.129 6
Committe	32 208	3.945 5	0.428 2	2	5
Age	33 185	2.096 0	0.912 3	0	3.332 2
Female	33 730	0.531 0	0.742 2	0	5
SOE	33 730	0.353 0	0.477 9	0	1
Dual	33 730	0.269 2	0.443 5	0	1

2. 回归结果

表 7 - 3 列示了差序关系规模与投资效率、审计质量以及内部控制质量
之间的回归结果。表 7 - 3 第(1)列的回归结果显示，差序关系网络规模的
回归系数在5%水平上显著为负，即差序关系规模越大，公司的投资效率越
高。根据表 7 - 3 第(2)列和(3)列回归结果显示，差序关系网络规模的回
归系数均在1%水平上显著为正，即差序关系规模越大，企业越可能聘请四
大会计师事务所，且承担的审计费用越高。表 7 - 3 第(4)列的回归结果表
明，差序关系网络规模的回归系数在10%水平上显著为负，即差序关系规模
越大，公司越不可能存在内部控制缺陷。表 7 - 3 的结果验证了本章提出的
3 个假设，这说明差序关系规模越大，越有助于企业提升获取资源的能力以

及获取网络的学习效应和知识溢出效应,从而提升投资效率,提升企业内部治理质量和外部治理质量。

控制变量方面,企业规模(Size)对投资效率、审计质量和内部控制质量的回归系数均在1%水平上显著,表明公司规模越大,投资效率越低,越有可能聘请四大会计师事务所审计,承担的审计费用越高,内部控制存在缺陷的概率越小。经营活动现金流(OCF)对投资效率、审计质量和内部控制质量的影响均显著,且公司的经营现金流越大,投资效率越低,聘请四大会计师事务所的概率越高,承担的审计费用越高,内部控制存在缺陷的概率越小。两职合一(Dual)的企业投资效率较低,聘请四大会计师事务所的概率较低,承担的审计费用越高,内部控制存在缺陷的概率较高。

表7-3　风险承担能力回归结果

	absI	Big4	Auditfee	IC
	(1)	(2)	(3)	(4)
Cnet	-0.000**	0.044***	0.016***	-0.013*
	(-1.98)	(2.87)	(9.28)	(-1.66)
Size	0.003***	1.114***	0.357***	-0.097***
	(7.05)	(22.70)	(82.26)	(-5.35)
LEV	0.001	-1.560***	0.049***	-0.586***
	(0.68)	(-6.08)	(2.58)	(-6.79)
Growth	0.002***	-0.114***	-0.004	0.075***
	(7.56)	(-3.08)	(-1.64)	(5.74)
OCF	0.022***	3.656***	0.111**	-0.481**
	(4.62)	(6.13)	(2.34)	(-2.17)
ROA	0.023***	0.143	-0.688***	1.725***
	(4.15)	(0.17)	(-12.78)	(7.42)
Large	0.004**	1.499***	-0.005	-0.706***
	(1.99)	(6.61)	(-0.23)	(-7.00)
Employee	-0.001*	0.068	0.082***	0.007
	(-1.79)	(1.57)	(20.71)	(0.39)
Committee	0.000	-0.330***	0.020***	-0.216***
	(0.02)	(-5.51)	(2.85)	(-6.51)
Age	-0.008***	-0.091	0.004	-0.344***
	(-14.36)	(-1.58)	(0.90)	(-16.32)

续表

	absI	Big4	Auditfee	IC
	（1）	（2）	（3）	（4）
Female	0.000	−0.128 ***	−0.006	0.061 ***
	（0.95）	（−2.68）	（−1.46）	（3.11）
SOE	−0.003 ***	0.013	−0.060 ***	0.548 ***
	（−4.03）	（−0.15）	（−8.63）	（−15.95）
Dual	0.003 ***	−0.193 **	0.020 ***	0.167 ***
	（4.85）	（−2.08）	（2.68）	（4.93）
Constant	0.004	−28.264 ***	4.882 ***	7.357 ***
	（0.45）	（−27.29）	（60.44）	（20.78）
N	19 404	21 940	22 421	29 239
Industry	YES	YES	YES	YES
Year	YES	YES	YES	YES
Adj_R^2/Pseudo R^2	0.080 1	0.303 0	0.629 0	0.114 0
F value	26.61	—	578.1	—

注：*** 、** 、* 分别表示在 1%、5% 和 10% 水平上显著。

3. 拓展性研究

在中国，政府是在有效的市场环境里发挥作用，利用产业政策引导资源流向特定产业，但企业风险承担是一项资源消耗性活动，具有很强的资源依赖性①。在实际经营过程中，企业的风险承担能力主要受到其资源获取能力的影响。差序关系网络能够为企业拓展获取资源的渠道，因此，构建差序关系网络有助于企业风险承担水平的提升。此外，前文已经检验了差序关系网络有助于提升内外部治理质量，内外部治理质量的提升也使企业抵御风险能力增强，即差序关系网络既通过提升资源获取能力，又通过提升内外部治理质量，进一步提升企业风险承担能力。

为进一步检验业缘差序关系网络规模如何影响企业风险承担能力，本章参考温忠麟等②的中介效应检验方法，以融资约束为中介变量，以验证业缘差序关系网络规模确实通过缓解企业融资约束而影响到其风险承担能力。

---

① 张敏，童丽静，许浩然.社会网络与企业风险承担：基于我国上市公司的经验证据[J].管理世界，2015(11)：15.

② 温忠麟，欧阳劲樱，方俊燕.潜变量交互效应标准化估计：方法比较与选用策略[J].心理学报，2022，54(1)：17.

本章中介效应检验模型如下所示：

$$Risk = \beta_0 + \beta_1 Cnet + \gamma_1 Size + \gamma_2 LEV + \gamma_3 Growth + \gamma_4 OCF +$$
$$\gamma_5 ROA + \gamma_6 Large + \gamma_7 Employee + \gamma_8 Committee +$$
$$\gamma_9 Age + \gamma_{10} Female + \gamma_{11} SOE + \gamma_{12} Dual + Year +$$
$$Industry + \varepsilon \tag{7-8}$$

$$Risk = \beta_0 + \beta_1 Cnet + \beta_2 Big4/Auditfee/IC + \gamma_1 Size + \gamma_2 LEV +$$
$$\gamma_3 Growth + \gamma_4 OCF + \gamma_5 ROA + \gamma_6 Large + \gamma_7 Employee +$$
$$\gamma_8 Committee + \gamma_9 Age + \gamma_{10} Female + \gamma_{11} SOE + \gamma_{12} Dual +$$
$$Year + Industry + \varepsilon \tag{7-9}$$

其中，模型(7-8)为差序关系网络规模（Cnet）与企业风险承担能力（Risk）的回归模型，模型(7-9)为内外部治理质量的中介效应检验。

为检验业缘差序关系网络规模对企业风险承担能力的影响，本章对模型(7-8)进行回归分析，结果如表7-4所示，根据第(1)列，差序关系网络规模的回归系数在1%的水平上显著为正，表明业缘差序关系网络规模越大，越能够提升企业的风险承担能力。即当企业高管在不同企业连锁任职形成的企业间关系网络，能够有效促进企业间的信息交流和资源共享，进而提升企业的风险承担能力。

根据表7-4第(2)列和第(3)列回归结果可知，度量审计质量2个变量的回归系数显著为正，且差序关系网络规模的回归系数显著为正，表明审计质量在差序关系网络规模与企业风险承担影响之间，起到部分中介作用。根据表7-4第(4)列的回归结果可知，内部控制质量的回归系数显著为负，表明内部控制质量在差序关系网络规模与企业风险承担影响之间起到部分中介作用。综上，差序关系网络的构建有助于提升企业的内外部治理质量，进而提高企业的风险承担能力。

表7-4 中介效应模型回归结果

	Risk	Risk	Risk	Risk
	(1)	(2)	(3)	(4)
Big4		0.333***		
		(3.09)		
Auditfee			0.959***	
			(18.41)	

续表

	Risk	Risk	Risk	Risk
	(1)	(2)	(3)	(4)
IC				-0.154^{***}
				(-2.76)
Cnet	0.061^{***}	0.059^{***}	0.046^{***}	0.050^{***}
	(4.59)	(4.45)	(3.43)	(3.69)
Size	-0.377^{***}	-0.398^{***}	-0.718^{***}	-0.308^{***}
	(-11.19)	(-11.58)	(-18.62)	(-8.80)
LEV	1.251^{***}	1.273^{***}	1.252^{***}	0.711^{***}
	(8.48)	(8.62)	(8.46)	(4.61)
Growth	0.011	0.012	0.020	0.019
	(0.54)	(0.59)	(0.98)	(0.88)
OCF	1.474^{***}	1.429^{***}	1.478^{***}	1.849^{***}
	(4.01)	(3.89)	(4.00)	(4.83)
ROA	-16.763^{***}	-16.740^{***}	-16.158^{***}	-18.442^{***}
	(-40.00)	(-39.95)	(-38.40)	(-42.14)
Large	-1.034^{***}	-1.061^{***}	-1.049^{***}	-1.165^{***}
	(-6.02)	(-6.16)	(-6.08)	(-6.59)
Employee	-0.358^{***}	-0.359^{***}	-0.441^{***}	-0.338^{***}
	(-11.65)	(-11.68)	(-14.16)	(-10.53)
Committee	-0.061	-0.054	-0.087	-0.108^{**}
	(-1.15)	(-1.01)	(-1.63)	(-1.97)
Age	0.457^{***}	0.460^{***}	0.462^{***}	0.402^{***}
	(12.07)	(12.16)	(12.09)	(10.19)
Female	-0.004	-0.000	-0.003	0.006
	(-0.12)	(-0.01)	(-0.08)	(0.18)
SOE	-1.083^{***}	-1.084^{***}	-1.022^{***}	-1.087^{***}
	(-17.73)	(-17.76)	(-16.67)	(-17.11)
Dual	0.089	0.090	0.082	0.101^{*}
	(1.58)	(1.59)	(1.44)	(1.77)
Constant	15.936^{***}	16.364^{***}	11.287^{***}	15.067^{***}
	(25.44)	(25.52)	(16.65)	(22.89)
N	22 800	22 800	22 421	21 322
Industry	YES	YES	YES	YES
Year	YES	YES	YES	YES
Adj_R^2	0.226	0.226	0.239	0.231
F value	102.0	100.6	106.0	96.62

注：$***\ p<0.01$，$**\ p<0.05$，$p<0.1$，括号内为 p 值。

本 章 小 结

一、研究发现

实现企业价值最大化的目标关键在于企业的投资行为和投资效率。然而,企业投资行为既受制于企业内部治理结构,也受制于政府治理行为。面临融资约束的企业除了通过正式制度安排下的渠道获取资源与积极完善内部治理结构提升投资决策效率外,更应把握中国社会文化中关系治理的优势与特点,积极发展差序关系网络,借助网络外部性与利益共享性有效获取企业发展投资所需的信息与资金,以弥补企业投资的先天不足。地方政府则应努力发挥"扶持之手"的作用,充分结合地方发展特色,有效改善地区经济环境和政治环境,不断完善相关投资法律法规,正确处理好政府与市场的关系,减少行政干预,促进企业投资活动的有序开展,积极引导企业实现资源的有效配置,为地区经济持续增长提供有效的制度保障。投资效率则是衡量投资活动能否为企业创造价值的主要标准。由于我国特殊的经济体制与制度环境,企业的非效率投资问题普遍存在,代理问题和融资约束是造成这一问题的根本原因。而企业非效率投资的背后是宏观经济的高速增长不具有可持续性。因此,中国上市公司亟须提升投资效率,确保企业价值的可持续增长,从而带动宏观经济的长期繁荣。中国特色的经济与政治情境下,上市公司除了完善对投资效率产生影响的内部机制,更要从企业外部寻求解决方案。在以关系为主导的人情社会,差序关系网络这种非正式制度安排对企业经济行为的影响与正式制度安排一样重要。

本章从制度安排视角实证检验了非正式制度安排与正式制度安排对上市公司投资效率的影响。结果表明,管理层积极构建外部网络有助于提升企业投资效率;同时,企业所在地的政府治理水平的提高对企业投资效率也会产生积极影响。更进一步地,在区分投资过度与投资不足两种情形下,差序关系在缓解企业融资约束,改善因投资不足而导致的投资低效率方面更为有效;地方政府治理水平的改善则有助于加强对企业经理人经济行为的监督,进而有效约束企业的过度投资行为。

差序关系网络可以有效降低信息不对称性并优化资源配置,即企业差序关系网络对企业经济效率的影响通常是正面的。基于企业差序关系对外部审计监督质量的检验发现,企业差序关系规模越大,越有可能获得非标审计意见,承担的审计费用越高,而外部法律环境对差序关系与外部审计监督质量之间的关系有加强作用。该结论与已有研究企业差序关系网络的正面作用相统一，企业高管一旦形成较为复杂的网络关系，其多重任职身份，使其可能会对联结企业保持高度的警惕，而现行法律法规对此类兼职现象的规定尚未完善；与此同时，对于差序关系大的企业，由于企业规模较大，业务复杂，审计师为了规避因审计失败导致的诉讼风险和降低恢复名誉的潜在成本，必然会提升审计质量，即提高给出非标审计意见的可能性和审计费用。本章的结论表明，在约束与监管公司经济行为、提升内部治理效率方面，非正式制度也是正式制度的有效补充。

二、研究不足

本章虽然证实了制度安排对企业投资效率确实会产生影响，且关系网络与政府治理对投资不足和投资过度两类企业的影响存在显著差异，但尚未探究其传导路径，尤其是差序关系在缓解投资不足问题中究竟是信息溢出效应还是资源约束的缓解更为重要，亦未指明何为地方政府治理提升企业投资效率的具体有效举措。因此，制度安排对投资效率传导路径的研究是未来的重要研究方向。首先，本章考察差序关系与外部审计监督之间的关系，外部审计监督质量一定程度上取决于公司自身行为（经营、投资、融资等），而这些方面及其隐含的风险是决定外部审计监督的关键因素，未来将进一步检验差序关系与这些方面的关系。其次，由于差序关系有多种衡量方式，本章采用最常见的两种，但这并不表示其他衡量指标也能获得相同的结论，通过设计多种衡量指标或许可以发现更为有趣的话题和结果，有待未来继续推进。

第八章　地缘差序关系与公司治理效能

第一节　高管地缘之于薪酬敏感、股价崩盘

一、差序关系之于公司治理

CEO薪酬契约是公司治理的核心内容之一,有效的薪酬契约被认为可以缓解所有权和经营权分离带来的委托代理问题①。由于信息不对称和有限理性的存在,薪酬契约并不能成为一个完备契约,CEO仍然可以通过机会主义行为等方式追逐私有收益,而股东则难以发现和追责。在西方视角下,这一问题的解决被寄希望于外部制度,即通过完善的产权保护制度和健全的法律机制来保障契约的执行②。但是在中国"新兴加转轨"的制度环境下,外部制度供给相对不足,无论是所有权保护还是对违约行为的法律惩罚机制都不够完善,无法依赖外部制度对契约进行有效监督③。在此背景下,部分研究将社会关系视为一种替代机制,寄希望于社会关系本身提供激励,并减少缔约双方的信息不对称,从而提高治理效率,我们将之称为"替代假说"④。但也有相当数量的研究发现,在薪酬契约中引入社会关系并不能带来治理效率的提高,反而会带来董事会监督效力的下降,我们将之称为"削弱假说"⑤。那

---

① JENSEN M C, MECKLING W H. Theory of the firm: managerial behavior, agency costs and ownership structure[J]. Journal of Financial Economics, 1976, 3(4): 305 - 360.

② WILLIAMSON O E. The economic institutions of capitalism[M]. New York: The Free Press, 1985.

③ CHALOS P, O'CONNOR N G. Determinants of the use of various control mechanisms in US-Chinese joint ventures[J]. Accounting, Organizations and Society, 2004, 29(7): 591 - 608.

④ 赵宜一,吕长江.亲缘还是利益?:家族企业亲缘关系对薪酬契约的影响[J].会计研究, 2015(8): 32 - 40.

⑤ CORE J E, HOLTHAUSEN R W, LARCKER D F. Corporate governance, chief executive officer compensation, and firm performance[J]. Journal of Financial Economics, 1999, 51(3): 371 - 406; HWANG B H, KIM S. It pays to have friends[J]. Journal of Financial Economics, 2009, 93(1): 138 - 158.

么，在这两种假说中，哪一种才起决定性作用，社会关系是否是制度缺失条件下的替代性选择，还是会导致薪酬契约对 CEO 自利行为监督作用的失效？

为了对这一问题进行回答，我们选择了从社会关系中较为广泛的地缘关系入手，实证检验了地缘关系对薪酬契约的影响。所谓地缘关系，也称为同乡关系，即由于同一籍贯而产生的一种人际关系。之所以选择地缘关系作为社会关系的切入点，主要基于以下原因：首先，从社会学角度来看，中国社会构建于"类别"和"关系"之中，其中"类别"构成了最为基础的社会非正式属性，而"关系"则建立在"类别"的基础之上①。在中国社会中，同乡是一种普遍存在的"类别"。正如费孝通②提出的"差序格局"所描述的那样，中国人的社会关系存在一个从家外推的同心圆结构，而除了亲缘关系外最具共性的特征就是地缘、亲族等关系③。其次，与赵宜一和吕长江④从亲缘关系入手不同，笔者认为亲缘关系中更多地表现出了"利他主义"的特征，而"利他主义"在更为一般的社会关系中是否仍然有效却值得商榷，其结论在一般社会关系意义上是否可以进一步延伸需要检验。同时，与同学、同事等其他社会关系相比，地缘关系对契约的影响不仅有历史传统⑤，也在现实中广泛存在⑥。最后，现有研究也表明，地缘关系对经济行为有重要影响。例如温州民间金融组织依靠地缘关系构建信贷网络，极大地降低了借贷风险⑦；地缘关系可能会增加企业风险，降低内部控制效力；等等⑧。因此，从地缘关系入手，考察社会关系对薪酬契约的影响，可能是一个适当的角度。

基于"掏空"、期权、晋升等原因，管理层会选择性披露公司负面消息而造成外部投资者与公司内部人员的信息不对称，随着未被披露的负面消息的累积及瞬间释放会导致股价崩盘风险。相关文献将股价崩盘风险的影响

---

① 潘光旦.潘光旦文集[M].北京：北京大学出版社，2000.

② 费孝通.费孝通文集[M].北京：群言出版社，1948.

③ 麻国庆.类别中的关系：家族化的公民社会的基础——从人类学看儒学与家族社会的互动[J].文史哲，2008(4)：44-55.

④ 赵宜一，吕长江.亲缘还是利益？：家族企业亲缘关系对薪酬契约的影响[J].会计研究，2015(8)：32-40.

⑤ 蔡洪滨，周黎安，吴意云.宗族制度、商人信仰与商帮治理：关于明清时期徽商与晋商的比较研究[J].管理世界，2008(8)：87-99.

⑥ 陆瑶，胡江燕.CEO与董事间的"老乡"关系对我国上市公司风险水平的影响[J].管理世界，2014(3)：131-138.

⑦ 郭斌，刘曼路.民间金融与中小企业发展：对温州的实证分析[J].经济研究，2002(10)：351-382.

⑧ 陆瑶，胡江燕.CEO与董事间的"老乡"关系对我国上市公司风险水平的影响[J].管理世界，2014(3)：131-138.

因素分为两类：一类是公司内部特征，如公司透明度、高管期权激励、公司避税、高管个体特征、内部控制信息披露、过度投资、社会责任；另一类是公司外部因素，如强制使用 IFRS(国际财务报告准则)、政治事件、分析师、机构投资者、媒体报道、投资者保护、外部审计等。

尽管现有文献提及制度环境对股价崩盘风险会产生深远影响，但鲜有基于文化视角的深入探索。津盖尔斯①指出，金融经济学的研究正在经历一场文化变革，金融经济学领域的研究应考虑从文化视角来阐释，文化与金融的交叉研究便逐渐成为学者关注的热点。不同于西方国家强调制度在经济运行过程中的重要性，中国企业在经营过程中更多地融入了文化思想。赵龙凯等②发现在中国经营的不同合资国文化差异会对公司决策(盈余管理)产生影响。

从关系文化解读公司治理行为也被称为关系治理，包括内部关系治理(公司内部高管之间的亲属关系、老乡关系等)和外部关系治理(连锁企业任职的高管等)。就内部而言，关系治理作用的发挥在于高管之间"关系"的差别。由于历史、地理与政治的差异，中国的文化呈现出区域性特征，地域文化会对中国公司的经济行为产生了重要影响。地域文化在公司内通常表现为高管的地缘关系(老乡)，这种天然人际关系不仅会增加彼此的信任，还有助于沟通与协调，但二者"高效"的沟通与协调也会提高公司的风险水平和违规倾向③。因此，地缘关系既可能是公司运营的润滑剂，也可能是公司风险的催化剂。那么，这样一种重要的公司内部关系对公司的信息披露会存在怎样的影响呢？ 在差异化的正式与非正式制度环境下，这一关系又是否存在差异呢？

二、研究发现与贡献

笔者的实证分析聚焦于地缘关系对薪酬契约有效性的影响(薪酬业绩敏感性，PPS)，结果表明，存在地缘关系的公司薪酬业绩敏感性的确较低。为了区分两种理论假说，我们进一步检验了薪酬黏性和企业业绩表现。其依据在于，根据"削弱假说"，地缘关系应该带来更高的薪酬黏性，即如果地缘关系成为 CEO 自利行为的保护伞，那么地缘关系对薪酬业绩敏感性的削

①　ZINGALES L. The "cultural revolution" in finance[J]. Journal of Financial Economics，2015，117(1)：1-4.

②　赵龙凯、江嘉骏、余音.文化、制度与合资企业盈余管理[J].金融研究，2016(5)：138-155.

③　陆瑶,胡江燕.CEO 与董事间的"老乡"关系对我国上市公司风险水平的影响[J].管理世界，2014(3)：131-138.

弱只应该存在于业绩下降时。反之，根据"替代假说"，有地缘关系的 CEO 和委托人之间并不依赖于现有的薪酬契约进行约束，那么其薪酬对业绩敏感性的降低应该表现出双向性。实证结果表明，地缘关系对公司薪酬业绩敏感性的减弱作用只在业绩较差的情况下更为显著，而在业绩较好的时候不显著。这一结果支持了"削弱假说"，说明社会关系对正式契约的负面影响较大。此外，我们还检验了不同地区制度环境下社会关系对薪酬契约的影响，发现这种削弱作用仅在外部制度供给较差的情况下显著。这一结果暗示，所谓关系治理可能并不如制度约束有效。在排除其他私人关系干扰和内生性之后，本章的实证结果依然稳健。本章还研究了高管间地缘关系是否有影响上市公司股价崩盘风险，并进一步考察法律环境与文化传统对两者关系的影响。本章研究发现：① 高管之间亲密的地缘关系会增加公司股价崩盘的风险；② 不健全的法律环境会加剧地缘差序关系与公司股价崩盘风险之间的关系；③ 较强的文化传统也会加剧地缘差序关系与公司股价崩盘风险之间的关系。另外研究显示，会计信息透明度、过度投资与税收激进是上述作用机制的重要渠道。

本章的贡献在于，首先，已有相关研究大多基于正式制度相当完善的发达市场[1][2]，本章则提供了新兴加转轨的双重市场特征下的证据。本章为地缘关系治理的经济结果研究提供了新的视角。不同于以往文献侧重于从公司内部经济效率（如代理成本、风险水平、违规倾向）考察地缘关系治理的经济结果，本章从股价崩盘风险视角出发，通过考察市场股价的非对称性波动，展示了公司高管的行为策略及其市场反应。本章为关系治理经济结果的研究提供了文献补充。其次，相对于相关研究以家庭、家族等作为切入点[3]，本章将社会关系延伸到更为一般的同乡关系，使得相关研究结论更具有一般性。本章为股价崩盘风险的影响因素研究提供了关系文化角度的研究证据。相关学者从公司内部特征和外部因素分析和考察了其对股价崩盘风险的影响，但这些研究多从正式制度安排的角度进行剖析，并未考察关系文化这一非正式安排的影响。最后，本章的研究结果也强调了正式制度的有效性，这一结果可能对监管者加大制度供给提供一定的借鉴。本章的结

① HWANG B H, KIM S. It pays to have friends[J]. Journal of Financial Economics, 2009, 93 (1)：138－158.

② FRACASSI C, TATE G. External networking and internal firm governance[J]. Journal of Finance, 2012, 67(1)：153－194.

③ 赵宜一，吕长江. 亲缘还是利益?：家族企业亲缘关系对薪酬契约的影响[J]. 会计研究，2015(8)：32－40.

论表明地缘关系治理对公司信息披露有负面影响，由此公司股东在高管选任时有必要考虑地缘关系的影响。

第二节　"老乡稳定性"假设

一、文献综述

地缘是指由人所处的地理位置上的联系所形成的关系。地缘经济学理论表明，在一个国家内相邻地区间的经济发展不是孤立的，通过相互影响形成竞争性或者互补性地缘关系。实际上，地区间的很多影响因素是人为可控的，因此非常有必要对当地所处的地缘环境进行客观评价，借此制定出合理的政策，减少损害，增加收益。在中国，受历史传承观念和价值观的影响，关系文化深深地植根于人的心理结构之中并条件反射般地支配着人们的行为。由地缘关系而形成的组织化是"中国社会的一大特色"①。

1. 董事会与高管薪酬

早期研究大多从董事会结构安排角度探讨其对薪酬有效性的影响。如赛尔特等②发现董事会规模是决定 CEO 可变薪酬的一个重要因素。当 CEO 兼任董事长时，CEO 薪酬要高出平均水平 20%~40%，且 CEO 薪酬与董事会持股比例呈负相关关系。布里克利和科尔斯③研究也发现，CEO 兼任董事长会导致更高的 CEO 薪酬水平。科尔等④以董事长与 CEO 两职分离、董事会规模等 8 个结构指标来衡量董事会的有效性，研究发现董事会有效性欠缺时 CEO 的薪酬更高。科尔代罗和威莱雅⑤发现，独立董事比例与 CEO 现金报酬呈正相关关系。乔卡里亚和格林斯坦⑥以 2002 年美国颁布 SOX 法

① GOODMAN BRYNA,宋钻友,周育民.家乡、城市和国家：上海的地缘网络与认同,1853—1937[M].上海：上海古籍出版社,2004.

② CYERT R, KANG S, KUMAR P, et al. Corporate governance and the level of CEO compensation [R]. Working Paper, 1997.

③ BRICKLEY J A, COLES J L, JARRELL G. Leadership structure: separating the CEO and chairman of the board[J]. Journal of Corporate Finance, 1997, 3(3): 189 − 220.

④ CORE J E, HOLTHAUSEN R W, LARCKER D F. Corporate governance, chief executive officer compensation, and firm performance[J]. Journal of Financial Economics, 1999, 51(3): 371 − 406.

⑤ CORDEIRO J J, VELIYATH R. Beyond pay for performance: a panel study of the determinants of CEO compensation[J]. American Business Review, 2003, 21(1): 56.

⑥ CHHAOCHHARIA V, GRINSTEIN Y. CEO compensation and board structure[J]. Journal of Finance, 2009, 64(1): 231 − 261.

窠对董事会结构与运行做出新规定为契机,研究发现,那些实施 SOX 法案的公司,在独立董事比例增加后,CEO 薪酬显著下降。

近年来,部分西方学者逐渐从社会网络视角探讨董事会对高管薪酬的影响。他们认为任何经济组织与个人都处于一定的社会关系网络之中,他人的行为必然会影响到个体的行为决策;同样,公司董事所处的社会关系网络会对其公司治理行为产生影响。科尔等①发现,董事外部社会关系越多的公司中,CEO 获得了超额新酬,并指出董事丰富的社会关系降低了其对管理层的监督效率。拉克尔等②也发现,在董事"繁忙"的公司中,CEO 的薪酬总额显著更高,但未来经营业绩更差。学者们还就董事与 CEO 之间的私人关系对高管薪酬的影响进行了探讨。黄和金③以董事与 CEO 是否同在军队服役过、毕业于同一所大学、同乡、从事同一专业或同时与另一独董相识等作为两者间是否存在私人社会关系进行衡量,在董事与 CEO 之间不存在任何私人社会关系的公司中,CEO 的总薪酬较低(平均下降了 330 万美元)。恩格尔伯格等④以 2000--2007 年期间大型上市公司 2 700 位 CEO 为样本,研究发现,当 CEO 与执行董事或外部董事存在社会私人关系时,CEO 薪酬较高(平均增加 17 000 美元)。法勒耶等⑤也发现,董事和管理层之间的私人关系会提高经理人的薪酬水平。阿姆斯特朗等⑥研究发现,董事和管理层存在私人关系的公司中,经理人的薪酬水平更高,未来业绩却更差。

2. 地缘关系与企业行为

在中国,受历史传承信念和价值观的影响,关系文化深深地植根于人的心理结构之中并条件反射般地支配着人们的行为。由地缘关系而形成的组织化是"中国社会的一大特色"⑦。林毅夫和孙希芳⑧发现由于正式制度的

① CORE J E, HOLTHAUSEN R W, LARCKER D F. Corporate governance, chief executive officer compensation, and firm performance[J]. Journal of Financial Economics, 1999, 51(3): 371 – 406.

② LARCKER D F, RICHARDSON S A, SEARY A, et al. Back door links between directors and executive compensation[R]. Working Paper, 2005.

③ HWANG B H, KIM S. It pays to have friends[J]. Journal of Financial Economics, 2009, 93 (1): 138 – 158.

④ ENGELBERG J, GAO P, PARSONS C A. The price of a CEO's rolodex[J]. Review of Financial Studies, 2013, 26(1): 79 – 114.

⑤ FALEYE O, HOITASH R, HOITASH U. The costs of intense board monitoring[J]. Journal of Financial Economics, 2011, 101(1): 160 – 181.

⑥ ARMSTRONG C S, JAGOLINZER A D, LARCKER D F. Timing of employee stock option exercises and the valuation of stock option expense[R]. Stanford University Working Paper, 2006.

⑦ GOODMAN BRYNA,宋钻友,周育民.家乡、城市和国家：上海的地缘网络与认同,1853—1937[M].上海：上海古籍出版社,2004.

⑧ 林毅夫,孙希芳.信息、非正规金融与中小企业融资[J].经济研究,2005(7)：35 – 44.

不足,地缘关系的存在可以减少企业间、企业与民间金融组织间信息的搜寻成本与信任成本,从而促进了地方非正式金融的发展。郭斌和刘曼路[1]发现依靠地缘关系,温州民间金融组织熟悉当地中小企业经营状况及背景、信用等信息,极大地降低了借贷风险,也解决了中小企业融资困难的问题,且股东与经理人之间的密切关系,也大大降低了组织的监督成本以及出现不良行为的可能性。刘西川和陈立辉[2]也发现温州民间借贷善于利用血缘和地缘等社会关系来防范借贷风险。而最初由地缘关系所形成的产业集群,企业间持续的合作互动,带来了整体的竞争优势与规模经济效应[3]。但关于公司内部的地缘关系是如何影响公司内部行为的研究较少,仅陆瑶和胡江燕[4]探讨了董事与CEO之间的"老乡"关系对公司风险水平的影响,"老乡"关系会显著提高公司的风险水平,且存在较强"老乡"关系的公司更易出现兼并行为,公司的财务风险也更高。

3. 地缘差序关系与薪酬激励

近几十年,亚太国家高速发展,许多学者认为这得益于儒家文化的影响,这种文化强调知识、节俭和勤奋的价值观。而关系作为一种文化,对企业的经营与成长有着重要影响。管理者的外部人际关系也能帮助改善组织表现,如杜兴强等[5]发现公司拥有的代表委员类政治联系会提高公司业绩。关系的形成也受到企业外生因素影响,管理者需要视情况改变其人际网络结构和强度以满足组织的需求。罗党论和唐清泉[6]发现当企业所在地产权保护度、政府干预度、金融发展水平等外部环境越差时,民营企业与政府形成政治联系的动机越强,其原因在于这种政治关系对民营企业来说,是市场机制不完善条件下的一种替代机制。林钟高等[7]发现企业与供应商及客户的关系投资有助于抑制大股东资金占用,从而有效缓解企业的代理冲突。

① 郭斌,刘曼路.民间金融与中小企业发展:对温州的实证分析[J].经济研究,2002(10):351-382.
② 刘西川,陈立辉.风险防范中的非利率条件、业缘型社会关系和关联性交易:基于温州民间借贷的经验考察[J].财贸研究,2012(5):104-111.
③ 汪少华,王惠敏.浙江产业群成长模式及其演进[J].中国农村经济,2003(5):52-56,75;李胜兰.地缘关系与我国产业集群企业合作行为研究[J].学术研究,2008(6):80-84.
④ 陆瑶,胡江燕.CEO与董事间的"老乡"关系对我国上市公司风险水平的影响[J].管理世界,2014(3):131-138.
⑤ 杜兴强,郭剑,花雷宇.政治联系方式与民营上市公司业绩:"政府干预"抑或"关系"?[J].金融研究,2009(11):158-173.
⑥ 罗党论,唐清泉.中国民营上市公司制度环境与绩效问题研究[J].经济研究,2009,44(2):106-118.
⑦ 林钟高,郑军,彭琳.关系型交易、盈余管理与盈余反应:基于主要供应商和客户视角的经验证据[J].审计与经济研究,2014,29(2):47-57.

企业内部关系即管理层关系也会对企业发展产生重要影响。可以看出，一方面，现有研究逐步注意到地缘关系这一非正式制度对契约的影响，但是针对中国情境下地缘关系的研究尚不充分。另一方面，现有研究又表明在外部制度供给不足的现实制约下，中国实践中以同乡关系为代表的社会关系影响广泛而深刻，这就给我们从地缘角度对社会关系如何影响薪酬契约带来了必要性和可能性。

4. 地缘差序关系与股价崩盘风险

中国社会长期以来把人际关系、社会网络和社会资本视为社会各项活动的重要原则①。公司内部社会资本可以提高内部沟通的效率，增进彼此的信任和合作，协调内部各种关系，促进个人及部门之间各种信息资源的交换和组合。公司内部社会资本是公司组织制度必不可少的有益补充②。而这种内部社会资本源于内部人际关系这一纽带。在深受儒家思想影响的中国传统社会中，除了亲属关系联结之外，另一种社会纽带就是地域性关系。费孝通在《生育制度》中提及，地缘作为血缘关系的投影，是血缘亲疏的一种反映。他认为中国传统社会结构倾向于人与人之间的依赖关系，而这种依赖关系随着血缘与地缘形成差序格局。因此，地缘关系也是一种重要的社会关系③。然而，基于发达经济体的相关研究发现，基于这种"关系"产生的信任容易造成管理层的合谋行为，增加盈余管理行为，降低监督效率，导致较差的市场业绩④。弗拉卡西和泰特⑤发现，CEO 与公司董事之间的社会关联会导致较弱的董事会监督和较差的市场业绩，公司 CEO 更有可能会增加那些以前与 CEO 有网络连带的人为公司新任董事。因此，地缘差序关系对公司绩效的影响具有两面性，但目前鲜有文献考察关系治理对于资本市场的影响。

股价崩盘是股价波动的极端现象，源于公司管理者在信息披露过程中选择性披露，向资本市场隐瞒了"坏消息"，当资本市场逐渐获取到这些被隐瞒的"坏消息"后，会立刻对这些"坏消息"做出反应，从而引发股价崩盘。现有关于制度安排对股价崩盘风险的研究大多关注正式制度安排的影响效

---

① 张文宏.社会资本：理论争辩与经验研究[J].社会学研究,2003(4)：23 - 35.
② 任俊义.企业智力资本测量方法综述[J].科技资讯,2010(20)：158 - 160.
③ 费孝通.费孝通文集[M].北京：群言出版社,1948.
④ HWANG B H, KIM S. It pays to have friends[J]. Journal of Financial Economics, 2009, 93 (1)：138 - 158.
⑤ FRACASSI C, TATE G. External networking and internal firm governance[J]. Journal of Finance, 2012, 67(1)：153 - 194.

果。比如,王化成等①发现,地区投资者保护水平与股价崩盘风险之间存在负相关关系,且在业绩差、成长性低的公司中这种负相关关系更加显著。罗进辉和杜兴强②从媒体报道这一视角分析其对公司未来股价崩盘风险的影响,发现媒体对上市公司的频繁报道显著降低了公司股价未来崩盘的风险,媒体发挥了积极的信息中介和公共监督作用;进一步地,上市公司所在省市的制度环境越不完善,媒体报道对股价崩盘风险的积极影响越强。现有关于股价崩盘风险影响因素的研究鲜少提及非正式制度安排的影响,因此考察非正式制度(关系治理)安排对股价崩盘风险的影响有助于丰富相关研究。

二、研究假设

关于地缘关系对于薪酬契约有效性的分析,可以从前述两个角度展开。

一方面从监督角度看,社会关系使得契约双方不能严格按照契约的要求规范各自行为,而是将社会关系所代表的社会规范作为行为指导,从而在情感上追求互利互惠。社会关系可能会降低董事的独立性以及从股东利益最大化角度对管理层实施监督的责任感,导致董事会监督效率的下降。例如,克拉玛兹和锡玛③也发现,这类公司 CEO 因业绩不良而被更换的可能性更低。陆瑶和胡江燕④也发现,在董事与 CEO 之间存在老乡关系的公司中,董事会放松对 CEO 决策的监管,从而增加公司的风险。这些都说明社会关系可能导致董事会对 CEO 的监管动机下降,那么反映在薪酬契约中,也可能导致董事会不能通过薪酬契约监管 CEO,也即薪酬契约有效性降低。

另一方面从激励角度看,薪酬契约为 CEO 提供了激励,以降低代理成本。但是,社会关系本身有可能会提供某种激励,如根据"利他主义"动机,家族企业成员担任 CEO 时,亲缘关系本身可以提供激励,从而减少对薪酬契约的依赖⑤。社会关系还可以起到声誉保障作用。正如潘光旦⑥所描述

① 王化成,曹丰,高升好,等.投资者保护与股价崩盘风险[J].财贸经济,2014(10):73-82.
② 罗进辉,杜兴强.媒体报道、制度环境与股价崩盘风险[J].会计研究,2014(9):53-59.
③ KRAMARZ F, THESMAR D. Social networks in the boardroom[J]. Journal of the European Economic Association, 2013, 11(4):780-807.
④ 陆瑶,胡江燕.CEO与董事间的"老乡"关系对我国上市公司风险水平的影响[J].管理世界,2014(3):131-138.
⑤ 赵宜一,吕长江.亲缘还是利益?:家族企业亲缘关系对薪酬契约的影响[J].会计研究,2015(8):32-40.
⑥ 潘光旦.潘光旦文集[M].北京:北京大学出版社,2000.

的那样,两个个体之间存在某种社会关系也意味着个体存在于某一"类别"的群体之中。例如在本章中,两者有地缘关系也意味着两者同时存在于基于"老乡"而连接的群体中。那么任何一方的机会主义行为都将损害他在这个群体中的声誉①。这就意味着社会关系本身提供了激励,减少双方对契约激励的需求。由于社会关系的存在也意味着双方之间信息不对称程度更低②,董事会对 CEO 真实努力程度的了解程度更高,其通过会计业绩评价 CEO 努力程度的需求也会下降,这也意味着对薪酬契约依赖性的降低③。因此,从激励角度看,社会关系会导致双方对契约需求的下降,反映在薪酬契约问题上,即会表现出薪酬契约效力较低。由此可见,无论是从"削弱假说"还是从"替代假说"角度,社会关系都可能导致薪酬契约有效性下降。据此,我们提出以下研究假设:

假设 1:同等情况下,高管间地缘关系强的公司薪酬业绩敏感性比其他公司更低。

显然,不管是"削弱假说"还是"替代假说",都指向了更低的薪酬业绩敏感性,但是两种观点下地缘关系对 CEO 薪酬契约有效性的影响是截然不同的。要区分地缘关系对薪酬契约有效性的影响,薪酬黏性可能是一个比较好的角度。如果从"监督假说"出发,地缘关系会弱化董事会对 CEO 的监督,反映在薪酬黏性上,薪酬业绩敏感性的降低较多地出现在业绩不好的情况下。这是因为如果监督失效,CEO 有更大的可能施行自利的机会主义行为,当企业业绩不好时,CEO 会设法保证自己的利益不受损失,此时其薪酬不会随着业绩的下降而下降。反之,当业绩较好时,CEO 则会更加追求高收益的薪酬,表现为薪酬与业绩同方向变动。那么,CEO 的利益应该和股东利益更多地保持一致,无论业绩好坏,CEO 的薪酬对业绩的敏感性都会较低。同时,如果地缘关系成为 CEO 在老乡群体中声誉的保障机制,那么这种声誉机制也会促使 CEO 降低其追求自利的动机,从而使得其薪酬业绩敏感性的变化和业绩无关。最后,如大内④、亚当斯和费雷拉⑤所说,地缘关系可能

① STANDIFIRD S S, MARSHALL R S. The transaction cost advantage of guanxi-based business practices[J]. Journal of World Business, 2000, 35(1): 21-42.

② ADAMS R B, FERREIRA D. A theory of friendly boards[J]. Journal of Finance, 2007, 62 (62): 217-250.

③ 杨玉龙,潘飞,张川.差序格局视角下的中国企业业绩评价[J].会计研究,2014(10): 66-73.

④ OUCHI W G. Markets, bureaucracies, and clans[J]. Administrative Science Quarterly, 1980, 25(1): 129-141.

⑤ ADAMS R B, FERREIRA D. A theory of friendly boards[J]. Journal of Finance, 2007, 62 (62): 217-250.

会导致双方信息不对称程度较低,导致业绩评价不依赖于财务指标。那么这种薪酬业绩敏感性的降低更应该是双向的,即无论业绩好坏,有地缘关系的公司的薪酬业绩敏感性都会下降。因此,从"替代假说"出发,可以看到CEO薪酬业绩敏感性的变化与业绩无关。根据以上分析,我们从业绩好坏出发,区别地缘关系对薪酬契约有效性的影响,并提出对立假设如下:

假设2a: 同等情况下,高管间地缘关系强的公司薪酬业绩敏感性降低只在业绩较差时出现。

假设2b: 同等情况下,高管间地缘关系强的公司薪酬业绩敏感性在业绩较好和较差时都会下降。

本章选择从地缘关系这一非正式制度安排的视角分析其对股价崩盘风险的影响。地缘关系就是其中一种重要的特征。在现代商业社会中,地缘关系为个体提供了近似的生活经历和文化背景,使得个体之间更容易沟通和交往,从而形成抱团组织①。这种地缘关系导致的文化认同和情感沟通,还可能对公司治理产生重要影响。从文化认同和私人信任角度看,地缘关系可能会减少董事长和经理之间的信息不对称,从而减少机会主义行为。从研究脉络看,当董事长和CEO之间存在紧密联系时,第一类委托代理问题往往较轻,例如家族企业中董事长和CEO都是家族成员时,大大减少了企业的第一层代理问题②。但是,此时也往往意味着第二类委托代理问题的增加③,紧密的关系可能导致两者之间的合谋成本较低,利益更为一致,从而产生共同的、针对外部股东的机会主义行为④。同时,地缘关系带来的相互信任只限于个体之间。陆瑶和胡江燕⑤发现董事长和CEO之间的老乡关系可以显著提高公司的风险水平,其理由在于两者之间紧密的相互关系弱化了公司治理中监督机制的作用。由此可见,地缘关系也可能增加第二类代理问题,即地缘关系可能加剧董事长与总经理之间的勾结,滋生舞弊行为,加剧外部投资者和公司之间的信息不对称问题;"坏消息"也更容易被隐藏,进而增加因隐藏负面消息导致的股价崩盘风险。据此,本章提出研究假设:

① 陆瑶,胡江燕.CEO与董事间的"老乡"关系对我国上市公司风险水平的影响[J].管理世界,2014(3):131-138.
② 许静静,吕长江.家族企业高管性质与盈余质量:来自中国上市公司的证据[J].管理世界,2011(1):112-120.
③ 魏明海,黄琼宇,程敏英.家族企业关联大股东的治理角色:基于关联交易的视角[J].管理世界,2013(3):133-147.
④ 贺小刚,连燕玲,余冬兰.家族和谐与企业可持续成长:基于家族权力配置的视角[J].经济管理,2010(1):50-60.
⑤ 陆瑶,胡江燕.CEO与董事间的"老乡"关系对我国上市公司风险水平的影响[J].管理世界,2014(3):131-138.

假设 3：同等情况下，地缘差序关系越近，公司股价崩盘风险越高。

市场经济制度的不断完善，有助于降低正式制度安排的交易成本，进而有效抑制非正式制度安排——关系经济造成的代理成本。历史、地理与政治的差异化使中国地区经济呈现差异化特征，不同地区的市场化进程不尽相同。因此，关系经济在不同地区的上市公司发挥的作用也存在明显异质性。樊纲等[1]从五个方面对各省、自治区、直辖市的市场化进程进行全面比较，其中一个方面是市场中介组织的发育和法律制度环境，数据表明不同地区的法律制度环境存在显著差异。具体到地缘关系，在不同的法律环境中，地方政府监管制度的完善程度与执行力度会显著地影响董事长和 CEO 之间由于地缘关系带来的合谋可能，进而降低负面信息的隐瞒程度和概率，使得公司股价崩盘风险下降。市场或媒体披露报道公司负面消息会加剧对股价崩盘风险的影响作用[2]。当公司所处地区法律制度水平较低，即公司因隐瞒负面消息的惩罚成本较低时，公司高管越容易以地缘关系为纽带而建立起勾结关系，使得高管合谋隐瞒负面消息的可能性增大，进一步提升了公司潜在的股价崩盘风险。综上所述，本章提出如下研究假设：

假设 4：公司所在地区的法律环境越不完善，地缘差序关系对公司股价崩盘风险的影响会越强。

随着东亚经济奇迹的出现，儒家文化对经济的影响作用也逐渐成为学者关注的焦点。中国作为儒家文化的发源地，其儒家文化经历了几千年的历史传承，对个人、家族、利益集团的社会网络和社会结构产生了深远影响。尽管儒家文化对中国经济的崛起发挥了重要作用，但随着市场经济的发展和政治制度的不断完善，儒家文化对经济也产生了消极的影响。儒家文化过于强调"熟人"之间的信任，使得"陌生人"之间缺乏信任，阻碍了现代市场中的职业分工与合作。"人情"与"面子"在中国市场的重要性，并不是简单因为这是中国人的内生偏好，而在于它们是一个"聚焦点"，人们都会按照这个规则来确定权利和义务关系。即便那些讨厌"人情"与"面子"规则的人，他们也不得不从个人利益考虑，服从这套协调机制。儒家文化的"和为贵"思想成为社会共同认可的价值观。然而，这种观念对深受儒家文化影响的管理者来说，一旦"熟人"之间产生意见分歧，为了"人情"与"面子"，双方会彼此包容，握手言和，而如此"谦让"往往会提升对高管错误决策的容忍

① 樊纲，王小鲁，马光荣.中国市场化进程对经济增长的贡献[J].经济研究,2011,46(9)：4-16.
② 罗进辉,杜兴强.媒体报道、制度环境与股价崩盘风险[J].会计研究,2014(9)：53-59.

度,降低公司治理效率,增加信息隐瞒的可能。据此,本章提出如下研究假设:

假设 5:同等情况下,公司所在地区的文化传统越强,地缘差序关系对公司股价崩盘风险的影响会越强。

第三节　研究设计与实证检验

一、样本选择与数据来源

考虑到现阶段中国上市公司股票期权等激励方式并不普遍,货币薪酬仍然是高管薪酬最主要的构成[①],高管薪酬制定也更加市场化,本章以 CEO货币薪酬表示其薪酬水平。以 2005—2014 年在沪深挂牌交易的 A 股民营上市公司为初选样本,根据研究需要对样本进行以下筛选:① 研究需董事长与总经理的个人详细资料,剔除个人信息缺失严重的样本;② 研究需计算董事长与总经理地缘关系,剔除董事长与总经理两职合一的样本;③ 剔除金融类公司样本;④ 剔除当年 ST 或 PT 公司样本;⑤ 为了控制亲缘关系对薪酬契约有效性的影响,我们删除了样本中董事长和 CEO 存在亲缘关系的样本;⑥ 剔除其他财务变量缺失的样本,最终得到 4 017 个公司年度观测值。为控制极端值对结论的影响,我们对连续控制变量在 1% 水平上进行Winsorize 缩尾处理。

本章依据 CSMAR 数据库高管信息(名单、任期等),配合招股说明书、公司年报、公司网站、新浪财经、金融界等公开渠道手工收集高管个人资料,根据出生(或成长)所在地,通过 Google Earth 取得出生地经纬度信息计算所得的负数,来量化董事长与总经理间的距离以刻画地缘关系深浅。外部治理环境度量来源于樊纲等[②]提出的市场化指数,其他财务数据来源于 CSMAR 公司系列数据库。公司高管地缘数据由我们根据上市公司年报披露的高管信息手工收集整理而得,通过 CSMAR 数据库整理分类,也得到实际控制人性质及公司财务数据。儒家文化变量来自江苏古籍出版社(今凤凰出版社)、上海书店出版社、巴蜀书社出版的《中国地方志集

---

① 辛清泉,林斌,王彦超.政府控制,经理薪酬与资本投资[J].经济研究,2007(8):110-122;
方军雄.我国上市公司高管的薪酬存在粘性吗?[J].经济研究,2009(3):110-124.
② 樊纲,王小鲁,马光荣.中国市场化进程对经济增长的贡献[J].经济研究,2011,46(9):4-16.

成》，法律环境指数来自樊纲等（2011）编撰的《中国市场化指数》。考虑到异常值对整体数据的影响，对于连续控制变量我们在 1% 水平上进行 Winsorize 处理。

二、模型设计与变量设定

参考方军雄[1]、辛清泉和谭伟强[2]等的薪酬模型，我们考虑如下 CEO 薪酬和薪酬业绩敏感性模型：

$$
\begin{aligned}
\mathrm{Comp}_{it} = {}& \beta_0 + \beta_1 \, \mathrm{Geodist}_{it}(\mathrm{Province}_{it}) + \beta_2 \, \mathrm{ROA}_{it} + \\
& \beta_3 \, \mathrm{Geodist}_{it}(\mathrm{Province}_{it}) * \mathrm{ROA}_{it} + \\
& \beta_{4-12} \, \mathrm{Controls \ Variables}_{it-1} + \varepsilon_t
\end{aligned}
\tag{8-1}
$$

被解释变量为 CEO 薪酬（Comp），取自公司年报披露的当年度 CEO 货币薪酬对数。

参考许年行等[3]以及王化成等[4]的模型，设计回归模型(8-1)检验研究假设，模型(8-2)如下：

$$
\mathrm{Ncskewt(Duvolt)} = \alpha_0 + \alpha_1 \mathrm{Tunt} - 1 + \sum \mathrm{Controls} + \sum \mathrm{Year} + \sum \mathrm{Industry} + \varepsilon_t
\tag{8-2}
$$

1. 被解释变量：公司的股价崩盘风险

目前国内外主要有 3 种方法衡量公司的股价崩盘风险[5]。本章呈现了前 2 种度量方法的回归结果，第三种度量方法的结果在稳健性测试中简要交代，并与许年行等[6]、王化成等[7]的研究结果一致。

计算公司的股价崩盘风险，需要首先计算出每个上市公司股票 j 在 t 周

① 方军雄.我国上市公司高管的薪酬存在粘性吗？［J］.经济研究,2009(3)：110-124.
② 辛清泉,谭伟强.市场化改革,企业业绩与国有企业经理薪酬［J］.经济研究,2009(11)：68-81.
③ 许年行,江轩宇,伊志宏,等.分析师利益冲突、乐观偏差与股价崩盘风险［J］.经济研究,2012,47(7)：127-140.
④ 工化成,曹丰,叶康涛 监督还是掏空：大股东持股比例与股价崩盘风险［J］.管理世界,2015(2)：45-57.
⑤ 许年行,江轩宇,伊志宏,等.分析师利益冲突、乐观偏差与股价崩盘风险［J］.经济研究,2012,47(7)：127-140.
⑥ 许年行,江轩宇,伊志宏,等.分析师利益冲突、乐观偏差与股价崩盘风险［J］.经济研究,2012,47(7)：127-140.
⑦ 王化成,曹丰,叶康涛.监督还是掏空：大股东持股比例与股价崩盘风险［J］.管理世界,2015(2)：45-57.

的独特周回报率。独特周回报率记为 $W_{j,t}$。$W_{j,t}=\log(1+\varepsilon_{j,t})$，其中 $\varepsilon_{j,t}$ 为模型(8-3)的回归残差。模型(8-2)中，$r_{j,t}$ 为每一年度股票 j 在 t 周的回报率，$r_{m,t}$ 为每一年度整体股票市场在 t 周的回报率，此外还加入整体股票市场周回报率的2期滞后项($r_{m,t-2}$、$r_{m,t-1}$)和2期超前项($r_{m,t+1}$、$r_{m,t+2}$)，以控制股票非同步性交易的影响。模型(8-3)如下：

$$r_{j,t} = \alpha + b_{1j}r_{m,t-2} + b_{2j}r_{m,t-1} + b_{3j}r_{m,t} + \qquad (8-3)$$
$$b_{4j}r_{m,t+1} + b_{5j}r_{m,t+2} + \varepsilon_{j,t}$$

随后，计算公司的股价崩盘风险。

第一种度量股价崩盘风险的方法如式(8-4)所示。其中，n 为上市公司股票 j 在一年中交易的周数。公式(8-4)如下：

$$\text{Ncskew}_{j,t} = -\left[n(n-1)3/2\sum W_{3j,t}\right] \Big/ \qquad (8-4)$$
$$\left[(n-1)(n-2)\left(\sum W_{2j,t}\right)3/2\right]$$

第二种度量股价崩盘风险的方法如式(8-5)所示。其中，nu、nd 分别为上市公司股票 j 在一年中上涨和下跌的周数。$\sum dW_{j,t2}$、$\sum uW_{j,t2}$ 分别为上市公司股票 j 在一年中股票上涨和下跌周独特周回报率的平方和。公式(8-5)如下：

$$\text{Duvol}_{j,t} = \log\left\{\left[(nu-1)\sum dW_{j,t2}\right]\Big/\right. \qquad (8-5)$$
$$\left.\left[(nd-1)\sum uW_{j,t2}\right]\right\}$$

Ncskew 与 Duvol 的数值越大，表明股票回报率分布的偏度更大，左偏更严重，对应更大的股价崩盘风险。

2. 解释变量：高管之间的地缘关系

目前国内文献主要通过2个维度来刻画高管之间的地缘关系(ArcaRe)，以衡量管理层内部文化、理念的异质性程度，具体为：董事长与总经理同省关系的虚拟变量(AreaRe₁)；地理距离(AreaRe₂)，即通过 Google Earth 取得出生地经纬度信息计算所得的百公里负数，使得与 AreaRe₁ 度量地缘关系保持一致方向。

3. 交互变量

Law 表示公司所在地区的法律环境，以中国市场化指数中的法律环境分指标衡量；Culture 表示公司所在地区的儒家文化传统，以孔庙、学堂、祠堂、进士数、忠孝数、烈女数的主成分指标衡量；East 表示公司所处是否属于东部沿海地区（制度经济地域性的替代变量）；Shangbang 表示公司所处是否属于浙、粤、皖、晋传统商帮地区（文化传统地域性的替代变量）；Compacct 表示报表可比性，通过计算两公司预期盈余差异绝对值平均数的相反数，与同行业内按大小排序其他公司的会计信息可比性；Overinv 表示过度投资程度，通过企业投资模型估计残差正值的滚动三年均值[①]；Taxagg 表示避税行为激进度，采用固定效应残差法计算的账面税收与实际税收差异。

4. 控制变量

本章在模型中控制了以下关键影响因素（CV）：SOE 表示公司产权性质，Dual 表示董事长与总经理两职合一的情况，Size 表示公司规模，First 表示大股东持股比例，Hhi 表示股权集中度，ROA 表示公司资产收益率，LEV 表示公司资产负债率，Mb 表示公司市账比，Firmage 表示公司上市年限，C_edu、D_edu、C_age、D_age、C_gende、D_gender 分别表示总经理和董事长的教育背景、年龄和性别。上述回归模型中，本章还控制了年度和行业固定效应。模型如下：

$$\text{Ncskew}_{it}(\text{Duvol}_{it}) = \alpha + b_1 \text{AreaRe}_{it-1} + \text{CV}_{it-1} + \varepsilon_t \qquad (8-6)$$

$$\text{Ncskew}_{it}(\text{Duvol}_{it}) = \alpha + b_1 \text{AreaRe}_{it-1} + b_2 \text{Law}_{it-1} + \\ b_3 \text{Law}_{it-1} * \text{AreaRe}_{it-1} + \text{CV}_{it-1} + \varepsilon_t \qquad (8-7)$$

$$\text{Ncskew}_{it}(\text{Duvol}_{it}) = \alpha + b_1 \text{AreaRe}_{it-1} + b_2 \text{Culture}_{it-1} + \\ b_3 \text{Culture}_{it-1} * \text{AreaRe}_{it-1} + \text{CV}_{it-1} + \varepsilon_t \qquad (8-8)$$

若研究假设 1 成立，则地缘关系（AreaRe）的系数 b_1 应该显著为正；若研究假设 2 成立，则地缘关系与法律环境交乘项（$\text{Law}_{it-1} * \text{AreaRe}_{it-1}$）的系数 b_2 应该显著为负；若研究假设 3 成立，则地缘关系与文化传统交乘项（$\text{Culture}_{it-1} * \text{AreaRe}_{it-1}$）的系数 b_3 应该显著为正。

表 8 - 1　变量定义表

符　号	含　义	定　义
Dependent Var.		
Comp	CEO 薪酬	CEO 薪酬的自然对数
Ncskew	股价崩盘风险	股价崩盘风险的 3 种模型值

---

① 江轩宇,许年行.企业过度投资与股价崩盘风险[J].金融研究,2015(8)：141-158.

续表

符　号	含　义	定　义
Independent Var.		
Province	高管同省地缘	虚拟变量,董事长与 CEO 出生所在地为同省时定义为 1,否则为 0
Geodist	高管距离地缘	董事长与 CEO 出生地两者间距离的负数(百公里数)
Control Var		
Law	法制健全程度	樊纲等编制的"市场中介组织和法律制度环境指数"衡量
Size	企业规模	公司总资产的自然对数
LEV	资产负债率	公司总负债与公司总资产的比值
ROA	资产收益率	公司当年会计收益与总资产的比值
RET	市场收益率	公司当年股票市场年度收益率
Listage	上市时长	公司当年距离上市年度的差值
First	股权集中情况	公司第一大股东持股数与股份总数的比值
Growth	投资机会	公司过去两年平均销售增长率
Age	CEO 年龄	CEO 当年实际年龄
Degree	CEO 学历	CEO 教育虚拟变量,未受过高等教育则为 1,否则为 0
Gender	CEO 性别	CEO 性别虚拟变量,男性为 1,女性为 0
Director_totco	兼任数	在其他公司兼任职务的公司总数
Year	年度控制变量	年度控制变量,从 2005 年到 2014 年共 10 年,设置 9 个控制变量
Industry	行业控制变量	行业控制变量,制造业按二级分类,其他行业按一级分类

三、实证检验

1. 描述性统计

表 8 - 2 为变量的描述性统计。由表 8 - 2 可知,CEO 薪酬(Comp)均值为 12.63,标准差为 0.86。地缘指标(Province)为 0—1 虚拟变量,均值为 0.46,标准差为 0.50,而另一地缘指标(Geodist)最小值为 -11.89,最大值为 0,均值为 -0.54,标准差为 0.71,说明董事长和总经理地缘距离的差异较大。另外,总资产收益率(ROA)的均值为 0.04,中位数为 0.03,说明大部分企业总资产呈稳中有增状况。

表 8-2　各变量描述性统计量

变量	样本数	均值	标准差	最小值	P25	中位数	P75	最大值
Comp	4 017	12.63	0.86	4.94	12.11	12.69	13.20	16.12
Province	4 017	0.46	0.50	0	0	0	1	1
Geodist	4 017	−0.54	0.71	−11.89	−1.05	−0.30	0	0
Law	4 017	8.71	1.93	4.81	7.27	8.77	10.42	11.80
Size	4 017	21.71	1.14	19.27	20.88	21.60	22.39	25.14
LEV	4 017	0.50	0.20	0.08	0.36	0.51	0.64	0.97
ROA	4 017	0.04	0.06	−0.19	0.01	0.03	0.06	0.22
RET	4 017	0.38	0.96	−0.75	−0.28	0.03	0.80	4.03
Listage	4 017	12.47	4.44	0	9	12	16	30
First	4 017	0.38	0.15	0.09	0.26	0.36	0.50	0.75
Growth	4 017	0.21	0.49	−0.65	−0.01	0.14	0.30	3.20
Age	4 017	46.87	5.92	33	43	47	51	61
Degree	4 017	0.35	0.48	0	0	0	1	1
Gender	4 017	0.95	0.22	0	1	1	1	1
Director_totco	4 017	1.00	2.10	0	0	0	1	11

表 8-3 显示的是除了年度控制变量以及行业控制变量外，模型中涉及变量的描述性统计。

表 8-3　主要变量描述性统计

Variable	N	mean	S.D.	min	p25	p50	p75	max
Ncskew	20 399	−0.380	0.690	−2.490	−0.750	−0.340	0.040	1.530
Duvol	20 399	−0.320	1.790	−6.440	−0.560	0.240	0.660	1.580
$AreaRe_1$	20 399	0.400	0.490	0	0	0	1	1
$AreaRe_2$	20 399	−0.530	0.610	−2.400	−0.930	−0.400	0	0
Ncskew_t0	20 399	−0.360	0.690	−2.490	−0.730	−0.340	0.040 0	1.550
Dturn	20 399	0.100	0.080	0.010	0.040	0.080	0.140	0.380
Sigma	20 399	0.050	0.020	0.020	0.030	0.040	0.060	0.110
Wret	20 399	−0.001	−0.001	0.000	−0.001	−0.000	0.000	0.001
Law	20 399	8.410	2.051	2.600	6.930	8.480	10.250	11.800

续表

Variable	N	mean	S.D.	min	p25	p50	p75	max
Culture	20 399	0.430	1.300	−1.110	−0.410	0.340	0.830	1.050
East	20 399	0.330	0.470	0	0	0	1	1
Shangbang	20 399	0.140	0.340	0	0	0	0	1
Compacct	20 399	−0.010	0.010	−0.040	−0.010	0	0	0
Overinv	20 399	0.021	0.033	0	0.010	0.026	0.034	0.147
Taxagg	20 399	0.020	0.020	−0.030	0.010	0.020	0.020	0.130
Size	20 399	21.85	1.400	18.92	20.91	21.66	22.56	26.95
Mb	20 399	3.310	3.320	0.710	1.530	2.390	4.040	19.860
LEV	20 399	0.500	0.230	0.060	0.330	0.500	0.640	1.360
ROA	20 399	0.040	0.060	−0.250	0.010	0.030	0.060	0.220
Abacc	20 399	0.020	0.120	−0.440	−0.030	0.010	0.060	0.420
Dual	20 399	0.370	0.480	0	0	0	1	1
First	20 399	0.380	0.150	0.090	0.260	0.380	0.480	0.750
Hhi	20 399	2.060	1.010	1	1.340	2	2.270	6.450
Firmage	20 399	12.85	5.110	3	9	12	16	28
C_edu	20 399	1.890	0.890	1	1	2	3	3
D_edu	20 399	1.860	0.890	1	1	2	3	3
C_age	20 399	47.47	6.360	33	43	47	52	63
D_age	20 399	50.95	6.900	35	46	50.95	56	68
C_gender	20 399	0.940	0.230	0	1	1	1	1
D_gender	20 399	0.960	0.200	0	1	1	1	1

可以发现,崩盘风险中的 Ncskew(Duvol)均值分别为−0.380、−0.320,其中最小值分别为−2.490、−6.440,最大值分别为 1.530、1.580,标准差分别为0.690、1.790,说明样本公司不存在明显的非崩盘风险。高管地缘指标中的AreaRe$_1$(AreaRe$_2$)均值为 0.400 与−0.530,标准差为 0.490 与 0.610,可以看出上市公司中高管地缘分布存在普遍差异。产权性质(SOE)的均值为0.670,说明大部分样本公司是国有公司,法律环境(Law)均值为 8.410,文化传统(Culture)均值为 0.430,其他控制变量也处于正常范围。从各主要变量(包括因变量、自变量、控制变量)的相关系数中可以看出,股价崩盘风险与高管地缘呈显著正相关,与法律环境呈显著负相关,与文化传统呈显著正相关,这一发现与预期一致。

2. 回归结果

为了对前述假设进行检验，我们以模型（8-1）为基础进行多元线性回归，并在公司和时间 2 个维度上对回归标准误进行了聚类处理（two-way cluster），相关结果如表 8-4 所示。

表 8-4　地缘关系对薪酬契约有效性的影响

	（1）	（2）	（3）	（4）
Province * ROA	−0.774 6**	−0.803 6**		
	（−2.08）	（−2.55）		
Geodist * ROA			−0.682 2***	−0.594 0***
			（−2.92）	（−2.82）
Province	−0.036 3	0.007 9		
	（−1.16）	（0.31）		
Geodist			−0.026 5	−0.038 7**
			（−1.30）	（−2.21）
ROA	4.425 9***	3.979 5***	4.349 2***	3.248 4***
	（12.08）	（10.82）	（8.44）	（10.15）
Law		0.088 1***		0.088 7***
		（7.25）		（7.36）
Size		0.212 0***		0.211 2***
		（13.03）		（13.12）
LEV		0.030 6		0.034 4
		（0.36）		（0.41）
RET		−0.007 6		−0.007 0
		（−0.49）		（−0.46）
Listage		−0.003 4		−0.003 7
		（−0.80）		（−0.85）
First		−0.426 1***		−0.415 0***
		（−3.61）		（−3.52）
Growth		−0.046 3*		−0.046 3*
		（−1.68）		（1.77）
Age		0.010 6***		0.010 1***
		（4.00）		（3.86）
Degree		0.023 8		0.022 5
		（0.68）		（0.64）

续表

	（1）	（2）	（3）	（4）
Gender		0.072 6		0.075 9
		（1.10）		（1.17）
Director_totco		0.035 2***		0.034 9***
		（4.20）		（4.19）
Year	Yes	Yes	Yes	Yes
Industry	Yes	Yes	Yes	Yes
Constant	11.882 4***	6.351 2***	11.924 6***	6.355 7***
	（111.28）	（15.08）	（71.09）	（15.54）
N	4 017	4 017	4 017	4 017
Adj_R^2	0.239	0.355	0.137	0.357

注：***、**、*分别表示在1%、5%和10%水平上显著，（）显示t/z值。

　　表8-4列示了地缘关系对薪酬契约有效性影响的回归结果，其中列（1）和列（3）是不控制其他变量的结果，列（2）和列（4）是控制其他可能因素的结果。可以看到，无论是否控制其他影响因素，董事长和CEO同属一个省的指示变量Province和ROA的交乘项系数均为负值，且在0.05的水平下显著。类似地，表示董事长和CEO籍贯地理距离（乘以-1）的连续变量Geodist和ROA的交乘项系数也显著为负，且在0.01的水平下显著。这一结果支持了假设1，说明地缘关系导致CEO薪酬业绩敏感性下降，这也和前人相关研究结果一致。

　　然而，地缘关系降低CEO薪酬业绩敏感性的背后，究竟代表着董事会对CEO监督作用的削弱还是地缘关系本身对薪酬契约起到了替代作用，我们对此作了进一步检验，结果如表8-5所示。

表8-5　不同业绩下地缘关系对薪酬业绩敏感性的影响

	Good performance		Bad performance	
	（1）	（2）	（3）	（4）
Province * ROA	−1.018 6		−0.923 8***	
	（−1.56）		（−3.12）	
Geodost * ROA		−0.625 1		−0.689 1**
		（−1.38）		（−2.20）

	Good performance		Bad performance	
	（1）	（2）	（3）	（4）
Province	0.046 2		−0.009 9	
	(1.21)		(−0.45)	
Geodist		−0.029 4		−0.045 0**
		(−0.75)		(−2.18)
ROA	4.600 0***	3.726 8***	3.839 4***	3.005 9***
	(10.62)	(7.15)	(8.01)	(8.23)
Law	0.085 9***	0.087 0***	0.090 1***	0.090 4***
	(6.61)	(8.64)	(6.41)	(9.99)
Size	0.203 2***	0.200 8***	0.217 8***	0.218 1***
	(11.66)	(9.07)	(10.79)	(11.25)
LEV	0.161 3	0.166 9	−0.053 4	−0.050 8
	(1.37)	(1.29)	(−0.60)	(−0.51)
RET	−0.022 3	−0.021 9	0.009 2	0.010 9
	(−0.83)	(−1.10)	(0.90)	(0.42)
Listage	−0.007 7	−0.008 3	−0.000 2	−0.000 3
	(−1.58)	(−1.58)	(−0.05)	(−0.07)
First	−0.382 4**	−0.371 1***	−0.448 9***	−0.436 7***
	(−2.13)	(−2.61)	(−3.94)	(−3.66)
Growth	−0.058 7	−0.059 5*	−0.027 7	−0.026 4
	(−1.16)	(−1.88)	(−1.28)	(−0.83)
Age	0.009 7**	0.008 9**	0.010 7***	0.010 4***
	(2.44)	(2.52)	(4.65)	(3.61)
Degree	0.036 1	0.034 8	0.012 2	0.011 3
	(0.76)	(0.83)	(0.34)	(0.30)
Gender	0.137 4*	0.146 2	0.024 3	0.023 1
	(1.69)	(1.48)	(0.30)	(0.36)
Director_totco	0.038 1***	0.038 2***	0.031 5***	0.030 7***
	(4.51)	(4.31)	(3.07)	(3.12)
Year	Yes	Yes	Yes	Yes
Industry	Yes	Yes	Yes	Yes

续表

	Good performance		Bad performance	
	（1）	（2）	（3）	（4）
Constant	7.142 4***	7.208 1***	6.231 7***	6.216 8***
	（16.07）	（13.69）	（13.27）	（13.94）
N	1 495	1 495	2 522	2 522
Adj_R^2	0.314	0.317	0.369	0.371

注：***、**、*分别表示在1%、5%和10%水平上显著，( )显示 t/z 值。

如表 8-5 所示，列（1）和列（2）是在业绩较好时（本年业绩好于上年业绩），地缘关系对薪酬业绩敏感性的影响。可以看到，此时地缘关系和 ROA 的交乘项系数依然为负，但是不显著；反之，列（3）和列（4）是在业绩较差时（本年业绩低于上年业绩），地缘关系对薪酬业绩敏感性的影响。可以看到，不仅地缘关系变量和 ROA 的交乘项系数为负，且分别在 0.01（虚拟变量）、0.05（连续变量）水平下显著。由此可见，地缘关系对薪酬业绩敏感性的影响仅仅在业绩较差的情况下出现，这支持了假设 2a 中的观点。

3. 拓展性研究

（1）地缘关系和正式制度的替代效应。

以上检验结果说明了地缘关系对薪酬契约的复杂影响。值得注意的另一个问题是，这种非正式机制是必需的吗？理论上而言，如果外部制度供给足够，那么对不完全契约的裁决可以借助正式制度完成，而不必借由社会关系来完成。那么现实是否真的如此？正式制度和地缘关系之间是否存在替代效应？对此我们进一步检验了不同法律环境水平下地缘关系对薪酬契约有效性的影响，结果如表 8-6 所示。我们同样发现，地缘关系对薪酬契约有效性的影响只在法律制度不完善的情况下显著。

表 8-6　法律环境水平高低分组下的高管地缘与薪酬契约有效性的影响

	Good institution		Bad institution	
	（1）	（2）	（3）	（4）
Province * ROA	−0.521 4		−0.873 3**	
	（−0.92）		（−2.30）	
Geodost * ROA		−0.586 4		−0.562 8*
		（−1.37）		（−1.73）

续表

	Good institution		Bad institution	
	（1）	（2）	（3）	（4）
Province	−0.072 8*		0.074 7*	
	（−1.85）		（1.93）	
Geodist		0.064 8*		0.008 0
		（−2.20）		（−0.29）
ROA	3.746 7***	3.151 6***	4.245 4***	3.493 3***
	（6.07）	（6.74）	（12.59）	（8.27）
Law	0.104 9***	0.100 3***	0.044 9**	0.047 3**
	（4.15）	（4.08）	（2.25）	（2.43）
Size	0.214 0***	0.216 0***	0.215 1***	0.213 4***
	（8.54）	（8.07）	（9.50）	（10.12）
LEV	−0.003 2	−0.005 3	0.101 1	0.107 3
	（−0.03）	（−0.04）	（1.03）	（0.81）
RET	0.006 8	0.009 2	−0.021 7	−0.020 9
	（0.33）	（0.47）	（−0.78）	（−0.94）
Listage	0.000 2	0.000 6	−0.007 9	−0.008 9
	（0.03）	（0.10）	（−1.15）	（−1.61）
First	−0.273 0*	−0.257 6	−0.583 6***	−0.575 5***
	（−1.81）	（−1.59）	（−4.15）	（−4.16）
Growth	−0.068 6**	−0.074 6**	−0.028 5	−0.024 7
	（−2.03）	（−2.15）	（−1.11）	（−0.88）
Age	0.007 4**	0.006 8*	0.012 4***	0.012 2***
	（2.35）	（1.89）	（3.22）	（3.17）
Degree	0.092 3*	0.088 5*	−0.032 2	−0.034 1
	（1.77）	（1.77）	（−0.92）	（−0.80）
Gender	0.006 8	0.014 8	0.138 2	0.137 0
	（0.09）	（0.19）	（1.27）	（1.33）
Director_totco	0.039 0***	0.038 4***	0.029 6**	0.029 4***
	（4.00）	（4.13）	（2.58）	（2.61）
Year	Yes	Yes	Yes	Yes
Industry	Yes	Yes	Yes	Yes

续表

	Good institution		Bad institution	
	(1)	(2)	(3)	(4)
Constant	6.664 6***	6.146 7***	7.753 3***	7.852 4***
	(9.99)	(9.50)	(13.94)	(15.78)
N	2 068	2 068	1 949	1 949
Adj_R^2	0.266	0.269	0.356	0.356

注：＊＊＊、＊＊、＊分别表示在1%、5%和10%水平上显著，( )显示 t/z 值。

（2）其他社会关系的影响。

除了地缘关系，董事长和 CEO 之间还可能存在其他社会关系，这些关系的存在可能对本章的结果产生影响。为控制这一问题，首先，考虑到赵宜一和吕长江[①]基于亲缘关系的研究，笔者在样本筛选中删除了董事长和 CEO 之间存在亲缘关系的样本。其次，为了控制由于工作关系而带来的其他社会关系，如创业伙伴、多年同事等，我们对 CEO 的来源数据进行了整理，增加了变量 Inside，如果 CEO 来源于公司内部，则 Inside 等于 1，否则为 0，相关回归结果如表 8-7 所示。

表 8-7　控制 CEO 来源后的结果

	(1)	(2)
Province * ROA	−0.956 8***	
	(−2.59)	
Geodist * ROA		−0.737 0**
		(−2.37)
Province	0.040 0	
	(1.26)	
Geodist		−0.020 7
		(−0.88)
ROA	3.961 5***	3.081 6***
	(10.24)	(8.60)

① 赵宜一,吕长江.亲缘还是利益?：家族企业亲缘关系对薪酬契约的影响[J].会计研究,2015(8)：32-40.

续表

	（1）	（2）
Inside	0.073 6**	0.074 2**
	（2.39）	（2.03）
Law	0.089 1***	0.089 7***
	（6.12）	（9.69）
Size	0.206 7***	0.205 1***
	（11.96）	（10.81）
LEV	0.073 9	0.075 1
	（0.80）	（0.74）
RET	−0.011 9	−0.011 6
	（−1.07）	（−0.71）
Listage	−0.001 5	−0.001 8
	（−0.34）	（−0.40）
First	−0.419 3***	−0.409 4***
	（−3.47）	（−3.34）
Growth	−0.043 8	−0.044 7*
	（−1.49）	（−1.86）
Age	0.011 8***	0.011 1***
	（3.85）	（3.50）
Degree	0.031 4	0.031 1
	（0.82）	（0.83）
Gender	0.104 6	0.109 3
	（1.57）	（1.42）
Director_totco	0.041 1***	0.041 1***
	（5.05）	（5.22）
Year	Yes	Yes
Industry	Yes	Yes
Constant	7.215 0***	7.292 9***
	（16.77）	（15.56）
N	4 017	4 017
Adj_R^2	0.349	0.351

注：***、**、*分别表示在 1%、5% 和 10% 水平上显著，（ ）显示 t/z 值。

如表8-7所示,在控制了 CEO 来源后,结果依然稳健,说明在排除社会关系(如创业伙伴、同事等)之后,地缘关系对薪酬业绩敏感性的影响依然存在。

(3) 关于内生性的稳健性测试。

在主回归中,可能会存在一些遗漏因素同时影响董事长与 CEO 之间的地缘关系与 CEO 薪酬激励,即可能存在内生性问题。为了缓解这一问题,我们进一步将样本设定为 CEO 或者董事长变更而导致地缘关系发生变化的样本,对模型(8-1)进行再次回归,结果如表8-8所示。

表8-8　地缘关系变化情况下的检验结果

	(1)	(2)	(3)	(4)
	Comp	Comp	Comp	Comp
Province * ROA	−0.708 0	−0.628 9*		
	(−1.40)	(−1.78)		
Geodost * ROA			−0.762 7***	−0.672 6**
			(−3.87)	(−2.37)
Province	−0.021 4	−0.001 5		
	(−0.89)	(−0.07)		
Geodist			−0.017 7	−0.054 5***
			(−0.90)	(−3.02)
ROA	4.012 2***	3.132 9***	4.175 9***	2.470 3***
	(7.88)	(7.04)	(8.04)	(6.03)
Law		0.093 5***		0.094 4***
		(5.81)		(6.01)
Size		0.238 2***		0.237 2***
		(10.41)		(10.19)
LEV		−0.065 7		−0.059 6
		(−0.78)		(−0.71)
RET		−0.010 6		−0.011 4
		(−0.41)		(−0.44)
Listage		−0.005 2		−0.005 1
		(−0.92)		(−0.88)
First		−0.507 7***		−0.498 3***
		(−3.37)		(−3.37)

续表

	(1)	(2)	(3)	(4)
	Comp	Comp	Comp	Comp
Growth		−0.043 6		−0.042 0
		(−1.53)		(−1.49)
Age		0.009 1***		0.009 0***
		(4.45)		(4.04)
Degree		0.061 1		0.058 7
		(1.55)		(1.51)
Gender		0.018 6		0.020 4
		(0.18)		(0.19)
Director_totco		0.035 4***		0.035 4***
		(3.07)		(3.14)
Year	Yes	Yes	Yes	Yes
Industry	Yes	Yes	Yes	Yes
Constant	13.013 9***	6.719 4***	12.411 8***	6.715 0***
	(99.08)	(10.71)	(59.58)	(10.66)
N	1 616	1 616	1 616	1 616
Adj_R^2	0.235	0.354	0.134	0.357

注：***、**、*分别表示在1%、5%和10%水平上显著，( )显示 t/z 值。

（4）地缘差序关系与股价崩盘风险。

表8-9列示了研究假设1的检验结果。模型控制了公司固定效应、行业固定效应和年份固定效应，模型回归调整后的 R^2 在0.09以上，F统计值在10以上，模型具有较好的拟合优度。表8-9中列（1）～列（3）是股价崩盘风险（Ncskew）对地缘差序关系（AreaRe）的回归结果；列（4）～列（6）是股价崩盘风险（Duvol）对地缘差序关系（AreaRe）的回归结果，其中列（3）、列（6）是在同省地缘样本下地缘距离对股价崩盘风险的影响。可以看出，高管地缘（AreaRe）的系数始终为正，且在1%、5%或10%的水平下显著。即高管的地缘关系越近，公司的股价崩盘风险越高，这与研究假设1相符。Ncskew_t0、Size、MB、ROA、LEV为正且显著，表明上期的崩盘风险、企业规模、市账比、资产收益率和资产负债率与当期的股价崩盘风险呈正相关。Dturn、First为负且显著，表明换手率和第一大股东持股与当期的股价崩盘风险呈负相关。

表8-9　地缘差序关系对公司股价崩盘

Dep Var.	Ncskew			Duvol		
	(1)	(2)	(3)	(4)	(5)	(6)
AreaRe$_1$	0.020***			0.057**		
	(3.53)			(2.16)		
AreaRe$_2$		0.003**	0.004***		0.034*	0.076***
		(2.28)	(3.05)		(1.66)	(2.99)
Ncskew_t0	0.043***	0.043***	0.026	0.006	0.007	0.024*
	(5.84)	(5.86)	(1.61)	(1.40)	(1.47)	(1.71)
Dturn	−0.314***	−0.316***	−0.585**	−1.391***	−1.395***	−1.465***
	(−2.91)	(−2.93)	(−2.46)	(−6.45)	(−6.47)	(−2.91)
Wret	197.678***	198.076***	266.638***	3 015.263***	3 013.689***	3 307.650***
	(9.01)	(9.02)	(5.22)	(68.85)	(68.81)	(30.64)
Size	0.013**	0.013**	0.046*	0.198***	0.198***	0.266***
	(2.29)	(2.27)	(1.73)	(9.61)	(9.60)	(4.75)
Mb	5.927***	5.939***	3.438	7.079**	7.004**	14.958*
	(3.58)	(3.59)	(0.89)	(2.14)	(2.12)	(1.84)
LEV	0.102**	0.101**	0.088	0.134*	0.135*	0.322*
	(2.55)	(2.53)	(0.96)	(1.68)	(1.70)	(1.66)
ROA	0.091*	0.092*	0.221	1.925***	1.928***	2.918***
	(1.83)	(1.85)	(1.09)	(9.91)	(9.93)	(6.85)
Abacc	−0.116***	−0.116***	−0.063	−0.124	−0.127	−0.051
	(−2.64)	(−2.64)	(−0.67)	(−1.42)	(−1.45)	(0.26)
First	−0.119*	−0.120*	−0.091	−0.778***	−0.782***	−1.249***
	(−1.82)	(−1.83)	(−0.60)	(−5.96)	(−5.99)	(−3.90)
Hhi	−0.008	−0.008	0.002	−0.040***	−0.041***	−0.037
	(−1.23)	(−1.23)	(0.18)	(−3.06)	(−3.06)	(−1.24)
Firmage	0.003	0.003	0.075**	−0.044**	−0.044**	−0.495***
	(0.30)	(0.32)	(2.34)	(−2.34)	(−2.36)	(−7.31)
C_edu	−0.007	−0.007	−0.022	0.040**	0.039**	0.038
	(−0.78)	(−0.76)	(−0.94)	(2.34)	(2.30)	(0.77)
D_edu	0.009	0.010	0.016	0.033**	0.029*	−0.172***
	(1.11)	(1.20)	(0.54)	(1.97)	(1.75)	(−2.78)
C_age	−0.000	0.000	−0.003	−0.000	−0.000	−0.002
	(−0.02)	(0.00)	(−1.12)	(−0.02)	(−0.05)	(−0.30)

续表

Dep Var.	Ncskew			Duvol		
	(1)	(2)	(3)	(4)	(5)	(6)
D_age	−0.000	0.000	−0.002	0.003	0.003	−0.004
	(−0.06)	(0.01)	(−0.71)	(1.22)	(1.13)	(−0.65)
C_gender	−0.014	0.013	0.009	0.155 **	0.154 **	0.278 *
	(−0.39)	(−0.38)	(−0.12)	(2.25)	(2.23)	(1.65)
D_gender	−0.008	−0.009	−0.154	0.020	0.022	0.328 *
	(−0.20)	(−0.22)	(−1.64)	(0.24)	(0.26)	(1.65)
Dual	−0.005	−0.012	−0.023	−0.066 **	−0.090 ***	−0.001 **
	(−1.28)	(−1.73)	(−1.53)	(−2.01)	(−2.85)	(−1.99)
Constant	0.139	0.139	−1.328 **	−12.019 ***	−11.995 ***	−10.505 ***
	(0.57)	(0.57)	(−2.06)	(−24.89)	(−24.83)	(−7.69)
Fixed Effect	Yes	Yes	Yes	Yes	Yes	Yes
Year & Industry	Yes	Yes	Yes	Yes	Yes	Yes
N	20 399	20 399	8 092	20 399	20 399	8 092
Adj_R^2	0.100	0.100	0.095	0.475	0.475	0.509
F value	64.079	64.000	14.817	59.930	59.817	46.412

注：括号内表示调整后的 t/z 值，*** 、** 、* 分别表示在 1%、5% 和 10% 显著性水平下显著。

（5）法律环境的调节作用。

表 8 - 10 列示了研究假设 2 的检验结果。结果显示，地缘差序关系（AreaRe）的系数为正且显著，而高管地缘与法律环境交乘项（AreaRe$_1$ * Law、AreaRe$_2$ * Law）的系数均为负且显著。即法律制度越完善，越有助于缓解地缘差序关系对股市崩盘风险的消极影响，与研究假设 2 的预期一致。这一结果表明，相关法律制度的完善与有效执行可以有效抑制因地缘差序关系产生的代理问题，进而降低企业股价崩盘风险。这一发现为"建立法治的市场经济"的必要性也提供了一定证据支持。

（6）儒家文化的调节作用。

表 8 - 11 列示了研究假设 3 的检验结果。结果显示，地缘差序关系（AreaRe）的系数为正且显著，而高管地缘与法律环境交乘项（AreaRe$_1$ * Law、AreaRe$_2$ * Law）的系数均为正且显著。即上市公司所处地区受儒家文化传统影响越强，越有可能强化地缘差序关系对股价崩盘风险的负面效应，与研究假设 3 的预期一致。受儒家文化传统影响越强的地区，高管对儒家

文化更为推崇,而儒家文化中的"人情"文化使得具有老乡关系的高管更容易产生"信任",这种"信任"往往会对上市公司的治理效率产生消极作用,进而加剧上市公司的股价崩盘风险。

表 8 - 10　地缘差序关系、法律环境与公司股价崩盘风险

Dep Var.	Ncskew			Duvol		
	(1)	(2)	(3)	(4)	(5)	(6)
$AreaRe_1$	0.011***			0.013***		
	(3.51)			(3.36)		
$AreaRe_1 * Law$	-0.017**			-0.108**		
	(-2.27)			(-2.40)		
$AreaRe_2$		0.003***	0.041***		0.049*	0.038***
		(3.18)	(3.44)		(1.66)	(3.62)
$AreaRe_2 * Law$		-0.010**	-0.013**		-0.027*	-0.157**
		(-2.02)	(-2.35)		(-1.70)	(-2.06)
Law	-0.014	-0.013	0.053	0.058	0.022	0.116
	(-0.56)	(-0.48)	(1.30)	(1.14)	(0.41)	(1.34)
CV	Yes	Yes	Yes	Yes	Yes	Yes
Fixed Effect	Yes	Yes	Yes	Yes	Yes	Yes
Year & Industry	Yes	Yes	Yes	Yes	Yes	Yes
N	20 399	20 399	8 092	20 399	20 399	8 092
Adj_R^2	0.100	0.100	0.087	0.475	0.475	0.465
F value	60.313	60.237	18.167	48.425	48.248	16.688

注:括号内表示调整后的 t/z 值,***、**、* 分别表示在1%、5%和10%显著性水平下显著。

表 8 - 11　地缘差序关系、文化传统与公司股价崩盘风险

Dep Var.	Ncskew			Duvol		
	(1)	(2)	(3)	(4)	(5)	(6)
$AreaRe_1$	0.036***			0.061***		
	(3.08)			(2.76)		
$AreaRe_1 * Culture$	0.032**			0.008**		
	(2.01)			(2.18)		

Dep Var.	Ncskew			Duvol		
	(1)	(2)	(3)	(4)	(5)	(6)
AreaRe$_2$		0.003**	0.076***		0.050*	0.156**
		(2.21)	(2.67)		(1.75)	(2.57)
AreaRe$_2$ * Culture		0.012*	0.016**		0.033*	0.067*
		(1.75)	(2.12)		(1.79)	(1.78)
Culture	0.005*	0.018	0.034*	0.055**	0.062	0.088*
	(1.69)	(1.62)	(1.72)	(2.10)	(1.20)	(1.75)
CV	Yes	Yes	Yes	Yes	Yes	Yes
Fixed Effect	Yes	Yes	Yes	Yes	Yes	Yes
Year & Industry	Yes	Yes	Yes	Yes	Yes	Yes
N	20 399	20 399	8 092	20 399	20 399	8 092
Adj_R^2	0.100	0.100	0.087	0.475	0.475	0.465
F value	62.201	62.068	18.813	50.149	54.074	17.508

注：括号内表示调整后的 t/z 值，***、**、* 分别表示在 1%、5% 和 10% 显著性水平下显著。

（7）地缘关系作用渠道的分析。

第一，信息透明度受到公司管理层披露动机的影响，透明度越低，特质信息和负面信息越可能被积压，导致股价剧烈波动。江轩宇和许年行[1]发现会计信息可比性的提高有助于抑制经理人隐藏负面信息的机会主义行为，降低股价未来的崩盘风险。本章将报表可比性作为衡量信息环境的指标，通过交乘项检验高管地缘对股价崩盘过程中的信息环境这一通道效应。表 8-12 中 Panel A 的结果验证了潘越等和江轩宇的判断。

第二，江轩宇和许年行[2]发现公司过度投资会加剧股价未来崩盘风险，而代理冲突而非管理者过度自信是其中的主因。上市公司高管间的老乡关系更容易达成共识而加剧第二类代理问题，同时导致管理者过度自信，这些因素增强了过度投资与股价崩盘风险的正向关系。本章将过度投资与地缘的交乘项作为高管地缘对股价崩盘过程中的投资行为这一通道效应的检验方式。表 8-12 中 Panel B 的结果与江轩宇和许年行的

[1]　江轩宇，许年行.企业过度投资与股价崩盘风险[J].金融研究，2015(8)：141-158.
[2]　江轩宇，许年行.企业过度投资与股价崩盘风险[J].金融研究，2015(8)：141-158.

研究发现一致。

表 8 - 12　地缘差序关系与公司股价崩盘风险的作用渠道分析

Panel A: 信息环境的渠道分析

Dep Var.	Ncskew			Duvol		
	(1)	(2)	(3)	(4)	(5)	(6)
$AreaRe_1$	0.010***			0.037***		
	(3.60)			(4.14)		
$AreaRe_1 * Compacct$	-1.747**			-3.048***		
	(-2.36)			(-2.93)		
$AreaRe_2$		0.010**	0.052***		0.031**	0.136**
		(2.10)	(2.82)		(2.20)	(2.51)
$AreaRe_2 * Compacct$		-2.290*	-2.910***		-0.747	-1.943**
		(-1.72)	(-3.12)		(-1.28)	(-2.35)
Compacct	-2.065*	-3.916***	-4.352**	-10.901***	-11.769***	-11.795***
	(-1.73)	(-3.21)	(-2.14)	(-4.58)	(-4.84)	(-2.74)
CV	Yes	Yes	Yes	Yes	Yes	Yes
Fixed Effect	Yes	Yes	Yes	Yes	Yes	Yes
Year & Industry	Yes	Yes	Yes	Yes	Yes	Yes
N	20 399	20 399	8 092	20 399	20 399	8 092
Adj_R^2	0.101	0.101	0.088	0.476	0.476	0.466
F value	60.575	60.566	18.262	49.325	49.206	16.879

Panel B: 企业过度投资的渠道分析

Dep Var.	Ncskew			Duvol		
	(1)	(2)	(3)	(4)	(5)	(6)
$AreaRe_1$	0.022***			0.068**		
	(2.68)			(2.52)		
$AreaRe_1 * Overinv$	0.006**			0.042***		
	(2.08)			(2.88)		
$AreaRe_2$		0.003*	0.034**		0.039*	0.130***
		(1.80)	(2.21)		(1.83)	(2.94)

续表

Dep Var.	Ncskew			Duvol		
	(1)	(2)	(3)	(4)	(5)	(6)
AreaRe$_2$ * Overinv		0.003**	0.002**		0.011**	0.014***
		(1.99)	(2.07)		(2.02)	(2.55)
Overinv	0.011***	0.015*	0.014**	0.083***	0.102***	0.133***
	(3.45)	(2.80)	(2.19)	(5.55)	(6.86)	(5.39)
CV	Yes	Yes	Yes	Yes	Yes	Yes
Fixed Effect	Yes	Yes	Yes	Yes	Yes	Yes
Year & Industry	Yes	Yes	Yes	Yes	Yes	Yes
N	20 399	20 399	8 092	20 399	20 399	8 092
Adj_R^2	0.101	0.100	0.087	0.477	0.477	0.468
F value	60.450	60.370	18.160	49.299	49.254	16.744

Panel C：税收激进度的渠道分析

Dep Var.	Ncskew			Duvol		
	(1)	(2)	(3)	(4)	(5)	(6)
AreaRe$_1$	0.032**			0.015***		
	(2.03)			(3.48)		
AreaRe$_1$ * Taxagg	0.567**			2.051**		
	(2.21)			(2.36)		
AreaRe$_2$		0.019**	0.017***		0.026***	0.051***
		(2.50)	(3.70)		(3.03)	(3.00)
AreaRe$_2$ * Taxagg		0.775**	0.850**		0.470*	3.584***
		(2.28)	(2.30)		(1.69)	(2.58)
Taxagg	1.208***	0.503**	0.302**	2.197***	1.664**	2.414**
	(3.61)	(2.44)	(2.14)	(3.29)	(2.38)	(2.05)
CV	Yes	Yes	Yes	Yes	Yes	Yes
Fixed Effect	Yes	Yes	Yes	Yes	Yes	Yes
Year & Industry	Yes	Yes	Yes	Yes	Yes	Yes

Dep Var.	Ncskew			Duvol		
	(1)	(2)	(3)	(4)	(5)	(6)
N	20 399	20 399	8 092	20 399	20 399	8 092
Adj_R²	0.101	0.101	0.087	0.475	0.475	0.465
F value	60.746	60.782	18.222	49.928	49.547	16.848

注: 括号内表示调整后的 t/z 值, ***、**、* 分别表示在 1%、5%和 10%显著性水平下显著。

　　第三,江轩宇[①]发现上市公司经理人避税行为越激进,则公司股价未来的崩盘风险越高。本章将税收激进度与地缘的交乘项作为高管地缘对股价崩盘过程中的税收行为这一通道效应的检验方式。表 8-12 中 Panel C 的结果与江轩宇的研究发现一致。

　　根据表 8-12,信息可比性越高,亲近的地缘差序关系之间的代理问题越容易被抑制,进而有助于降低股市崩盘风险。企业过度投资随着高管间地缘越近则越容易达成共识,进一步加剧股市崩盘风险的正向关系。企业避税行为越激进,具有老乡关系的高管越有可能为了共同的利益而容忍这种激进行为,造成企业股市崩盘风险的进一步提高。

　　(8)其他地区文化的影响分析。

　　由于地区法律环境受地区发展水平、地理气候环境、改革开发程度等因素的影响,且地区经济发展本身存在区域集聚特征,如相较西部地区,东部地区经济的发展存在明显优势,即东部地区的法律制度环境也相对较好,因此本章将东部地区地缘特征作为制度发展的替代变量,进一步说明本研究中法律效应的合理性。在经济发展水平相对较高和法律制度环境相对较完善的东部地区,关系治理对股价崩盘风险的消极影响产生了更好的抑制作用。

　　儒家文化传统对企业家的影响体现在其从事商业活动时对商业规则与伦理信条的信奉,且这种文化也形成了地域特色即商帮文化,尤其在浙商、粤商、徽商、晋商等传统文化强省,这些文化强省的形成并非与制度、地理等因素直接相关。比如,徽商受到儒家义利观的影响,注重商业道德,而晋商以信义为特质的道德自觉,浙商继承传统儒家文化"仁爱"而形成"仁合",义利并举和以义制利,"敢为人先,和气生财,利己而不损人"的粤商精神则体现了家文化和儒家伦理的岭南文化特征。我国传统商帮文化下各商人群体具有他们各

　　①　江轩宇.税收征管、税收激进与股价崩盘风险[J].南开管理评论,2013,16(5):152-160.

白特定的文化信念，但这些特定的文化信念是建立在诚实守信的契约精神之上。本章将商帮文化地区地缘特征作为儒家文化传统的替代变量，有助于进一步说明本研究中文化效应的合理性。表 8－13 中 Panel B 的商帮文化和交乘项统计结果验证了信奉商帮文化的高管有意愿遵守文化"道义"，本着"和为贵"的理念进行公司治理，且具有老乡关系的高管对商帮文化更容易相互认同，这无疑加剧了公司的代理问题，提高了股市崩盘风险。

表 8－13　其他地区文化的影响分析

Panel A: 东部环境的影响分析

Dep Var.	Ncskew			Duvol		
	(1)	(2)	(3)	(4)	(5)	(6)
$AreaRe_1$	0.031***			0.054***		
	(2.67)			(2.75)		
$AreaRe_1 * East$	-0.031**			-0.014*		
	(-2.03)			(-1.75)		
$AreaRe_2$		0.003**	0.049**		0.024**	0.114**
		(2.29)	(2.13)		(2.02)	(2.34)
$AreaRe_2 * East$		-0.002**	-0.050**		-0.041	-0.038
		(-1.99)	(-2.03)		(-1.08)	(-0.52)
East	0.139	0.144	0.055	-12.031***	-12.014***	-10.428***
	(0.58)	(0.59)	(0.11)	(-24.90)	(-24.86)	(-10.37)
CV	Yes	Yes	Yes	Yes	Yes	Yes
Fixed Effect	Yes	Yes	Yes	Yes	Yes	Yes
Year & Industry	Yes	Yes	Yes	Yes	Yes	Yes
N	20 399	20 399	8 092	20 399	20 399	8 092
Adj_R^2	0.100	0.100	0.087	0.475	0.475	0.466
F value	60.384	60.246	18.181	48.327	48.273	16.121

Panel B: 商帮文化的影响分析

Dep Var.	Ncskew			Duvol		
	(1)	(2)	(3)	(4)	(5)	(6)
$AreaRe_1$	0.028**			0.058**		
	(2.00)			(2.10)		

Dep Var.	Ncskew			Duvol		
	(1)	(2)	(3)	(4)	(5)	(6)
$AreaRe_1 * Shangbang$	0.052*			0.010**		
	(1.68)			(2.16)		
$AreaRe_2$		0.006**	0.036***		0.028**	0.105**
		(2.54)	(3.65)		(2.26)	(2.30)
$AreaRe_2 * Shangbang$		0.024*	0.011**		0.055**	0.122**
		(1.90)	(2.24)		(2.05)	(2.25)
Shangbang	0.009	0.027	0.009	0.017	0.013	0.130
	(1.35)	(1.09)	(1.21)	(1.32)	(1.26)	(1.46)
CV	Yes	Yes	Yes	Yes	Yes	Yes
Fixed Effect	Yes	Yes	Yes	Yes	Yes	Yes
Year & Industry	Yes	Yes	Yes	Yes	Yes	Yes
N	20 399	20 399	8 092	20 399	20 399	8 092
Adj_R^2	0.101	0.100	0.087	0.475	0.475	0.465
F value	60.415	60.272	18.115	49.299	49.256	15.575

注：括号内表示调整后的 t/z 值，***、**、* 分别表示在1%、5%和10%显著性水平下显著。

4. 稳健性检验

（1）高管地缘变更前一年和后一年的子样本检验。

考虑到董事长或总经理未发生变更时，高管地缘在不同年度间没有差异，那么公司股价崩盘风险的变化可能是其他原因造成的。而当发生变更时，尤其是地缘发生变化时，更能较好地观察到高管地缘带来公司股价崩盘风险的差异，考虑到变更当年公司特征的巨大差异和变更在上下半年对高管实施公司股价崩盘风险影响的情况，我们选择了高管地缘变更前一年和后一年的样本进行观察。表8－14报告了检验结果，结果与之前的发现一致。

（2）剔除董事长与总经理两职合一样本的检验。

高管两职合一是地缘关系最强的一种表现，前面的检验都是将其与非两职合一同时考察，而两职合一也会带来公司治理问题，因此稳健性检验中剔除了两职合一的样本重新进行了检验。表 8 - 15 报告了检验结果，结果与之前的发现一致。

表 8 - 14 高管变更前后的稳健性检验

Panel A: 地缘差序关系与公司股价崩盘风险

Dep Var.	Ncskew			Duvol		
	(1)	(2)	(3)	(4)	(5)	(6)
AreaRe$_1$	0.062***			0.114***		
	(2.74)			(2.82)		
AreaRe$_2$		0.010**	0.030***		0.028***	0.040***
		(2.32)	(3.11)		(2.93)	(3.61)
CV	Yes	Yes	Yes	Yes	Yes	Yes
Fixed Effect	Yes	Yes	Yes	Yes	Yes	Yes
Year & Industry	Yes	Yes	Yes	Yes	Yes	Yes
N	3 969	3 969	1 804	3 969	3 969	1 804
Adj_R^2	0.089	0.088	0.104	0.502	0.501	0.501
F value	6.12	6.08	3.23	63.41	63.19	27.53

Panel B: 地缘差序关系、法律环境与公司股价崩盘风险

Dep Var.	Ncskew			Duvol		
	(1)	(2)	(3)	(4)	(5)	(6)
AreaRe$_1$	0.041***			0.046***		
	(3.18)			(2.75)		
AreaRe$_1$ * Law	-0.034*			-0.153**		
	(-1.78)			(-1.98)		
AreaRe$_2$		0.031**	0.073***		0.003**	0.066***
		(2.17)	(2.81)		(2.06)	(3.76)
AreaRe$_2$ * Law		-0.015**	-0.059**		-0.042	-0.142**
		(-2.43)	(-1.99)		(-1.70)	(-2.23)
Law	0.043	0.067**	0.055	0.023	0.128**	0.169**
	(1.43)	(2.20)	(1.35)	(0.44)	(2.37)	(2.14)

续表

Dep Var.	Ncskew			Duvol		
	(1)	(2)	(3)	(4)	(5)	(6)
CV	Yes	Yes	Yes	Yes	Yes	Yes
Fixed Effect	Yes	Yes	Yes	Yes	Yes	Yes
Year & Industry	Yes	Yes	Yes	Yes	Yes	Yes
N	3 969	3 969	1 804	3 969	3 969	1 804
Adj_R^2	0.090	0.090	0.106	0.503	0.502	0.499
F value	6.04	6.00	3.23	61.76	61.39	27.03

Panel C：地缘差序关系、文化传统与公司股价崩盘风险

Dep Var.	Ncskew			Duvol		
	(1)	(2)	(3)	(4)	(5)	(6)
$AreaRe_1$	0.097***			0.144***		
	(3.11)			(2.59)		
$AreaRe_1$ * Culture	0.069*			0.059*		
	(1.83)			(1.79)		
$AreaRe_2$		0.032**	0.008***		0.005**	0.023**
		(2.34)	(3.19)		(2.12)	(2.29)
$AreaRe_2$ * Culture		0.015	0.108*		0.046*	0.039**
		(1.46)	(1.85)		(1.77)	(2.35)
Culture	0.016	0.007	0.022	0.071	0.071	0.024
	(0.56)	(0.24)	(0.58)	(1.40)	(1.37)	(0.33)
CV	Yes	Yes	Yes	Yes	Yes	Yes
Fixed Effect	Yes	Yes	Yes	Yes	Yes	Yes
Year & Industry	Yes	Yes	Yes	Yes	Yes	Yes
N	3 969	3 969	1 804	3 969	3 969	1 804
Adj_R^2	0.089	0.088	0.107	0.502	0.501	0.495
F value	5.98	5.90	3.25	61.46	61.24	26.64

注：括号内表示调整后的 t/z 值，***、**、* 分别表示在1%、5%和10%显著性水平下显著。

表 8 - 15　剔除董事长与总经理两职合一样本的稳健性检验

Panel A：地缘差序关系与公司股价崩盘风险

Dep Var.	Ncskew			Duvol		
	(1)	(2)	(3)	(4)	(5)	(6)
AreaRe$_1$	0.014***			0.037*		
	(2.86)			(1.71)		
AreaRe$_2$		0.004**	0.010***		0.033**	0.060**
		(2.29)	(2.80)		(2.26)	(2.39)
CV	Yes	Yes	Yes	Yes	Yes	Yes
Fixed Effect	Yes	Yes	Yes	Yes	Yes	Yes
Year & Industry	Yes	Yes	Yes	Yes	Yes	Yes
N	12 797	12 797	5 016	12 797	12 797	5 016
Adj_R^2	0.095	0.095	0.099	0.525	0.524	0.560
F value	39.34	39.31	12.67	411.24	411.15	150.55

Panel B：地缘差序关系、法律环境与公司股价崩盘风险

Dep Var.	Ncskew			Duvol		
	(1)	(2)	(3)	(4)	(5)	(6)
AreaRe$_1$	0.014**			0.017***		
	(2.57)			(3.36)		
AreaRe$_1$ * Law	-0.047			-0.107*		
	(-1.59)			(-1.83)		
AreaRe$_2$		0.002**	0.019**		0.003**	0.032**
		(2.10)	(2.53)		(2.07)	(2.45)
AreaRe$_2$ * Law		-0.004**	-0.003**		-0.062*	-0.105**
		(-2.15)	(-2.18)		(-1.84)	(-2.19)
Law	0.004	0.015	0.121**	0.001	0.054	0.076
	(0.15)	(0.48)	(2.37)	(0.01)	(0.87)	(0.76)
CV	Yes	Yes	Yes	Yes	Yes	Yes
Fixed Effect	Yes	Yes	Yes	Yes	Yes	Yes
Year & Industry	Yes	Yes	Yes	Yes	Yes	Yes

Dep Var.	Ncskew			Duvol		
	(1)	(2)	(3)	(4)	(5)	(6)
N	12 797	12 797	5 016	12 797	12 797	5 016
Adj_R^2	0.096	0.095	0.091	0.525	0.525	0.538
F value	36.89	36.78	12.08	384.69	384.68	140.87

Panel C：地缘差序关系、文化传统与公司股价崩盘风险

Dep Var.	Ncskew			Duvol		
	(1)	(2)	(3)	(4)	(5)	(6)
$AreaRe_1$	0.001**			0.045**		
	(2.06)			(2.08)		
$AreaRe_1*Culture$	0.026*			0.024*		
	(1.82)			(1.88)		
$AreaRe_2$		0.004**	0.058***		0.039**	0.013**
		(2.23)	(2.78)		(2.09)	(2.19)
$AreaRe_2*Culture$		0.017	0.089*		0.012**	0.024**
		(1.55)	(1.68)		(2.23)	(2.23)
Culture	−0.021	−0.007	−0.051	−0.025	−0.021	−0.025
	(−0.56)	(−0.24)	(−1.37)	(−0.58)	(−1.40)	(−0.33)
CV	Yes	Yes	Yes	Yes	Yes	Yes
Fixed Effect	Yes	Yes	Yes	Yes	Yes	Yes
Year & Industry	Yes	Yes	Yes	Yes	Yes	Yes
N	12 797	12 797	5 016	12 797	12 797	5 016
Adj_R^2	0.096	0.095	0.090	0.525	0.524	0.538
F value	38.05	38.01	12.35	397.51	397.41	145.50

注：括号内表示调整后的 t/z 值，***、**、* 分别表示在1%、5%和10%显著性水平下显著。

（3）采用 TSLS 的检验。

考虑到股价崩盘和公司治理往往是内生的，因此内生性问题是一个非

常重要且必须解决的问题。我们参考陆瑶和胡江燕[1]、弗拉卡西和泰特[2]在处理 CEO 与董事之间关系强弱变量中存在的内生性问题的做法，构建的工具变量为衡量公司董事长或总经理因外在原因离职的情况以及社会信任。因为外在原因离职会影响高管地缘的变化，但对公司股价崩盘一般不会有直接的影响。同时，社会信任也是外生的，会影响所有者是否因合谋动机导致聘请地缘较近的 CEO，而这一决策对公司股价崩盘通常不会造成直接影响。表 8 - 16 呈现了工具变量的相关性检验、外生性检验和第二阶段回归结果。在相关性检验中，F 值大于 10，这意味着选取的工具变量满足相关性条件，在工具变量外生性检验中过度识别约束 p 值大于 0.10，这意味着不能拒绝这 2 个工具变量不具有外生性的原假设，工具变量外生性检验得以通过。相关性条件和外生性条件的满足为本章使用工具变量的有效性提供了强有力的证据支持。表 8 - 16 呈现了检验结果，结果与之前的发现一致。

表 8 - 16　TSLS 检验结果

Panel A：地缘差序关系与公司股价崩盘风险

Dep Var.	Ncskew			Duvol		
	(1)	(2)	(3)	(4)	(5)	(6)
$AreaRe_1$	0.014 ***			0.057 *		
	(2.86)			(1.71)		
$AreaRe_2$		0.004 **	0.010 ***		0.033 **	0.060 **
		(2.29)	(2.80)		(2.26)	(2.39)
CV	Yes	Yes	Yes	Yes	Yes	Yes
Fixed Effect	Yes	Yes	Yes	Yes	Yes	Yes
Year & Industry	Yes	Yes	Yes	Yes	Yes	Yes
N	20 399	20 399	5 460	20 399	20 399	5 460
Adj_R^2	0.010	0.020	0.019	0.021	0.428	0.328
F value	10.76	20.80	12.37	58.52	114.20	96.73
弱工具变量检验 F	19.56	56.11	50.81	19.56	56.11	50.81
J 检验(p 值)	1.95(0.16)	0.18(0.67)	0.67(0.41)	2.38(0.12)	0.16(0.69)	0.10(0.74)

① 陆瑶,胡江燕.CEO 与董事间的"老乡"关系对我国上市公司风险水平的影响[J].管理世界,2014(3)：131 - 138.

② FRACASSI C, TATE G. External networking and internal firm governance [J]. Journal of Finance, 2012, 67(1)：153 - 194.

Panel B：地缘差序关系、法律环境与公司股价崩盘风险

Dep Var.	Ncskew			Duvol		
	(1)	(2)	(3)	(4)	(5)	(6)
$AreaRe_1$	2.802***			2.118**		
	(3.63)			(2.05)		
$AreaRe_1 * Law$	-2.743***			-1.922*		
	(-3.69)			(-1.92)		
$AreaRe_2$		0.003*	1.048***		0.086*	0.161**
		(1.92)	(5.06)		(1.88)	(2.46)
$AreaRe_2 * Law$		-0.077*	-1.037***		-0.148*	-1.948***
		(-1.87)	(-5.02)		(-1.71)	(-3.43)
Law	-0.996***	0.156	0.591***	-0.792**	-0.145	-3.072*
	(-3.53)	(1.19)	(5.39)	(-2.09)	(-0.79)	(-1.84)
CV	Yes	Yes	Yes	Yes	Yes	Yes
Fixed Effect	Yes	Yes	Yes	Yes	Yes	Yes
Year & Industry	Yes	Yes	Yes	Yes	Yes	Yes
N	20 399	20 399	5 460	20 399	20 399	5 460
Adj_R^2	0.605	0.561	0.595	0.605	0.561	0.595
F value	578.52	1 095.41	657.83	13 519.71	16 363.58	1 796.8
弱工具变量检验 F	10.714	44.651 9	22.581 5	10.714	44.651 9	22.581 5
J 检验(p 值)	0.50(0.48)	0.25(0.62)	0.29(0.60)	0.38(0.55)	0.92(0.38)	1.22(0.27)

Panel C：地缘差序关系、文化传统与公司股价崩盘风险

Dep Var.	Ncskew			Duvol		
	(1)	(2)	(3)	(4)	(5)	(6)
$AreaRe_1$	0.507**			6.329***		
	(2.02)			(3.50)		
$AreaRe_1 * Culture$	0.497*			5.949***		
	(1.72)			(3.45)		
$AreaRe_2$		0.003***	0.448*		0.006**	2.931***
		(2.72)	(1.78)		(2.53)	(2.90)

续表

Dep Var.	Ncskew			Duvol		
	(1)	(2)	(3)	(4)	(5)	(6)
AreaRe$_2$ * Culture		0.076***	0.440**		0.029*	2.913***
		(2.68)	(2.17)		(1.75)	(2.90)
Culture	0.185	0.023	0.260	−2.369***	0.009	1.633***
	(−0.96)	(0.97)	(1.23)	(−3.45)	(−0.17)	(2.89)
CV	Yes	Yes	Yes	Yes	Yes	Yes
Fixed Effect	Yes	Yes	Yes	Yes	Yes	Yes
Year & Industry	Yes	Yes	Yes	Yes	Yes	Yes
N	20 399	20 399	5 460	20 399	20 399	5 460
Adj_R^2	0.527	0.486	0.497	0.527	0.486	0.497
F value	1 384.55	1 372.43	702.04	4 790.16	6 655.06	668.83
弱工具变量检验 F	8.279 19	8.800 91	7.782 72	8.279 19	8.800 91	7.782 72
J 检验（p 值）	1.08(0.30)	0.49(0.48)	0.68(0.41)	1.71(0.18)	0.99(0.35)	1.07(0.30)

注：括号内表示调整后的 t/z 值，***、**、* 分别表示在 1%、5% 和 10% 显著性水平下显著。

本 章 小 结

　　受我国传统社会结构和当下制度供给不足的现实影响，关系在公司治理实践中仍有着广泛的影响。本章探讨了董事和 CEO 之间的私人地缘关系对 CEO 薪酬激励的影响。我们发现，与董事存在地缘关系的 CEO 的薪酬业绩敏感性较低。但这可能意味着地缘关系导致董事会对 CEO 监督的削弱，也可能意味着地缘关系本身替代了薪酬契约的作用，为此我们进一步检验了薪酬黏性和企业业绩表现。结果表明，地缘关系对薪酬业绩敏感性的减弱作用只在业绩较差的情况下显著，而在业绩较好的时候不显著。这一结果说明地缘关系削弱了董事会的监督作用。此外，我们还检验了不同地区制度环境和产权性质下地缘关系对薪酬契约有效性的影响。研究发现，地缘关系对薪酬契约有效性的影响只在外部制度不完善、国有企业中显著。本章选取 2003—2015 年中国 A 股上市公司的相关数据，从关系文化视角研究地缘差序关系是否影响上市公司股价崩盘风险，并从产权性质与法律环境考察这一作用机理的差异性。研究发现：高管的地缘关系与股价崩盘风险存在显著负相关关系,即地缘关系越近,公司面临的股价崩盘风险越高;不健全的法律环境与企业所处地域较强的文化传统均会加剧这种相关关系。由此可见,地缘差序关系是上市公司股价崩盘风险的一个重要影响因素,并且两者之间的负向关系在处于不同法律环境与处于不同地域文化传统的公司中都呈现出差异化特征。

这一结果显示,所谓关系治理可能并不如制度约束有效。在排除其他私人关系干扰和可能的内生性之后,本章的实证结果依然稳健。我们的研究发现展现了关系对公司治理的负面影响,在理论上完善了对社会关系的认识,在实践上不仅有助于公司正确使用关系这一非正式制度,也有助于政策制定者认识到外部正式制度供给的重要性。

研究结论具有重要的理论与实践意义。第一,本章发现地缘关系治理这一文化特征是影响公司治理风险的一个重要变量,突破了以往仅从正式制度安排(如投资者保护、会计政策选择等)来研究的局限。第二,本章为关系治理的经济结果提供了新的经验证据,关系治理被认为是深受儒家文化影响的中国经济快速发展的重要影响因素,区别于现有文献聚焦于探索关系治理对公司内部效率的影响,本章将关系治理经济结果的研究扩展到高管薪酬和股票市场反应。第三,本章的结论为公司高管团队建设提供了实践参考。通常国有公司高管的选派由政府安排,减少了关系治理的可能性,而民营公司在选任高管时需要考虑关系治理正面作用与负面作用的综合效果,避免因关系治理造成公司利益的损失。第四,本章关于法律环境的差异化特征结论表明,政府需要进一步完善法律法规,加强监管,促进公司信息透明度的提高,降低上市公司治理的潜在风险,避免资本市场剧烈震荡现象的出现,实现资本市场的稳定健康发展。

第九章 结 语

第一节 研 究 总 结

全书从历史与现实的异质性时间、事件出发,分别考察了文化传统视域下差序关系对于不同维度治理(如国家治理、家族治理、公司治理)所产生的深远影响。具体而言,研究观点与发现如下:

(1)家族企业的代际传承不仅是权力的交接过程,也是家族文化的延续与重塑,这一过程中形成了以差序亲缘结构为核心的继承人选拔机制。研究发现:从所有权角度来看,家族企业创始人的子女数量越多,创始人需要持有更多资产所有权的可能性越大;从控制权角度来看,创始人的子女数量越多,其子女获得更多资产控制权的可能性也越高。这一现象反映了家族企业为平衡多子女间的利益分配与权力格局而采取的适应性策略。此外,继承人能力、创始人偏好、企业规模以及地区文化传统等因素均会显著影响家族权力安排的最终决策。

(2)地区文化异质性会减少企业的税收规避行为,且这一现象在非国有、管理层激励较强以及文化异质性程度较高的企业中尤为明显。研究发现:从融资视角来看,地区文化异质性通过内部节约成本和外部社交网络发挥了融资功能,进而替代了税收规避行为,主要表现为企业获得了更多的筹资活动现金流、银行贷款以及商业信用;从风险认知视角来看,地区文化异质性显著降低了企业的风险承担水平,导致企业实施保守的税收规避行为。本书为非正式制度影响企业行为尤其是税收规避行为的影响因素研究提供了新的经验证据。

(3)中国传统"宗法社会"中的差序关系表现及其演化对家族治理模式产生了深远影响,同时也蕴含着重要的历史价值。研究发现:家族治理根植于礼序传统,其核心机制源于宗法距离、辈分、支系、嫡庶、主仆等差序关系的复杂互动。宗法关系不仅塑造了家族个体的价值观、公平感知及行为结果,还导致核心成员在收益分配与错误保护方面呈现出边际递减或差异化的治理效应。此外,宗法关系与家族治理之间的相互作用还受到个体才华等因素的调节,进一步凸显了宗法关系在家族治理中的动态性与复杂性。

(4)中国传统"业缘同僚"差序关系的表现及其演化对公司治理具有重要影响,并蕴含显著的现实价值。研究发现:高管网络中的业缘差序关系越接近核心位置,公司投资效率越高,内部控制质量越优,外部审计监督也越有效。这一结果表明,业缘差序关系不仅塑造了高管团队的内部协作模式,还通过非正式网络的力量提升了公司治理的整体效能。

(5)中国传统"亲缘手足"差序关系的表现及其演化对公司治理具有深远影响,并展现出重要的现实价值。研究发现:与家族企业创始人差序关系越近的成员,其筹资持股比例越高,而所有权减持(或退出)比例则越低,两者的关系呈现出显著的非对称性特征。这一结果表明,亲缘差序关系不仅影响了家族企业内部资源的分配与控制权结构,还在一定程度上塑造了家族企业的长期治理模式。

(6)中国传统"地缘老乡"差序关系的表现及其演化对公司治理具有重要影响,并蕴含显著的现实价值。研究发现:存在地缘关系的公司,其薪酬业绩敏感性较低。这一现象可能源于地缘关系削弱了董事会对CEO的监督效能,也可能表明地缘关系本身在一定程度上替代了薪酬契约的激励作用。值得注意的是,地缘关系对薪酬业绩敏感性的减弱效应仅在业绩较差的情况下显著。此外,高管的地缘关系与公司股价崩盘风险呈现显著负相关关系,即地缘关系越近,公司面临的股价崩盘风险越高。进一步分析表明,不健全的法律环境与企业所处地域较强的文化传统均会加剧这种负相关关系。

第二节 研 究 局 限

本书的研究难点和不足主要有以下四个方面,这些难点和不足影响了全书的研究质量,继而形成研究局限,需要未来后续研究予以改进。

难点一:基于历史的研究,如何从文史资料中对研究问题进行界定与计量?回顾相关文献,提炼核心问题,然后通读作品,借助文本分析手段和量化方法,提取关键变量,选择合适的替代变量进行分组检验和描述性统计,利用有效样本进行回归分析验证提出的命题、假设。与此同时,深入挖掘有趣的命题，引入影响治理效应和调节效应的新变量，不断丰富研究内容。

难点二：如何构建现实世界与虚拟世界、古代世界与现代世界的联系理论框架？部分研究问题缺乏现实的研究数据，数据和话题难以获得和展开；从广义制度背景层面两者存在一定的同质性，运用经济学、社会学、政治学等多种理论，可以协调不同理论之间的冲突，保持分析框架的一致性，解释现有文献的发现与不足。

难点三：如何识别处理影响渠道及其内在相互关系和内生性问题？如果从文化传统的视角审视差序关系和治理效应这一渠道，文化传统与差序关系本身不可避免存在相互关系和内生性等问题，因此将尽可能选取外生的关系变量，通过一些特定事件的案例分析出发，以缓解以上的计量问题。

本研究的主要不足还在于仅关注治理中的个体，如人物、企业的检验，而忽略了治理中的整体，如群体、社会的检验。如家族投资于外部关系资本是否抑制了家族发展或资本积累；经济发展和法治水平的提高是否可以通过制度资本来进一步替代关系资本成为主要的社会资本；不同层级的关系资本投入多大程度会影响到治理的传承与延续等。

第三节　研究展望

传统文化对当今中国的影响广泛而深远，对这种影响的实现路径和内在机理研究仍然是颇具研究价值的学术命题。在治理学研究中引入政治学、社会学等理论，在文化影响问题的研究视角上具有本土性特点，选取传统文化影响中"治理场景中差序对个体的作用"这一类具体问题展开研究。目前，由于文化、差序对治理谱系影响的研究仍处于萌芽阶段，未来可以挖掘的话题和研究的空间非常广阔。

全书仅单纯关注治理中对个体效应的检验而忽略了整体效应，难免造成研究结论多了一份个体"己"的考量，而缺乏对整体基业的关怀。据此，关系资本以外的投资行为是否会抑制其发展，其他调节因素如外部环境变化，是否也会造成非正式制度的差序对治理的影响产生弱化作用等，也是未来需要探讨的问题。目标的多元化促使目前人力与资源不一定会全部倾注于个体本身，不同成员可以通过进入商界、学界、政界形成关系网络。据此，在治理谱系影响中考虑差序的中介作用或调节效应等，均是未来可以关注的方向。与此同时，现有国内外文史作品、案例数据蕴藏大量经典理论问题，运用量化方式,探讨这些久远但值得深究的话题仍是未来可选的研究方向。

全书的理论价值和建议主要体现在:研究和回答"西方的治理工具能否适用于中国"。学术界对社会、家庭、个人三者之间的相互关系以及治理是基于正式制度还是非正式制度仍然存在争议。在重德明义的社会,是否有非正式制度——差序关系影响社会治理、继而是家族治理、企业治理呢?中国人的行为便是在正式制度框架下受到非正式制度约束的结果。当然,除了正式制度——法律观的差异外,中国上下五千年形成的文化、习俗等对社会生活的影响也是形成非正式制度的一个因素。事实证明,与正式制度不同,非正式制度的形成和产生作用完全依靠主观行为,是由于人与人之间存在"关系"上的差别。东西方文化冲击下的中国社会问题受到正式制度和非正式制度的交互作用,其研究专注于一个时期,制度背景便于聚焦,研究场景便于控制,内容和逻辑便于系统连贯。考虑到"法金融学"研究范式不完全适合中国,政府、家族、公司治理这一机制是否可以作为有益补充推动社会经济发展,本研究希冀提供一些经验证据,为社会经济制度安排提供学术方面参考。

全书的实践意义和建议主要体现在:中国经济长足发展除了需要正式制度发挥重要作用外,也与关系等非正式替代性制度的作用密不可分。以古鉴今,从非正式制度安排着手揭开文化、差序在治理中的机理及效率。从组织优化视角系统考察社会学与治理的协同作用及其效果,从社会生态和文学会计视角探寻中国社会持续发展的本源引擎,有助于增进对现有体制安排利弊的理解。从社会发展视角探寻文化、差序在中国社会中的推动作用,研究更接地气,有助于增进对现有治理制度安排利弊的理解。

未来研究展望与建议如下:

首先,以中华传统文化的价值导向统摄政策的目标追求。西方理论本质上是致力于个人、家庭或者国家政府的财富增进,但发展的最终目标是否只是财富增加,促进哪一类群体的财富增加等问题。政策立足追寻的目标,不应脱离中华文化的价值追求。

其次,以中华文化影响下的社会结构作为政策的制定基础。自清末以来的中国社会学研究业已表明,中国社会有着和西方社会完全不同的结构。这一社会特征的存在,导致中国经济活动中的交易形式、交易成本和西方有着根本性的差异,形成了诸多无须言表的隐性契约。部分在西方行之有效的治理机制,在中国社会似乎无法充分发挥作用,但没有从根本上妨碍中国的正常运行。其中的重要原因,即是这些隐性契约对活动参与者所形成的强有力约束。政策的制定需回归到中国社会结构本身,而非奉西方经验为主臬。

最后，以中华文化为基准评判政策的实施效果。中国的发展应当服务于中国式现代化的目标，一项政策是否成功，也应该以是否能够促进中国式现代化进程为判断依据。中国式现代化具有五大重要特征：人口规模巨大、全体人民共同富裕、物质文明和精神文明相协调、人与自然和谐共生、走和平发展道路。在这五大重要特征中，除了第一项"人口规模巨大"是一个客观事实，其他四项都折射着中华文化的光芒，"天下大同""不患寡而患不均""克己复礼""变化气质""民胞物与""天人合一""道法自然""近悦远来""王道""协和万邦"，等等。

参 考 文 献

[1] 包遵信.儒家伦理与"亚洲四龙":"儒学复兴说"驳议[J].改革,
1988(1):161－170.

[2] 薄仙慧,吴联生.盈余管理、信息风险与审计意见[J].审计研究,
2011(1):90－97.

[3] 蔡洪滨,周黎安,吴意云.宗族制度、商人信仰与商帮治理:关于明清时
期徽商与晋商的比较研究[J].管理世界,2008(8):87－99.

[4] 陈德球,肖泽忠,董志勇.家族控制权结构与银行信贷合约:寻租还是
效率?[J].管理世界,2013(9):130－143.

[5] 陈冬华,胡晓莉,梁上坤,等.宗教传统与公司治理[J].经济研究,2013,
48(9):71－84.

[6] 陈凌,应丽芬.代际传承:家族企业继任管理和创新[J].管理世界,
2003(6):89－97.

[7] 储小平.家族企业研究:一个具有现代意义的话题[J].中国社会科学,
2000(5):51－58.

[8] 范博宏.关键世代:走出华人家族企业传承之困[M].北京:东力出版
社,2012.

[9] 方军雄.我国上市公司高管的薪酬存在粘性吗?[J].经济研究,
2009(3):110－124.

[10] 费孝通.乡土中国[M].北京:人民出版社.2008.

[11] 古志辉.全球化情境中的儒家伦理与代理成本[J].管理世界,
2015(3):113－123.

[12] 郭云南,姚洋,JEREMY FOLTZ,等.正式与非正式权威、问责与平滑消
费:来自中国村庄的经验数据[J].管理世界,2012(1):67－78.

[13] 郭云南,姚洋.宗族网络与农村劳动力流动[J].管理世界,2013(3):
69－81.

[14] 贺小刚,连燕玲.家族权威与企业价值:基于家族上市公司的实证研究

[J].经济研究,2009(4)：90-102.

[15] 贺小刚,连燕玲,李婧.家族控制中的亲缘效应分析与检验[J].中国工业经济,2010(1)：135-146.

[16] 塞缪尔·亨廷顿,劳伦斯·哈里森.文化的重要作用[M].程克雄,译.北京：新华出版社,2010.

[17] 胡绍棠.《红楼梦》中的嫡庶亲疏描写与曹雪芹家世研究[J].红楼梦学刊,2013(6)：152-167.

[18] 金江,孟勇,张莉.跨方言区流动、自选择与劳动力收入[J].统计研究,2018,35(8)：94-103.

[19] 古斯塔夫·勒庞.乌合之众：群体心理研究[M].胡晓跃,译.杭州：浙江文艺出版社,2015.

[20] 雷光勇,李书锋,王秀娟.政治关联、审计师选择与公司价值[J].管理世界,2009(7)：145-155.

[21] 雷鸣,邓宏图,吕长全,等.孝道、宗族、社群和市场：传统中国孝道社会实践的经济逻辑[J].经济学(季刊),2018,17(2)：471-498.

[22] 李金波,聂辉华.儒家孝道、经济增长与文明分岔[J].中国社会科学,2011(6)：41-55.

[23] 李娜.《红楼梦》儒释道伦理思想研究[D].北京：中央民族大学,2013.

[24] 李秦,孟岭生.方言、普通话与中国劳动力区域流动[J].经济学报,2014,1(4)：68-84.

[25] 李爽,吴溪.盈余管理,审计意见与监事会态度：评监事会在我国公司治理中的作用[J].审计研究,2003(1)：8-13.

[26] 李新春,何轩,陈文婷.战略创业与家族企业创业精神的传承：基于百年老字号李锦记的案例研究[J].管理世界,2008(10)：127-140.

[27] 李学忠,张书贤.漫话红楼说管理[M].北京：中国人民出版社,1993.

[28] 李延喜,陈克兢,姚宏,等.基于地区差异视角的外部治理环境与盈余管理关系研究：兼论公司治理的替代保护作用[J].南开管理评论,2012(4)：89-100.

[29] 李增泉,孙铮,王志伟."掏空"与所有权安排：来自我国上市公司大股东资金占用的经验证据[J].会计研究,2004(12)：3-13.

[30] 李增泉,辛显刚,于旭辉.金融发展、债务融资约束与金字塔结构：来自民营企业集团的证据[J].管理世界,2008(1)：123-135.

[31] 连燕玲,贺小刚,张远飞.家族权威配置机理与功效：来自我国家族上市公司的经验证据[J].管理世界,2011(11)：105-117.

[32] 林建浩,赵子乐.均衡发展的隐形壁垒:方言、制度与技术扩散[J].北京:经济研究,2017,52(09):182-197.

[33] 林南.社会资本:关于社会结构与行动的理论[M].上海:人民出版社,2005.

[34] 刘慧龙,王成方,吴联生.决策权配置,盈余管理与投资效率[J].经济研究,2014,49(8):93-106.

[35] 刘力,马贤明.审计委员会与审计质量:来自中国A股市场的经验证据[J].会计研究,2008(7):84-90.

[36] 刘启亮,周连辉,付杰,等.政治联系、私人关系、事务所选择与审计合谋[J].审计研究,2010(4):66-77.

[37] 刘星,代彬,郝颖.高管权力与公司治理效率:基于国有上市公司高管变更的视角[J].管理工程学报,2012(1):1-12.

[38] 刘毓芸,戴天仕,徐现祥.汉语方言、市场分割与资源错配[J].经济学(季刊),2017,16(4):1583-1600.

[39] 卢锐.管理层权力、薪酬与业绩敏感性分析:来自中国上市公司的经验证据[J].当代财经,2008(7):107-112.

[40] 陆瑶,胡江燕.CEO与董事间的"老乡"关系对我国上市公司风险水平的影响[J].管理世界,2014(3):131-138.

[41] 吕长江,张海平.股权激励计划对公司投资行为的影响[J].管理世界,2011(11):118-126.

[42] 罗党论,刘晓龙.政治关系、进入壁垒与企业绩效:来自中国民营上市公司的经验证据[J].管理世界,2009(5):97-106.

[43] 兰德尔·K.莫克.公司治理的历史:从家族企业集团到职业经理人[M].许俊哲,译.上海:格致出版社,2011.

[44] 潘越,吴超鹏,史晓康.社会资本,法律保护与IPO盈余管理[J].会计研究,2010(5):62-67.

[45] 钱穆.国史新论[M].上海:三联书店,2005.

[46] 权小锋,吴世农,文芳.管理层权力、私有收益与薪酬操纵[J].经济研究,2010(11):73-87.

[47] 任兵.连锁董事的企业间网络与公司治理[J].首都经济贸易大学学报,2005(1):38-42.

[48] 申明浩.治理结构对家族股东隧道行为的影响分析[J].经济研究,2008(6):135-143.

[49] 孙铮,李增泉,王景斌.所有权性质、会计信息与债务契约:来自我国上

市公司的经验证据[J].管理世界,2006(10)：100-107.

[50] 唐清泉,黎文飞,蔡贵龙.家族控制、风险投资和企业 R&D 投资[J].证券市场导报,2015(1)：32-38.

[51] 王小鲁,樊纲,胡李鹏.中国分省份市场化指数报告(2018)[M].北京：社会科学文献出版社,2019.

[52] 马克斯·韦伯.经济与社会[M].林荣远,译.北京：商务印书馆,2004.

[53] 马克斯·韦伯.儒教与道教[M].洪天富,译.南京：江苏人民出版社,2008.

[54] 韦伯.新教伦理与资本主义精神[M].上海：上海人民出版社,2010.

[55] 魏春燕,陈磊.家族企业 CEO 更换过程中的利他主义行为：基于资产减值的研究[J].管理世界,2015(3)：137-150.

[56] 魏明海,黄琼宇,程敏英.家族企业关联大股东的治理角色：基于关联交易的视角[J].管理世界,2013(3)：133-147.

[57] 魏志华,林亚清,吴育辉,等.家族企业研究：一个文献计量分析[J].经济学(季刊),2013(10)：28-56.

[58] 辛清泉,林斌,王彦超.政府控制、经理薪酬与资本投资[J].经济研究,2007(8)：110-122.

[59] 许静静,吕长江.家族企业高管性质与盈余质量：来自中国上市公司的证据[J].管理世界,2011(1)：112-120.

[60] 杨玉龙,潘飞,张川.差序格局视角下的中国企业业绩评价[J].会计研究,2014(10)：66-73.

[61] 叶康涛,祝继高,陆正飞,等.独立董事的独立性：基于董事会投票的证据[J].经济研究,2011(1)：126-139.

[62] 游家兴,徐盼盼,陈淑敏.政治关联、职位壕沟与高管变更：来自中国财务困境上市公司的经验证据[J].金融研究,2010(4)：128-143.

[63] 余明桂,潘红波.政治关系、制度环境与民营企业银行贷款[J].管理世界,2008(8)：21-39.

[64] 俞俊利,陈冬华,李真.家族治理中的礼治秩序与组织激励：来自《红楼梦》的量化文学实证[J].文学研究,2021,7(1)：95-116.

[65] 俞俊利,金鑫,雷光勇.管理层地缘关系与企业投资效率[J].当代财经,2015(10)：116-128.

[66] 俞俊利,金鑫,梁上坤.高管地缘关系的治理效应研究：基于内部控制质量的考察[J].会计研究,2018(6)：78-85.

[67] 翟学伟.再论"差序格局"的贡献、局限与理论遗产[J].中国社会科学,

2009(3)：152-158.

[68] 翟学伟.中国人的关系原理[M].北京：北京大学出版社,2011.

[69] 张军.这样的故事最中国[M].上海：上海三联出版社,2011.

[70] 张敏,黄继承.政治关联、多元化与企业风险：来自我国证券市场的经验证据[J].管理世界,2009(7)：156-164.

[71] 郑伯壎.差序格局与华人组织行为[J].本土心理学研究,1995(3)：142-219.

[72] 郑志刚,孙娟娟.任人唯亲的董事会文化和经理人超额薪酬问题[J].经济研究,2012(12)：111-124.

[73] 支晓强,童盼.盈余管理、控制权转移与独立董事变更：兼论独立董事治理作用的发挥[J].管理世界,2005(11)：137-144.

[74] BENNEDSEN M, NIELSEN M K, PEREZ-GONZALEZ F, et al. Inside the family firm：the role of families in succession decisions and performance[J]. The Quarterly Journal of Economics, 2007, 122(2)：647-691.

[75] BURKART M, PANUNZI F, SHLEIFER A. Family firms[J]. Journal of Finance, 2003, 58(5)：2167-2202.

[76] BURT. Structural holes：the social structure of competition [M]. Cambridge：Harvard University Press, 1992.

[77] CHEN K C, YUAN H. Earnings management and capital resource allocation：evidence from China's accounting-based regulation of rights issues[J]. The Accounting Review, 2004, 79(3)：645-665.

[78] CHEN S, CHEN X, CHENG Q, et al. Are family firms more tax aggressive than non-family firms? [J]. Journal of Financial Economics, 2010, 95(1)：41-61.

[79] DEFOND M L, HUNG M. Investor protection and corporate governance：evidence from worldwide CEO turnover [J]. Journal of Accounting Research, 2004, 42(2)：269-312.

[80] DESAI M A, DHARMAPAL A D. Corporate tax avoidance and firm value [J]. The Review of Economics and Statistics, 2009, 91(3)：537-546.

[81] DU X, JIAN W, LAI S. Does religion mitigate earnings management? Evidence from China[J]. Journal of Business Ethics, 2015, 131(3)：699-749.

[82] FAN J P H, WONG T J, ZHANG T. Politically connected CEOs,

corporate governance, and post-IPO performance of China's newly partially privatized firms [J]. Journal of Financial Economics, 2007, 84 (2): 330 – 357.

[83] FISMAN R, PARAVISINI D, VIG V. Cultural proximity and loan outcomes[J]. American Economic Review, 2017, 107(2): 457 – 492.

[84] GOPALAN R, MILBOURN T, SONG F, et al. Duration of executive compensation[J]. The Journal of Finance, 2014, 69(6): 2777 – 2817.

[85] GRANOVETTER M. Economic action and social structure: the problem of embeddedness[J]. American Journal of Sociology, 1985, 91 (3): 481 – 510.

[86] GUISO L, SAPIENZA P, ZINGALES L. Trusting the stock market[J]. Journal of Finance, 2008, 63(6): 2557 – 2600.

[87] HALLOCK K F. Reciprocally interlocking boards of directors and executive compensation [J]. Journal of Financial and Quantitative Analysis, 1997, 32(3): 331 – 344.

[88] HAMBRICK D C, MASON P A. Upper echelons: the organization as a reflection of its top managers[J]. Academy of Management Review, 1984, 9(2): 193 – 206.

[89] JIN X, LEI G, YU J. Government governance, executive networks and enterprise R&D expenditure[J]. China Journal of Accounting Research, 2016, 9(1): 59 – 81.

[90] JIN X, YU J. Government governance, executive networks and corporate investment efficiency[J]. China Finance Review International, 2018, 8 (2): 122 – 139.

[91] JOHN K, LITOV L, YEUNG B, Corporate governance and risk-taking [J]. Journal of Finance, 2008, 63(4): 1679 – 1728.

[92] KHAN M, SRINIVASAN S, TAN L, Institutional ownership and corporate tax avoidance: new evidence[J]. Accounting Review, 2017, 92 (2): 101 – 122.

[93] LA PORTA R, LOPEZ-DE-SILANES F, SHLEIFER A. Corporate ownership around the world [J]. Journal of Finance, 1999, 54 (2): 471 – 517.

[94] LEI G, WANG W, YU J, et al. Cultural diversity and corporate tax avoidance: evidence from Chinese private enterprises [J]. Journal of

Business Ethics, 2021(3): 1 - 23.

[95] PARK S H, LUO Y. Guanxi and organizational dynamics: organizational networking in Chinese firms[J]. Strategic Management Journal, 2001, 22 (5): 455 - 477.

[96] SHLEIFER A, VISHNY R W. A survey of corporate governance[J]. Journal of Finance, 1997, 52(2): 737 - 783.

[97] SHU T, SULAEMAN J, YEUNG P E. Local religious beliefs and mutual fund risk-taking behaviors[J]. Management Science, 2012(58): 1779 - 1796.

[98] UZZI B. The sources and consequences of embeddedness for the economic performance of organizations: the network effect [J]. American Sociological Review, 1996 (4): 674 - 698.

[99] VILLALONGA BELÉN, RAPHAEL AMIT. How do family ownership, control, and management affect firm value? [J]. Journal of Financial Economics, 2006, 80(2): 385 - 417.

[100] WANG Q, WONG T J, XIA L. State ownership, the institutional environment, and auditor choice: evidence from China[J]. Journal of Accounting & Economics, 2008, 46(1): 112 - 134.

[101] XIN JIN, SHANGKUN LIANG, JUNLI YU. Management geographical proximity and stock price crash risk [J]. China Finance Review International, 2022, 12(4): 601 - 622.

[102] YU J, XU W, ZHANG P. Geographical relationships and CEO compensation contracts [J]. China Journal of Accounting Research, 2017, 10(2): 127 - 139.

索　　引